财政部规划教材
全国高等院校应用型教材

公共关系学

司孟月 主编

中国财经出版传媒集团
中国财政经济出版社

图书在版编目（CIP）数据

公共关系学/司孟月主编．—北京：中国财政经济出版社，2016.8
财政部规划教材　全国高等院校应用型教材
ISBN 978-7-5095-6809-5

Ⅰ.①公…　Ⅱ.①司…　Ⅲ.①公共关系学–高等学校–教材　Ⅳ.①C912.3

中国版本图书馆 CIP 数据核字（2016）第 143701 号

责任编辑：张　铮　　　　　　　　责任校对：徐艳丽
封面设计：北京兰卡绘世

中国财政经济出版社 出版

URL：http：//www.cfeph.cn
E-mail：cfeph@cfeph.cn
（版权所有　翻印必究）
社址：北京市海淀区阜成路甲 28 号　邮政编码：100142
营销中心电话：88190406　北京财经书店电话：64033436　84041336
北京富生印刷厂印刷　各地新华书店经销
787×1092 毫米　16 开　16.5 印张　399 000 字
2016 年 8 月第 1 版　2016 年 8 月北京第 1 次印刷
定价：36.00 元
ISBN 978-7-5095-6809-5/C·0064
（图书出现印装问题，本社负责调换）
本社质量投诉电话：010-88190744
打击盗版举报热线：010-88190492，QQ：634579818

公共关系是一门实践性、应用性很强的学科，它主要研究社会组织在发展过程中与其公众之间的关系，包括组织公众关系的建立、公众活动规律的把握、公关活动的方法与手段等，所涉及的专业知识包括市场营销学、心理学、社会学、广告学、经济学等多门学科，是一门涉及领域广泛的边缘学科。

本课程主要介绍公共关系学的基础知识、基本理论和实务运作方法。通过学习、准确理解和把握公共关系的基本原理，获得一定的公共关系意识，提升公共关系理念，充分认识公共关系对于社会组织生存发展的重要作用。

今天的公共关系作为一门内求团结、外求发展的综合性的管理科学被广泛应用于各类社会组织的运营管理中。各类新媒体的出现和发展既为社会组织的公共关系运用提供了机会，同时也提出了挑战，公众被分散，公众的注意力被转移，公众的需求、兴趣、态度、行为更加难以捉摸；与此同时，具有创新性的社会组织总能有机会更接近其公众，更能拉近与其公众之间的距离，更能获得公众的理解和信任。为此，在本教材中，编写组以严谨的治学态度，关注公共关系行业的最新发展，吸收最新理论，在掌握相关信息资料的基础上，编写了这部《公共关系学》。

第一章的公共关系概述中，介绍引入了公共关系的概念、职能与原则等；第二章的公共关系要素，对公共关系的三个构成要素分别作了分析；第三章的公共关系的工作程序，说明了公共关系活动过程中的四个步骤；第四章组织形象塑造和 CIS 系统中，阐述了公共关系形象的设计塑造和 CIS 战略体系的构成与运用；第五章公共关系人际交往艺术中，介绍了人际交往的基本理论并阐述了人际交往的几种策略；第六章公共关系专题活动，分别介绍了常见的公共关系专题活动，如新闻发布会、展览以及赞助参观等；第七章公共关系危机中，介绍了危机的类型及成因后，对危机事件的预防预控以及危机发生后如何应对处置进行了详细的论述；第八章公共关系技术中，分别介绍了公关新闻宣传、公关演讲、公关文书等基本常用的公共关系技术；第九章公共关系内外关系协调中，论述了社会组织与内、外部主要几类公众进行关系协调的原则、目标及方式方法;第十章新经济与公共关系创新中,介绍了随着新的经济体系的逐渐形成,使得公共关系有了更加丰富的内容,如客户关系、绿色公关、营销公关和网络公关等,它们对原有的公共关系理念以及公共关系的管理手段都产生了一定的冲击。

本书适用于高等院校应用型本科层次经济管理类专业的基础课或主干课,也可供高职高专院校及各级管理干部培训或自学使用。

本书由司孟月担任主编,负责全书的总撰和修订。具体编写分工为:司孟月负责编写第一章、第七章与第十章;赵敏负责编写第二章;付二晴负责编写第八章、第九章;王芳负责编写第五章、第六章;米潇负责编写第三章、第四章。

在本书编写过程中,参阅借鉴了诸多专家和学者的著作和研究成果,并参考引用了国内外有关书籍、资料,在此一并表示衷心感谢。本书虽然经过多次认真研讨和修改,但限于水平和实践,不当之处在所难免,敬请有关专家、学者以及广大读者批评指正。

第一章 公共关系概述 （1）
第一节 公共关系的定义及特征 （2）
第二节 公共关系的功能与职能 （8）
第三节 公共关系的原则和意识 （11）
第四节 公共关系的产生与发展 （15）

第二章 公共关系的要素 （21）
第一节 公共关系的主体——社会组织 （22）
第二节 公共关系的客体——公众 （26）
第三节 公共关系的介体——公共关系传播 （43）

第三章 公共关系的工作程序 （53）
第一节 公共关系调查 （54）
第二节 公共关系策划 （68）
第三节 公共关系计划的实施 （76）
第四节 公共关系评估 （86）

第四章 组织形象塑造与 CIS 系统 （101）
第一节 组织形象塑造 （102）
第二节 CIS 系统 （109）

第五章 公共关系人际交往艺术 （122）
第一节 人际交往的心理机制与反应 （123）
第二节 公关交往中的人际吸引 （128）
第三节 公关交往中的人际沟通策略 （133）

目录

第六章 公共关系专题活动 (140)
- 第一节 编制专题公关活动计划 (141)
- 第二节 新闻发布会 (145)
- 第三节 商品展览活动 (148)
- 第四节 纪念庆典活动 (152)
- 第五节 赞助活动 (156)
- 第六节 其他专题活动 (160)

第七章 公共关系危机管理 (165)
- 第一节 公共关系危机概述 (167)
- 第二节 危机公共关系预控 (170)
- 第三节 危机公关处理 (172)

第八章 公共关系技术 (181)
- 第一节 公共关系新闻宣传 (183)
- 第二节 公共关系广告 (188)
- 第三节 公共关系演讲 (191)
- 第四节 公共关系文书概述 (195)

第九章 公共关系的内外协调 (212)
- 第一节 组织内部公共关系的目标和任务 (213)
- 第二节 员工关系 (217)
- 第三节 组织外部公共关系的特点和类型 (222)
- 第四节 组织外部公众协调的艺术 (227)

第十章 新经济与公共关系创新 (236)
- 第一节 客户关系 (237)
- 第二节 绿色公关 (242)
- 第三节 营销公关理论 (245)
- 第四节 网络公关 (249)

第一章
公共关系概述

学习目标

知识目标
- 掌握公共关系的含义、特征，了解公共关系与相关学科的关系
- 理解公共关系的功能与职能
- 了解公共关系产生与发展的过程，掌握现代公共关系发展的四个阶段

技能目标
- 通过本章学习，能够初步具备一定的公共关系意识，树立塑造组织形象、沟通的意识，并且在理解现代公关产生的条件基础上，正确地看待我国公关产生、发展的历史

案例导入

2008年8月26日下午，北京奥运会结束的第三天，孙玉红心情不错。伟达（中国）与北京奥组委在2006年就启动的合作项目，现在终于看到了结果。奥组委新闻宣传部部长王惠给她发来短信以示谢意："谢谢你两年的鼎力支持！"

这一天，在孙玉红的桌上，放着一份《北京奥运会国际媒体监测情况汇总》，里面摘录了法新社、路透社、《华尔街日报》、《金融时报》等国际主流媒体对奥运会的相关报道。此类监测，是奥组委对公关公司的要求之一。早在奥运会正式开始之前，伟达就每日撰写一份。

监测是为了预估媒体将要问到的问题，这对公关公司的监测与分析能力都是考验。每天早上，孙玉红与奥组委一起研究昨天的舆情焦点，以此决定当日发布会的内容，"几乎要无一遗漏"。

"如果有问题超出了奥组委的工作范围,就会把相关负责人请来作答。"孙玉红说,"有记者问天气,我们就请气象局的负责人;还有问兴奋剂的,那药监局的负责人就会出现。"

这些出现在新闻发布会现场的发言人们,都已经过多次培训。

在此类培训班上,公关专家们面授机宜。"我们帮助他们了解记者的工作性质,提供记者所需要的新闻,同时也传达自己想传达的信息,这需要技巧。"孙玉红说,"记者为了拿到真正有价值的新闻也会使用一些技巧。有时记者一开始问比较温和的问题,当你眉飞色舞地讲了半个小时放松警惕后,他突然问一个尖锐的问题,这时你很可能就放松警惕了,随随便便地就讲。还有些时候,记者说,好,今天的采访就到这儿吧,然后就收拾行装,临出门前问个看似不经意的问题,你没有警惕,结果第二天一看报纸,只有最后一个问题写了,前面的一个都没有见报。"

也曾有记者质问参与培训的清华奥美公共形象战略研究室研究主任董关鹏:"你都教了官员些什么啊?!"董关鹏回答说:我教的第一个原则是,谎言永远掩盖不了真相。

在体育与政治间做切割,这是伟达为奥组委提供的宣传建议。"中国承诺的是办一场很好的奥运会,跟别的国家相比,中国的难度更大一些,要处理很多与奥运无关的事情。比如奥组委经常要面临政治外交舆论上的各种问题。"孙玉红说,"我们的建议就是政治跟体育分开,这是大的基调与策略。政治的话题由国新办来回答,奥组委专注做好自己的事情。"

目标的达成并非一夕之功,伟达为此工作了3年。

资料来源:沈亮,"解读奥运背后的专业公关力量",《南方周末》2008年9月4日。

第一节 公共关系的定义及特征

一、公共关系的定义

"公共关系"是英文 Public Relations 的译名,缩写为 PR。Public 一词既可作形容词译为"公共的",又可作名词译为"公众",因此,一些学者主张将其译为"公共关系"。自公共关系形成并发展的一百多年来,学术界对公共关系的定义一直众说纷纭,尚无定论。

(一)公共关系的代表性定义

1. 管理职能论。持这种观点的学者认为,公共关系是一种管理职能。国际公共关系协会曾给公共关系作过如下定义:公共关系是一种管理功能。它具有连续性和计划性。通过公共关系,公立的和私人的组织、机构试图赢得同他们有关的人们的理解、同情和支持——借助对舆论的估价,以尽可能地协调它们自己的政策和做法,依靠有计划的、广泛的信息传播,赢得更有效的合作,更好地实现它们的共同利益。

这个定义非常鲜明地强调了公共关系的管理职能,其活动形式是"有计划的、广泛的信息传播",结果是"更好地实现它们的共同利益"。

美国的莱克斯·哈罗(Rex Harlow)博士对公共关系所下的定义更为细致。他认为:公共关系是一种特殊的管理职能。它帮助一个组织建立并保持与公众之间的交流、理解、认可与合作;它参与处理各种问题与事件;它帮助管理部门,了解民意,并对之作出反应;它确定并强调企业为公众利益服务的责任;它作为社会趋势的监视者,帮助企业保持与社会变革同步;它使用有效的传播技能和研究方法作为基本工具。

2. 传播沟通论。持这种观点的学者更多地是从公共关系的运作特点上来考虑,认为公共关系是社会组织与公众之间的一种传播沟通方式。

英国的费兰克·杰夫金斯(Frank Jerkins)认为:公共关系是由为达到与相互理解有关的特定目标而进行的各种有计划的沟通联络所组成的,这种沟通联络处于组织与公众之间,既是向内的也是向外的。无疑,杰夫金斯特别强调了公共关系是由"各种有计划的沟通联络所组成的",强调了公共关系在运作方式和手段上依赖沟通联络的特点。

美国的约翰·马斯顿(John Marston)讲得更为坦率:公共关系就是运用有说服力的传播去影响重点的公众。1981年出版的《不列颠百科全书》将公共关系定义为:旨在传递有关个人、公司、政府机构或其他组织的信息,并改善公众对于其态度的种种政策或行为。

这类定义强调的是公共关系的手段,认为公共关系不能离开传播沟通。

3. 社会关系论。持这类观点的研究者避开了"管理职能论"倾向于公共关系的目标、"传播沟通论"偏重于公共关系手段的争论,认为公共关系是社会关系的一种,必须从此入手来把握和分析公共关系的实质。

美国普林斯顿大学的希尔兹(H. L. Chils)认为:"公共关系是我们所从事的各种活动、所发生的各种关系的通称,这些活动与关系都是公众性的,并且都有社会意义"。

英国公共关系学会对公共关系所作的定义是:公共关系的实施是一种积极的、有计划的以及持久的努力,以建立及维护一个机构与其公众之间的相互了解。

这类定义往往比较笼统抽象,理论色彩浓厚,更多地是从公共关系的本质属性上去思考问题。

4. 现象描述论。持这一类观点的学者往往倾向于公共关系实务,与"社会关系论"偏重学理、抽象正好相反,他们通常抓住公共关系的某一功能或某种现象进行描述,直观形象,浅显明了。

美国公共关系协会征询了两千多名公共关系专家的意见,从中归纳出四种公共关系定义,都带有很浓的现象描述色彩:

——公共关系是组织经过自我检讨与改进后,将其态度公诸社会,借以获得顾客、员工及社会的好感和了解的经常不断的工作。

——公共关系是一个人或一个组织为获取大众之信任与好感,借以迎合大众之兴趣而调整其政策与服务方针的一种经常不断的工作。

——公共关系是一种技术，此种技术在于激发大众对于任何一个人或一个组织的了解并产生信任。

——公共关系是工商企业用以测验大众态度、检查本企业的政策与服务方针是否得到大众的了解与欢迎的一种职能。

除以上四种定义外，还有一些定义就更为具体直观了。如：公共关系是90%靠自己做得对，10%靠宣传；公共关系即通过良好人际关系来辅助事业成功；公共关系就是信与爱的运动；公共关系就是争取对你有用的朋友；公共关系就是说服和左右社会大众的技术；公共关系就是个人称之为礼貌与德性的修养；公共关系就是讨公众喜欢等等。

这类定义对于宣传公共关系是很有用的，简洁明了、生动形象。但它们只是揭示了公共关系的部分涵义，从整体上缺乏全面性与准确性。

5. 表征综合论。持这一类观点的学者采用将公共关系的各种表征综合起来的办法来定义公共关系。1978年8月，在墨西哥城召开的世界公共关系协会大会上，代表们对公共关系的涵义形成了共识：公共关系是一门艺术和社会科学。公共关系的实施是分析趋势，预测后果，向组织领导者提供意见，履行一连串有计划的行动，以服务于本组织和公众利益。

这个定义目前在国际上有一定的权威性，美国《公共关系季刊》将公共关系的表征综合为四个要点，来概括公共关系涵义。其基本内容是：公共关系的目的是促进公司的利益和达到其他整体目标；公共关系的方法就是运用有说服力的传播去影响公众；公共关系的职责是一种管理职责，协调各方面的关系，做好领导者参谋；公共关系的核心就是塑造组织的良好形象，建立"公众信心"，促进公众理解、信任与支持。

（二）公共关系的逻辑定义

公共关系的定义是一个争论较大的学术问题，不仅定义的方法多，而且还在不断探索、不断创新。一方面是公共关系学科的内容和体系在不断丰富、发展；另一方面是其包括的学科门类多、内容广，很难较全面地给予一个定义。本书采用逻辑学的方法，从公共关系的价值功能——一种社会实践活动的角度出发给公共关系一个"科学定义"。

所谓的公共关系，是社会组织为了生存与发展，通过传播沟通，塑造良好形象，平衡各方面的利益，协调各种复杂关系，争取公众理解、信任与支持的一门科学与艺术。

本定义揭示了公共关系内在的逻辑关系。

公共关系的主体是社会组织，不是个人与所有人。组织具有公共关系的主导性、主动性。

公共关系的客体是公众，即构成组织生存环境的公众。公众具有公共关系的权威性。

公共关系的中介是传播沟通，传播是连接主体与客体的桥梁，是公共关系的手段。传播具有效能性。

公共关系的核心是塑造组织形象、协调各方面利益。形象是公共关系的内在动力，形象具有文化性、相对性。

公共关系的最终目的是为了组织生存与发展，目的具有公共关系的决定性。

公共关系是一个多义词，除上述定义外，人们在现实生活中也延伸出一些公共关系的相关概念。如"公共关系活动"，指公共关系所开展的具体工作；"公共关系职业"，指专门从事公共关系业务经营的行业或组织；"公共关系学"，是把公共关系作为一门综合性、应用性的学科与艺术，进行理论与实践的研究；"公共关系意识"，是指人们基于"没有公众的支持就没有事业的成功"的认识而形成的一种自觉开展公共关系活动的指导思想。

二、公共关系的基本特征

公共关系作为组织外求发展、内求团结的一种社会实践活动，它的特征是由其自身性质、主体目标、客体特征和工作方式决定的，可以概括为以下六个方面。

（一）以公众为对象

公共关系是社会组织同构成其生存环境的内外部公众的关系，组织是公共关系的主体，公众是公共关系的客体，主体与客体就形成了公共关系的基本矛盾。协调这一矛盾，公众就是公共关系的主要研究对象，一切工作均要围绕公众展开。

（二）以美誉为目标

公共关系的最终目标是组织的生存与发展，而公共关系活动的目标是在公众中树立组织良好形象，只有良好的形象才利于组织生存发展。公共关系不是政治关系，也不是经济关系，而是与公众的一种交往关系，是组织在公众中是否具有美誉的关系，因此，追求较高的美誉度是公共关系的工作目标。

（三）以互惠为原则

公共关系是一种特殊的社会关系，它不是以血缘、地缘为基础，而是以一定的利益关系、业缘关系为基础的。一个社会组织要实现本组织的目标，必须得到相关组织和公众的支持，没有公众的支持，组织目标是不可能实现的。因此，要得到公众持久的支持，必须做到与公众互利互惠，最终达到双赢的目的。

（四）以长远为方针

建立组织与公众之间的良好关系，获得组织的良好声誉，并让公众获益，这是公共关系的目标所在。然而，达到这一目标，却不是一日之功所能及的，必须经过长期的艰苦努力。如果说，广告、推销侧重于近期效果的话，那么，公共关系则着眼于长远效果。公共关系的长远性还表现在它与组织相伴随，只要有组织就必然有公共关系。

（五）以真诚为信条

组织要做到与公众互利互惠，追求长久的美誉度，那么，公共关系就必须奉行真诚的信条。任何虚假的信息传播和行为，都会损害组织形象，唯有真诚才能取信于公众，才能长久赢得公众的合作与支持。所以，真诚是公共关系活动的信条。

（六）以沟通为手段

没有沟通，主客体之间的关系就不会存在，信息就不可能实现其价值。只有沟通信息，组织形象才能在沟通中塑造，美誉才能在沟通中提高，合作才能在沟通中促成，目标才能在沟通中实现。因此，公共关系目标与价值的实现，离不开沟通的手段。

以上六个方面综合、系统、多角度地构成了公共关系的基本特征，对这些特征的了解与把握，有助于深化对公共关系涵义的认识。

三、公共关系与相关学科的关系

（一）公共关系与人际关系

在理论与实践中，公共关系与人际关系容易混淆，以致于人们认为公共关系就是人际关系。实际上，人际关系与公共关系既是相互交叉包容，又是相互区别的两门学科。

1. 公共关系与人际关系的相互交叉与包容。公共关系是从广义的人际关系演化而形成的，它需要借助人际关系的相关理论进行研究，但随着公共关系理论发展和实践领域的扩大，公共关系已成为一个独立完整的领域，在内容上又包容了人际关系的研究内容。

公共关系与人际关系产生的基础都包括了业缘。

人际传播是人际关系的惟一手段，也是公共关系传播的主要手段之一。

公共关系的知识与人际关系的知识相互促进，互为补充，共同发展。

2. 公共关系与人际关系的主要区别：

公共关系的主体是组织，而人际关系的主体是个人；

公共关系的客体是公众，而人际关系的客体是人与人群；

公共关系的传播有大众传播、人际传播等一切传播手段，而人际关系主要是人际传播手段；

公共关系产生的基础主要是业缘，人际关系产生的基础除了业缘外，还有血缘、地缘、趣缘；

公共关系运作的内容包括沟通信息、联络感情、转变态度、引起行为、协调利益、塑造形象、管理危机、CIS 设计等；人际关系运作内容主要是物质交换、精神需求和感情交流。

自从有了人就有了人际关系，且它研究的是人与人关系的发展规律；公共关系是在人类社会和科技发展到一定程度上产生的，它研究的是组织与公众关系的发展规律。

（二）公共关系与广告

1. 公共关系与广告是两门交叉学科。

公共关系与广告都源于传播学，且都以传播为主要手段。

公共关系职业与广告职业内容交叉。如公关公司都兼做广告业务，广告公司也兼做公关业务。

2. 公共关系与广告的区别。

从主体上看，公共关系范围大，广告范围小。

公共关系的主体可以是工商企业，也可以是政府、事业单位和社会团体；可以是营利性组织，也可以是非营利性组织。广告则窄一些，其主体大多数情况下是营利性的工商企业，虽然政府、事业单位、社会团体以及企业也做少量的公益性广告，但往往也是从公共关系的角度考虑来做的。

从手段上来看，广告种类少，公共关系种类多。广告的手段主要是利用广播、电视、互联网、报刊和广告牌、灯箱等有声、无声媒体进行传播，而公共关系除上述传播外，还包括人际传播、公关活动等形式的传播。

从目标公众上看，广告窄，公共关系宽。广告主要是对组织外部公众的传播，公共关系则是既对外部又对内部公众的传播。

从传播目的上看，广告倾向于短期的、具体的、易于界定的信息，其目的是让公众购买本企业产品；公共关系则倾向于长期的、整体的、宏观的、不易界定的信息，其目的是在公众中塑造形象，让公众爱企业、爱企业的产品。

从评价上看，广告重视具体效果，即广告后商品销售量是否增长；而公共关系注重整体效果，即通过公关活动后，企业的知名度与美誉度是否提高。

（三）公共关系与传播学

传播是公共关系的前身，公共关系一些相关理论、公关职业的形成等都源于传播理论与实践，因此，有学者认为公共关系是传播学的"子科学"。传播学与公共关系的联系主要是在技术手段与方法上。其主要区别一是目的的不同，传播重传达信息，公共关系重塑造形象、联络感情、协调关系；二是对象的不同，公共关系的对象是特定的公众，传播则面向广大公众；三是活动方式的不同，公共关系重在策划活动，讲究艺术性、创造性；传播重在媒介，尤其是大众媒介，讲究科学性、重复性。

（四）公共关系与管理学

公共关系就是通过传播沟通的手段，协调关系、平衡利益、塑造形象，从这种意义上说，它具有管理的性质与内容。公共关系的许多内容融入了管理的理论、思想和方法，管理学也引入了很多公共关系的理论、思想和方法，它们互为补充，不断完善，共同发展。但二者之间存在明显的区别：一是管理的范围。管理主要是对内部管理，而公共关系是既对内部又对外部的管理；二是管理的职能。管理主要是对组织的人、财、物等要素实行决策、计划、组织、协调和控制；公共关系主要是通过当好领导的参谋、协调各方面关系等公共关系活动的展开进行管理；三是管理的手段与性质。管理具有行政性、强制性、全面性、具体性；而公共关系管理具有协调性、说明性、信息性、沟通性。

此外，公共关系与社会学、营销学、心理学、美学也有较大联系，这些联系将在后面的章节里分别予以介绍。

（五）公共关系误区辨析

公共关系误区是指在社会现实生活中，人们往往将一些非公共关系或貌似公共关系的甚至违反公共关系的行为、理论当作公共关系来学习、实践。

1. 女性化。人们一提到公共关系，就是"公关小姐"，把公共关系当做"美女＋交际"、"美女＋送礼"，这完全是错误的。公共关系的核心是塑造组织形象，形象的内涵非常丰富，并不等于美女；公共关系的手段是传播沟通，传播沟通不等于送礼；公共关系属于智力型职业，与人的性别无关。

2. 庸俗化。认为公共关系就是"拉关系"、"走后门"。一些人将暗中请客送礼的活动冠之"公关"之名，把行贿说成"公关"，这是违反公共关系涵义的认识和行为。公共关系恰恰是最讲光明正大、最讲透明度的，它主要是靠公共关系活动的策划与大众传播来塑造形象，赢得公众的支持。

3. 营销化。把公共关系当做直接的商务营销、推销。一是认为公关人员就是商品推销人员；二是将公共关系活动当做商品推销活动；三是把通过广告推销不出去的商品，通过开展公关活动卖出去。这些都是对公共关系的误解。公共关系是通过传播沟通、协调关系、平衡利益来塑造组织良好形象，以良好的形象去吸引公众（消费者），达到扩大商品销售的目的。公共关系不能包揽营销、代替营销，从某种意义上说，它是一种间接的促销。因此，我们不能把运作无形资产（形象）的公共关系与运作有形资产（商品）的市场推销混为一谈。

第二节 公共关系的功能与职能

一、公共关系的功能

公共关系功能是指公共关系对社会、组织及个人所发挥的积极的、独特的作用或影响。公共关系功能是多元化的、多层次的，是全方位的、综合性的。

（一）公共关系对社会组织的功能

公共关系对社会组织生存与发展产生直接影响与作用，主要表现在两个方面：一是导向功能；二是增强组织实力功能。

1. 导向功能。组织目标的实现只有与公众需求、社会目标相一致才能实现，公共关系的导向功能会加速这一过程的实现。

（1）组织观念导向。公共关系为组织设计并培养独特的组织精神、组织文化、组织哲学和组织方针，使组织能顺应形势，在竞争中有精神支柱，发挥组织的整体实力和优势。

（2）组织政策导向。公共关系理论的导入，为组织制定经营战略、产品质量标准、服务政策以及各种实施措施增添了新内容，使之具有生命力。

（3）组织行为导向。公共关系对组织员工的整体素质，对组织经营理念与行为提出了新的、更高的要求，这对于改善组织的经营作风，提高工作效率、工作质量与服务质量都有重要的意义，有利于组织赢得良好的信誉。

（4）组织形象导向。公共关系的主要任务是为组织塑造形象，把塑造形象活动变成组织全体员工的一项自觉行动，作为组织的一项系统工程。如运用公共关系技巧提高组织的知名度和美誉度，科学地进行组织形象的设计、定位和确立，为组织创造巨大的无形资产。

（5）组织舆论导向。公共关系将组织放在信息社会之中去考察它的生存与发展，利用各种传播媒介与手段来传播组织的观念与政策，赢得公众的理解与支持，从而为组织塑造良好的形象。

2. 增强组织实力的功能。公共关系作为组织竞争中的重要资源，是组织立于不败之地的基础，对其合理开发利用，就可以产生巨大的能量，有效地增强组织实力，创造无形资产，并促进组织有形资产的积累。

（二）公共关系对社会的功能

公共关系主要用于对组织内外环境的监测与调适，在这一过程中，组织的主观能动性必然会对社会环境产生影响，主要表现在三个方面：

1. 优化社会经济环境。公共关系可以帮助组织争取最好的经济效益，引进大量先进管理经验，提高组织的整体素质。同时，通过公关活动促进组织间的经济联合、协调发展，从而促进整个社会的经济繁荣。

2. 优化社会互动环境，净化社会风气。社会互动是指社会中人与人、群体与群体之间的交往和相互作用。公共关系引导社会树立新观念，提倡双赢，并首先从我做起，引起社会互动，为净化社会风气发挥重要的作用。

3. 优化社会心理环境。公共关系可以通过社会互动创造良好的环境与氛围，培育健全的社会心理；通过利益调整与心灵沟通，引导社会树立新观念、新风尚，达到和谐发展。公共关系就是在这种互动和引导的过程中，促进社会心理环境的优化。

（三）公共关系对个人的功能

公共关系对个人的作用主要表现在：一是促进个人观念的更新；二是促进个人知识的更新；三是促进个人能力的提高；四是促进个人素养的提高。

二、公共关系的职能

公共关系的职能是指公共关系在组织中应发挥的作用和应承担的职责。也就是调动一切可以调动的力量，运用各种传播手段，塑造良好的组织形象，营造组织生存与发展的良好环境，使组织在激烈的市场竞争中取胜。公共关系的职能一般可概括为六个方面。

（一）采集信息，监测环境

信息是当今社会的巨大资源，采集信息是公关工作的必要前提。公共关系是信息产业，不采集信息的公共关系就成了无米之炊。因此，公共关系应广泛搜集组织内外部的各种信息，做到"知己知彼，百战不殆"。所谓的监测环境，是指观察和预测影响组织目标实现的公众情况和社会环境情况，使组织对环境的变化保持清醒的头脑和敏锐的反应，从而保证科学地塑造组织形象，实现组织目标。

（二）咨询建议，参与决策

公共关系的咨询建议、参与决策就是指公关人员向组织的决策层和管理部门提供公共关系的意见和建议，使决策更加科学化、系统化。其主要内容有：一是对本组织的方针、政策和行动提供咨询意见，发挥五个导向作用，参与决策，制定出符合组织发展的目标；二是对本组织公关战略、营销战略、广告宣传战略、CIS战略、组织文化战略等提供咨询意见，制定实施方案供决策者参考；三是对组织生存环境的发展变化进行预测和咨询，使组织决策者拥有多种方案，以适应环境的变化。

（三）传播沟通，塑造形象

公共关系的传播沟通职能主要体现在三个方面：一是组织运用传播手段同公众进行双向交流，赢得公众的信任和支持；二是顺时造势，实现舆论导向，通过策划新闻、公关广告、专题活动等手段，提高组织的知名度与美誉度；三是进行组织形象定位、形象设计、形象评估与修正，创建名牌组织与名牌产品，为组织创造与积累无形资产。

（四）平衡利益，协调关系

公共关系的平衡利益、协调关系职能是指按照经济规律，本着真诚互惠、双向对称、公平对等的原则协调、平衡组织与公众、内部与外部各方面的利益关系。协调既是目的（使关系保持良好状态），又是手段（消除相互之间某种摩擦）。其内容包括：组织内部领导与职工的利益与关系；组织内部各部门、各环节的利益与关系；组织与外部公众之间的利益与关系。

（五）社会交往，教育引导

公共关系被誉为"广交朋友的艺术"。社会交往就是不断地同外界进行物质、能量和信息的交流，并建立信息网络和互助网络系统。社会交往是组织追求长期效益，保持与公众良好关系的重要手段之一。公共关系的教育引导职能包括两个方面：一是对外部公众进行有效地宣传、沟通，转变公众对组织的不正确认识与态度；二是对内部公众进行教育引导，强化公关意识，规范文明行为，提高整体素质。

（六）科学预警，危机管理

公共关系的科学预警、危机管理职能就是根据组织所处的内外部环境状况，科学预测未来发展变化趋势，分析存在的危险，并提出消除措施。组织的危机是组织生存发展的大敌，处理不好往往给组织造成重大损失，甚至断送组织的"生命"，因而组织危机管理是公共关系的主要职能和重点工作之一。

第三节 公共关系的原则和意识

一、公共关系的原则

公共关系的原则，就是社会组织及其工作人员为实现公共关系目标和保证公关工作的效果，在开展公关活动中必须遵循的基本工作准则。

社会组织要有效地开展公共关系就必须坚持和遵循以下基本原则。

（一）真实性原则

所谓真实性原则，就是在公共关系活动中必须坚持以客观事物为基础的工作准则，公共关系主体必须如实地向组织和公众反映实际情况。既报喜又报忧，不回避问题和困难，坚持做到客观、真实、全面、公正。这一原则是公共关系的首要原则，它要求必须及时、准确、全面、公正地向组织或公众传播信息。具体来讲，它要求做到：第一，向组织或公众提供的信息必须是准确真实的，即有一说一，既不夸大也不缩小，只有准确真实的信息才能得到组织和公众的信任。如果隐瞒事实，报喜不报忧，添油加醋，敷衍了事，就不可能维护组织和公众的长期合作。第二，要全面、公正地向组织或公众提供信息，即要向人们提供事实的全部，而不只是某一个侧面。第三，在处理组织与公众的双方关系时，应不偏不倚，给予同等的机会和条件，这样才能达到组织与公众的真诚合作，才能在公众中真正树立起良好的组织形象和信誉。

强调真实性原则，不仅是早期公共关系活动的一大特点，也是今天公关界所推崇和必须遵循的重要原则。

（二）公开性原则

所谓公开性原则，就是公众对社会组织机构的状况、运作程序及决策过程，有知晓、了解、参与、评价的权利。现代公共关系的实践证明，增强社会组织的透明度，引导公众参与组织管理，对于提高员工的主人翁精神，提高工作效率，增强公众对组织的亲善感、自心力和忠诚态度，以及保证组织决策的民主化、科学化，都有很大的作用。为此就要求：第一，从"象牙塔"式的封闭式管理转向"玻璃屋"式的开放透明式经营管理；第二，组织决策过程要争取公众的参与。

（三）长期性原则

所谓长期性原则，就是在公共关系活动中要坚持立足于平时、靠长期努力的工作原则。

长期的努力是形成良好公共关系的基础。任何一个社会组织和其公众之间的良好关系，都不是一蹴而就的，它需要长期坚持不懈的努力，不断的加以维护、调整和发展。因此，公共关系和急功近利的思想是格格不入的，那种"平时不烧香，急来抱佛脚"的做法，对于组织的良好形象和信誉将会带来极大的损害。为此，在具体的公关活动中要求做到：第一，从平时做起，从我做起，自觉维护组织的形象及声誉；第二，从长远利益出发，自觉地将公众利益放在首位。

（四）科学性原则

所谓科学性原则，就是公关工作不仅要坚持以科学理论为指导，而且要坚持以调查研究为基础的工作原则。现代化组织的公共关系活动，再也不能凭直觉行事，处于不自觉的公共关系状态，而必须借助于现代科学的理论和方法，有组织、有计划、有步骤地开展公关活动，以求达到最佳效果。科学性原则要求在实际的公关工作中做到：第一，不能只凭经验和灵感，而是要做到凡事要先调查，在调查的基础上进行科学的研究分析，做到有根有据，提高公关决策和计划的科学性；第二，要尽可能采用现代调查研究的方法和手段；第三，调查研究工作要制度化、规范化，并确立为公关工作程序的一部分。

（五）互利互惠原则

公共关系是以一定利益关系为基础的。它主张关系的双方在交往或合作中应该共同获益，共同发展。凡是有损组织关系对象的事情，最终必将损害组织自身。因此，维护组织公共关系对象的利益，也就是维护自身的利益。互利互惠的原则，强调组织与公众之间利益的平衡协调，和自己的公众对象一同发展。

另一方面，只有互利互惠，才能建立最稳定、最可靠的关系。在商品经济社会里，没有互利互惠，就没有平等的基础，就不可能建立正常、平等、互利、互惠的社会关系。

（六）全员公关原则

全员公关原则是指组织为了塑造形象，必须让形象的每一个要素加入到公共关系活动中来。因为组织形象是立体的、综合的，单靠某一个人或某些因素，是无法进行公共关系活动的。

所谓全员公关，就是社会组织内的全体成员，都要树立公共关系意识，都能按公共关系的要求，结合自己的本职工作去开展公共关系活动。如果每位员工都意识到自己肩负的重任，并在各自的工作岗位上以公关意识为指导，时刻注意利用内外沟通，调整自己的行为，那么这个组织必将是团结向上、蓬勃发展的。相反，如果组织的其他成员不注重以自己的行为维护组织的形象，无论公关人员怎么努力，组织的公共关系状态也不会有多大改观。

二、公共关系意识

公共关系意识，就是对组织运行过程中发生的各类公共关系的认识和态度的总和，是公共关系实践在人们意识中科学、系统的反映，是公共关系管理的基本原则、观念和思想。公共关系意识是公共关系人员的思想灵魂，是公共关系人员所应具备的各项基本素质中最为重要的一项素质。公共关系意识作为一种深层的思想，指导约束着从业人员的行为。良好的公共关系意识能促使从业人员始终处于一种积极主动的工作状态，可创造性地完成各项公共关系工作。反之，不具有足够明确的公共关系意识是绝不可能干好公共关系工作的。公共关系人员所应具有的公共关系意识主要有形象意识、公众意识、沟通意识、协调意识、开放意识、互惠意识和创新意识等。

（一）形象意识

形象意识是公关意识中的核心意识。要树立公关意识，首先必须树立形象意识。这是因为在市场经济激烈竞争的今天，形象、信誉已成为一个社会组织谋求生存、争取发展的重要基础和条件，良好的信誉和形象可以赢得公众真诚的信赖、支持和合作。相反，则可能使组织失去公众的支持，使组织无法生存下去。

公共关系的核心概念之一是组织形象。在现代社会中，良好的形象是组织的无形资产，公共关系的一切工作都是围绕形象目标而展开的，可以说，没有形象的问题，也就没有公共关系这门学科存在的必要。因此，具有明确的形象意识的从业人员，往往才能够深刻理解知名度和美誉度对社会组织的生存和发展的重要性，才会在行动中敏锐体察组织形象中的问题，自觉维护组织的形象。

（二）公众意识

公众意识是公关意识中的导向意识，以公众为导向不仅是公共关系理论中的基本观点，而且日益成为公共关系实践中的普遍共识。这是因为，社会组织要在公众中树立良好的信誉和形象，得到社会各界的信赖和支持，就应该在从事各种活动的同时，既要考虑本组织的利益，又要考虑社会大多数公众的利益，并且把公众的利益放在首位，把满足公众的需要作为组织工作的出发点，做到为公众服务，对公众负责。

形象是为组织的特定公众塑造的，公众的需求就是组织形象塑造所追求的目标，组织是因为有公众才有其存在的意义。因此，组织应一切为公众的利益着想，创造一切条件为公众服务，满足公众不断发展的需求。只有牢固树立"公众第一"的观念，明确组织的公共关系工作归根到底就是为了"赢得公众"，才能承担起组织应有的社会责任，才能真正做好组织的公共关系工作。

（三）沟通意识

沟通意识指管理者注重信息的双向沟通，主张依靠信息沟通去赢得公众的理解、信任、合作与支持。任何组织都需要公众的理解与合作。而争取理解与合作最有效的方式是与公众沟通信息，社会组织公关活动的基本形式是公关传播，而公关传播的主要功能，就是通过信息交流以沟通组织与公众的相互了解，让公众掌握组织的真实情况、了解自己的诚意，同时也设法了解公众的实际想法和各种需求，进而协调组织与公众的相互关系。因此，组织要为公众服务，对公众负责，就必须了解公众；组织要取得公众的信任，就必须让公众了解组织，从而达到与公众在认识上的沟通，不断地调整组织自身的决策和行为。

（四）协调意识

社会组织与相关公众之间关系的协调是公共关系的本质属性。组织公共关系的性质既有对立的一面，也有合作的一面。促使组织与其相关公众建立信任与合作的关系，调节其对立性因素，并使其向合作方面转化是公共关系人员的重要工作。只有在协调的状态下，社会组织和公众才能各得其所，才能获得更好的生存和发展的空间。

（五）开放意识

一个组织既要适应社会、了解社会，也要向社会敞开大门，让公众了解自己。

作为公共关系的主体，社会组织应主动地在公共关系行为活动中寻求建立良好的公共关系的途径。开放意识倡导的正是要社会组织以开放姿态和胸怀向公众、向社会袒露自己，这种诚挚的举措是实现公共关系协调发展的重要基础和条件，增强社会组织行为的透明度，可以使社会组织坦诚地、全面地融入社会、面向公众，以达成与公众、与社会的全面的双向交流。

（六）互惠意识

互惠意识是公关意识中的功利意识。公共关系活动是一种追求利益的活动，是有明确目的的活动，但公共关系追求利益的方式与最终目的跟其他单纯的利益行为有着明显的不同。这是因为：首先，社会组织的利益是在满足公众利益需求的前提下实现的；其次，公共关系中的互惠互利不是直接的等价交换，是对物质和精神上的投入，不能要求产生立竿见影的效果，更不能急功近利，而是要树立一种"精诚所至，金石为开"的意识，相信平时真诚的投入，到时必有回报。

互惠互利、"与自己的公众共同发展"是社会组织开展公共关系工作的原则，也是组织是否真诚地对待公众的试金石。在现代社会，任何组织都希望有一个良好的发展环境，都希望得到更多公众的信任、理解和支持。但组织在自身的发展过程中，能否想到信任、理解和支持自己的公众的利益，能否想到自己对公众的回报，是组织是否具有互惠互利意识的表现。不具有这一互惠意识的公共关系人员，是不可能做好公共关系工作的。

（七）创新意识

创新意识是公关意识中的特征意识。它集中、深刻地反映和体现了公共关系的创造性这一本质特征。作为一种创造性的活动，公共关系活动要根据不同的对象，不同的目标，创造出与之相应的公关活动方案，社会组织能够通过求新、求变、求发展的公关活动，不断地给组织的公共关系增添新的营养，注入新的活力，使之在日益激烈的竞争中立于不败之地，创新是公共关系具有生命力的永恒主体。

塑造组织形象过程中的每一个公共关系活动都不可能是以往或他人已有的活动形式的简单重复，其策划与设计都需要有所创新。人们说公共关系是一门科学和技术，是因为它有可遵循的客观规律，有相对稳定的操作程序；而说公共关系是一门艺术，则指的是它有突破固定程式、追求不断变化的特点。惟有创新，才能塑造具有个性的组织形象；也惟有创新，才能使组织的良好形象打动公众，征服公众。

公共关系意识是公共关系人员的思想灵魂，它的培养和形成十分不容易，一旦形成却能够大大改善社会组织的工作状态，在公众心目中树立起知名度和美誉度俱佳的和谐组织形象。

第四节　公共关系的产生与发展

公共关系作为一种客观存在着的社会关系和社会现象有着久远的历史，其产生、发展之线索可以追溯到 19 世纪末以前的人们的"公共关系"观念与"公共关系"活动。因为这些观念与活动只是公共关系的萌芽，不具现代公共关系理论与实践含义，所以一般称之为"准公共关系"和"前公共关系"。

一、早期"公共关系"思想与行为

在古希腊，即早在 2300 年前，一些精明的统治者和学者就已经注意到了沟通技术对于影响公众及舆论的重要性。统治者亲自进行宣传鼓动活动，以争取民众的支持。这时期的著名学者亚里士多德在其《修辞学》一书中就开始研究如何运用语言来影响听众的思想和行为。该书强调传播者的可信性，认为可使用动感情的语言来影响听众，并把修辞看作是争取和影响听众行为与思想的艺术。所以，在当时一个人可参与政治活动的基本条件就是具备一定的修辞能力。

在古代，据说整个西方社会十分推崇沟通技术，一些深谙沟通技术的演说家往往被推选为首领。许多统治者本身就是高明的沟通"传播家"。如古罗马的独裁者儒勒·凯撒便是沟通技术的精通者。面对即将来临的战争，他通过散发各种传单来开展大规模宣传，以争取民众的支持。他为了标榜和宣传自己，专门写了一本记载他的纪实性著作《高卢战记》，曾被后来的公共关系专家亨利·比诺誉为"第一流的公共关系著作"。西方宗教和早期公共关系技术的萌芽，教徒们的布道演讲、礼拜庆典、诵经祈祷等宗教活动，浸透着重视宣传、重视改善传播沟通技巧、重视以舆论争取和统一民心的早期公共关系思想。

二、现代公共关系的形成与发展

公共关系的历史可追溯到远古时代，但作为一种全新的思想、系统的理论和专门的职业，却只有一百多年的历史。自 19 世纪以来，公共关系的形成、发展大致经历了四个阶段。

(一) 单向吹嘘式的公共关系（亦称"巴纳姆时期"）

单向吹嘘式的公共关系是"职业公共关系的前奏"，以"报刊宣传活动"为19世纪20代，由于蒸汽机广泛应用于印刷行业，报纸的成本大幅度降低，报业得以迅速发展。1833年9月，本杰明·戴伊首先创办了第一张面向人民大众的通俗化报纸《纽约太阳报》，从而掀起了一场"便士报运动"。它以低廉的价钱（用千便士，即1美元就可买到一份报纸）以及通俗和关切大众的内容获得全社会的认可和接受，并迅速进入千家万户。由于便士报价格低廉，普通劳动人民买得起，使报纸发行量迅速增长，广告费也随即上涨。一些欲宣传自己的社会组织和公司，为了节省广告费，便专门雇佣一些人员不惜编造谎言、怪诞故事和神话，为自己做夸大和虚假的宣传，以扩大自己的影响。而报刊为迎合读者，扩大发行量，也乐于刊载。这样互相利用，互相配合的结果，便兴起一场声势浩大的报刊宣传活动。菲力士·巴纳姆是这一时期最具代表性的人物。巴纳姆主要奉行"凡宣传皆是好事"的信条，片面追求知名度，不管正面还是负面，只要越来越多的人知道我的名字就是成功，就能赚钱。巴纳姆是一位马戏团老板，他无中生有，怪招迭出，编造奇闻怪谈来吸引公众的注意，以扩大其生意，推动马戏团演出闻名于世。最有名的就是巴纳姆编造的《黑人女奴海斯》的故事，人为制造社会轰动并借此赚钱。所以，这一段时期的公共关系全然不考虑公众利益，采用欺骗手法达到宣传自己的目的。这一时期是"公众受愚弄"的时期，也称为"不光彩时期"。但这个时期的报刊宣传活动也促进了传播业的发展，对现代公共关系的产生起到了酝酿作用。在这一时期理论界开始了对人类公共关系的探讨。1882年美国律师多尔曼·伊敦在耶鲁大学法学院演讲时，发表了题为《公共关系与法律职业的责任》演讲。首次使用了"公共关系"一词。之后1877年美国铁路协会主办的《铁路文献大举鉴》第一次正式使用"公共关系"这一概念。

(二) 单向传播式的公共关系（亦称艾维·李时期）

单向传播式的公共关系是职业公共关系开创的时期，其主导思想是组织对公众必须坦率和公开。

19世纪末，美国出现了工业革命的高潮，科学技术不断进步，社会化大生产得到了高度发展，生产力和资本日益集中和垄断，少数大财团和垄断寡头不仅控制了国家的经济命脉，甚至还控制了政府。为了获得高额利润，他们不顾公众利益和起码的道德，强取豪夺。再加之经济危机，百姓生活极为艰难，中小企业随时被兼并或倒闭，社会矛盾激化，对大财团及垄断寡头不满日益高涨。于是美国新闻界乘机掀起了一场旨在揭露垄断资本家丑行和政府腐败的"揭丑运动"，严厉谴责和抨击资本家丑行的文章、漫画和社论大量在报道上发表。一些正直的记者如斯蒂芬斯·塔拜尔等人，甚至专事"揭丑活动"，自己创办专门尖锐揭丑的杂志，成为美国报刊宣传活动中"清垃圾运动"（揭丑运动）的一面旗帜。这一"清垃圾运动"与当时此起彼伏、愈演愈烈的工人罢工运动交相辉映，给那些政治巨头，垄断寡头以极大的冲击。

随着"清垃圾运动"（"揭丑运动"）导致抗议浪潮的迅猛高涨，工商界终于认识到了社会舆论的力量，懂得在这种形势下，企业再也不能躲避与公众的接触了，企业只有真实的传播信息，考虑公众的需要，才能改善企业与公众的关系，为企业塑造形象。这样一种新的既能代表公众利益，又能沟通企业与公众之间联系并从中获得劳务费的公共关系职业诞生了，现代公共关系也应运而生。这时说"真话"、讲"实情"就成为公关主张被椎崇。其代表人物就是艾维·李。理论界将这一时期称之为艾维·李时期，即现代公共关系职业化的开始。

艾维·李出生在一个牧师家庭，毕业于普林斯顿大学，曾就学于哈佛大学法学院。曾任《纽约日报》及《纽约世界》记者，特殊的职业与经历使他认识到新闻报道要尊重民意、尊重事实。1903年，他开办了第一家宣传顾问事务所，成为向顾客提供劳务而收取费用的第一个职业公共关系人。1906年，艾维·李向新闻界发表了著名的具有里程碑性质的《原则宣言》。全面阐明了企业管理的"门户开放原则"。这反映了他的信条："说真话"、"公众必须被告知"。他倡导"说真话"，并把"公众必须被告知"作为宣传的基本原则。

艾维·李被称为"公共关系之父"。他对公共关系的贡献主要有：（1）树立了公共关系概念，强调组织利益与公共利益的结合；（2）确立了事实公开化原则；（3）强调企业的人道化管理，注重企业内部公共关系工作的开展；（4）确定并实践了公共关系工作进入组织或企业的最高管理层的原则。

（三）双向沟通式的公共关系（亦称伯内斯时期）

这是公共关系形成较为完整的科学理论时期。美国的艾德华·伯内斯是一位真正为现代公共关系奠定了理论基础，并使之科学化的先驱人物。

伯内斯出生于奥地利的维也纳，1岁时随父母移居美国，是奥地利著名心理学家弗洛伊德的外甥，受舅父影响，一生致力于社会科学理论应用于公共关系的研究。1923年他出版了公共关系理论的第一部经典著作《舆论明鉴》，同年在纽约大学讲授公共关系，成为讲授该课的第一人。1925年写成了教科书《公共关系学》，1928年出版了《舆论明鉴》一书并发表多篇论文，使公共关系的基本理论和方法形成为一个较为完整的体系。

伯内斯在《舆论明鉴》一书中提出了"公共关系咨询"概论和原则。一是它能促进工商业执行合乎社会要求的行为和政策；二是它通过宣传这些原则和政策，为企业赢得公众的好感。他不仅是位理论家也是位实践家。他策划了一系列公共关系活动，被载入公共关系史册。他同妻子合作进行公共关系咨询，受多位美国总统和实业巨头的委托，运用公共关系实务成功地帮助他们塑造良好的社会形象。

（四）双向对称性的公共关系

双向对称式的公共关系是当代公共关系发展的高级阶段，它强调"双向沟通、双向平衡、公众参与"。这时期的代表人物是美国著名的公共关系专家卡特利普和森特。他们在出版的《有效的公共关系》和《当代公共关系导论》等权威著作中提出了"双向对称"的公共关系的开放系统模式和四步工作法，进一步从理论上完善了公共关系，成为现代公共关系的重要标志。他们认为，公共关系的最终目的，是要在组织与公众之间建立一种信任和谐的关系，强调公共关系是在组织和公众之间进行互动、解释、传播与沟通，一方面既要把组织的想法和信息向公众进行传播和解释；另一方面又必须把公众的想法与信息反馈给组织。惟有如此，一个组织才能求得双向沟通和对称平衡的最佳生存发展环境。"双向平衡模式"作为公共关系的基础理论，现在已广为社会所接受，被称为是一种最理想的模式。目前许多公共关系专家都在进一步地完善和强化这种模式。

本章小结

公共关系是社会组织通过塑造组织形象，提高社会组织认知度、美誉度，促进社会组织与其相关公众良好合作的科学与艺术。它的功能是调动一切可以调动的力量，运用公共关系传播沟通手段，为社会组织赢得良好的生存发展环境，使组织在激烈的竞争中取胜。具体功能可概括为采集信息、咨询建议、教育引导和塑造形象等；公共关系的真实性、公开性、全员公关、互惠互利等基本原则为组织运用这种管理手段提供了基本准则。

现代公共关系是在特定的社会政治、经济、文化、科技等背景下产生的，其发展大致经历了巴纳姆时期、艾维．李时期、伯内斯时期、卡特里普时期。

本章练习

思考题：

1. 公共关系与市场营销的联系与区别。
2. 公共关系的基本职能有哪些？
3. 什么是公共关系意识？它包括那几个方面？
4. 试讨论创新意识是不是公关意识中的核心意识？它对公关有着什么样的影响？
5. 公共关系的基本原则有哪些？
6. 搜集资料，分析北京奥运会都做了哪些公关活动？
7. 你认为公共关系对成功举办奥运会有哪些积极意义？
8. 现代公关的产生经历了几个阶段？每个阶段的特点是什么？
9. 现代公关产生的条件是什么？

实训项目：

	学时分配	完成方式	分组情况
项目一	0.5学时	分组讨论	4人一组
项目二	0.5学时	分组讨论，填写实训考核表	4人一组
项目三	0.5学时	模拟训练，填写实训考核表	每班分为8组
项目四	0.5学时	讨论，填写实训考核表	4人一组

项目一：

在处理各种关系时，化各种关系为生产力，是温州民营企业将人际关系升华为公共关系的一大特色。由"宁可三日不吃饭，不可没有驻京办"这句话中，可以看出温州人对公共关系的独特见解。温州人非常注重搞好人际关系，在他们看来，良好的人际关系是一种宝贵的资源。从经验上来讲，会赚钱的人，大都态度谦虚、老于世故。温州人无论是面对熟人还是陌生人，大都很客气，尽可能使每位相识的人成为生意伙伴或潜在的生意伙伴。温州民营企业处理各类公众关系确实有一套：对待政府公众，遵守各项法规，积极响应政府的政策和号召，主动为政府排忧解难；对待社区公众，慷慨回报，乐善好施，主动承担应尽的责任，积极参与社区文化活动；对待竞争对手，既竞争又合作，共创双赢局面；对待新闻媒介，广交朋友，坦诚相待，建立良好的媒介关系，利用新闻媒介机构和工作者的特性，争取舆论的支持，扩大企业的影响力。

在一次展销会上，一位外商久久地徘徊在中国奥康集团的展台边，似有某些疑问。奥康集团老总王振滔走上前热情地打招呼："先生，欢迎您为我公司的产品提意见。"外商拿起一双皮鞋，问："这是真皮的么？"王振滔答复道："尽请放心，绝对是真皮。"外商摇摇头，以行家的口气说："真皮做不出这样的效果……"王振滔二话不说，找来一把剪刀，把皮鞋剪开，递到那位外商手中："先生，您是行家，您帮我鉴定一下，看是真皮还是假皮？"外商惊讶地看着他的这一举动，接过鞋来，仔细品评一番，点点头："真皮，真皮！用真皮做出这种效果，了不起，我跟你们订货"。

1. 请分析"宁可三日不吃饭，不可没有驻京办"这句话的意思，它体现了温州企业家什么样的理念？
2. 通过奥康公司的这个案例，谈谈如何理解公共关系的特征。

项目二：

分组讨论一些中国社会重大事件中（如2008年北京奥运会、2009年中国60年国庆等），公关咨询公司如何帮助事件主办方与民众进行宣传与沟通的。

公共关系讨论评分表

考评人		被考评人	
考评地点	实训室或教室		
考评内容	分组讨论公共关系的职能与作用		
考评标准	内容	分值	
	选择案例较为典型	15分	
	对案例的分析到位、观点正确	40分	
	用词准确、语言精练	20分	
	小组成员积极合作	15分	
	仪表仪态大方、得体	10分	
	合　　计	100分	

注：考评满分为100分，91分以上为优秀，81~90分为良好，71~80分为中，60~70分为及格。

项目三：

请分组讨论为什么在公关工作中要遵循全员公关这一原则，并拿出企业组织的实际案例予以论证。

项目四：

请分组寻找资料，对近十年来我国公共关系行业以及公关公司的发展概况作一描述。每一组寻找一个国内或国外某著名公共关系公司，对其发展轨迹进行描绘，列举出这些公司开展的具体的某一公共关系业务，并在课堂上每一小组进行3分钟左右的面对全班同学的介绍与阐述。

第二章
公共关系的要素

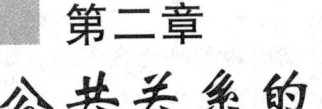

知识目标

- □ 了解公共关系的三个基本要素——社会组织、公众、公关传播的基本概念
- □ 理解社会组织、公众、公关传播的特征及对其进行分类的意义
- □ 掌握社会组织、公众、公关传播的类型及其应用

技能目标

- □ 掌握社会组织如何适应和影响环境
- □ 能够正确的对组织所面对的公众进行分类并能掌握公众心理分析
- □ 能够掌握影响传播的因素

"假货风波"的政府公关

2007年3月31日,央视"经济半小时"在《香港购物,暗埋骗局》的节目里曝光了香港个别店铺勾结旅行社售卖假货,欺骗内地游客的事件。节目播出后,在香港和内地产生了强烈反响,不少内地游客来港退货,引发"假货风波"。事件发生后,香港政府并没有采取鸵鸟政策,而是直面现实,正面回应,在第一时间表明了对事件进行严肃处理的决心,并提出了杜绝类似事件再次发生的具体措施。节目播出后第二天,香港特区政府相关各方面就迅速作出反应:有关部门立即赴北京搜集资料,回港展开深入调查;香港消费者委员会表示,将彻查事件始末;香港旅游事务署和香港旅游发展局也纷纷作出表态;香港立法会经济事务委员会委员李华明要求港府尽快"救火",挽回内地旅客信心;特区行政长官曾荫权表示,"不能姑息或容忍任何有损香港'购物天堂'美誉的行为";香港旅游

业议会总干事董耀中表示，央视记者可主动跟他联络，若查明真的有店铺卖假货，一定会认真处理。香港特区政府部门和官员用于承担责任的态度，得到了公众和媒体的支持。

思考： 在这次公关行为中香港特区政府的公关诉求是什么？政府属于什么组织，其公共关系的目标是什么？

分析：

在现代社会中，各种社会组织大量存在，政府也是其中之一，按照组织的分类，政府是正式的公益性的政治组织，它的发展与稳定也会受到各种环境因素的影响。组织如何来调节所出现的不适应和一些突发状况，以寻求和建立与环境和公众间的相对适应，按照既定的目标来策划各种影响环境的公关活动，这就是公关主体能动作用的发挥。

资料来源：木鸣，"看看香港是如何处理'假货'危机的"，新华网 2007 年 4 月 11 日。

第一节 公共关系的主体——社会组织

一、公共关系主体的含义

（一）公共关系主体的含义

公共关系的主体可表述为：公共关系的主体是主动开展公共关系活动，向公共关系客体主动施加影响的各种社会组织团体。在公共关系主体的表述中，使用"社会组织团体"是为了强调公共关系的主体是目标和职能不同的社会组织中的人。在本书其他章节中，有时把公共关系的主体称为"组织"、"社会组织"或"组织团体"，这里应当把它们看作是"社会组织团体"的简称。

公共关系的主体具有三个特点：第一，它具有认识和实践的能力，因而它具有自觉的能动性；第二，它和活动相联系，是活动中的主要方面，因而它具有活动的主动性；第三，它是相对于活动的对象而言，而公共关系活动的对象也是具有认识和实践的人，因而它具有活动对象上的特殊性。公共关系主体的三个特点中，前两个特点，即自觉的能动性和活动的主动性，是任何主体都具备的，而第三个特点，即对象的特殊性，则并非任何主体都具备。

由于公共关系的主体具有自觉的能动性和活动的主动性这两个基本特点，因而它在公共关系中必然发挥主导和支配的作用；由于公共关系主体具有活动对象的特殊性这个特点，因而它在公共关系中必然只能发挥影响的作用，而不能发挥决定的作用。公共关系主体的三个特点综合在一起，决定了公共关系主体在公关活动中必然发挥主动影响公共关系客体的作用。

（二）公共关系主体的构成

公共关系主体是由多种要素构成的。这些要素包括公共关系意识、公共关系人员、公共关系管理。任何一个社会组织团体缺乏这三个基本要素，都只能是潜在的公共关系主体，而不可能成为真正意义上的公共关系主体。所以社会组织团体和公共关系主体是不能够等同的。我们有时候把社会组织团体称为公共关系主体，只是把该社会组织团体放在公共关系主体的位置上来分析研究它应当怎样来开展公共关系，而并不是说它已经是一个合格的公共关系主体了。要成为一个合格的公共关系主体，必须在以下几方面的构成要素上下工夫：

1. 公共关系意识。没有公共关系意识的社会组织团体不可能成为公共关系主体。以我国多年前的军工企业来说，它缺乏产生公共关系意识的先决条件：一切由上级安排，实行封闭式管理，严格实行保密规定，因而不允许向外界宣传自己，它也就无法成为公共关系主体。相反，广州白天鹅宾馆公共关系的工作则是"从宣传着手"，这无疑反映了一种强烈的公共关系意识。公共关系意识有朦胧和清晰之分，但是如果连朦胧的公共关系意识都不具备，那么称它为公共关系主体就非常牵强了。

2. 公共关系人员。它包括专职的公共关系人员和事实上担负或兼任公共关系工作的人员，也是公共关系主体构成的必备要素。公共关系主体不是个体而是社会组织团体，但是在具体的公共关系实践中，公共关系主体并不是全员上阵一起出动的，它常常是由组织团体中的某些人代表公共关系主体开展公共关系活动，行使公共关系主体的权力。这些人可能是组织的领导、销售科长、总务科长、专职公共关系人员，他们是公共关系主体的代表者。在有些社会组织团体中，由于公共关系意识普遍深入人心，加上组织性质决定了组织成员直接和外部人员联系，这个组织中的每一个成员都可能成为公共关系主体的代表者。前面讲过，公共关系的主体是人。组织团体中如果没有这样一批做公共关系工作的人，它当然也就无法成为名副其实的公共关系主体。

3. 公共关系管理。它包括公共关系的领导管理、目标管理、机构管理。公共关系的领导管理，就是组织团体的领导对公共关系部门、公共关系人员、公共关系活动，实施科学的、有效的管理。公共关系的目标管理，是指围绕公共关系目标的制定和实施实行的一系列管理活动。公共关系的机构管理，指的是公共关系机构的设置以及它的管理职能。综合起来看，公共关系管理反映的是该社会组织团体是否已经把公共关系作为管理的一个重要的、相对独立的内容；公共关系意识和公共关系人员是否已经在组织中获得了应有的地位；组织团体中的公共关系活动是无序还是有序、是无组织还是有组织这样三个问题。有些组织团体，缺乏日常性的公共关系工作，遇到危机时才想到求助于公共关系，像这样的组织团体显然缺乏公共关系管理。缺乏公共关系管理的社会组织团体是不健全、不成熟的公共关系主体。

公共关系主体构成的三个要素有着内在的相互联系。公共关系的主体是人，因而它少不了公共关系人员。光有人员没有"脑袋"不行，因而它少不了公共关系意识。公共关系的主体是团体而不是个人，因而它需要公共关系管理。一般来说，社会组织团体在成为合格的公共关系主体的过程中，总是先接受公共关系意识，然后产生公共关系人员，最后产生公共关系管理。当然公共关系管理能够推动公共关系意识的普及和提高，会使公共关系人员更称职、工作更有效。既然构成公共关系主体的三个要素是相互联系的，那么它们之间就必然存在着互相推动、互相促进的关系。

二、社会组织的类型

在公共关系活动中，明确组织所属的类型，目的是为了有利于把握公关的行为方式和类型划分。由于组织的属性比较复杂，划分的依据不尽相同，国内外按照不同的标准把组织分成很多类型，这里介绍常见的几种划分方法。

（一）以组织成员之间的关系状态为标准，可将组织划分为正式组织和非正式组织

正式组织的成员之间关系明确，对组织活动也有一定要求和规定，最为典型的就是工商企业、学校、政府、军队，等等。

非正式组织的成员之间的关系比较松散和自由，彼此是一种地缘、趣缘、业缘的关系，如一些群众团体、协会、志愿者组织、同乡会、同学会等。

（二）以组织的性质及其职能为标准，可将组织划分为政治组织、经济组织和文化组织

政治组织具有政治职能、权力职能，集中体现了社会成员某些阶级和阶层的利益。如属于国家机构的立法组织（人大等）、司法组织（法院、检察院、公安局、监狱等）、行政组织（中央及省市的政府机构等）、政党组织（党、政治团体等）及各种军事组织等。

经济组织具有经济职能，是担负经济领域中的生产、交换、流通、分配等职能的组织。它参与原材料生产、能源生产、加工制造、销售流通、交换分配、消费服务的全过程或部分过程，沟通生产、流通、消费三个环节。如生产组织（工厂、农业生产单位）、商业组织（商店等）、交通运输组织（铁路公司、航空公司、船舶公司等）、社会服务组织（银行、饭店、保险公司）。

文化组织具有文化、教育职能，是以满足人们文化的精神生活需要而成立的组织。它包括文学、戏剧、影视、音乐、舞蹈、美术、书法、曲艺等狭义文化组织，还包括教育组织、体育组织、卫生组织、科研组织以及各种学术和科研团体、协会等。

（三）以组织获利与否为标准，可将组织划分为营利性组织、服务性组织、互利性组织和公益性组织

营利性组织以经济利益为目标，追求的是利润，如工商企业、金融机构、旅游服务性单位等。

服务性组织以服务对象的利益为目标，是为服务对象谋求利益的，主要有学校、医院、慈善机构、社会公用事业机构等。

互利性组织以组织内部成员之间互获利益为目标，即组织的目标对所有的组织成员都有好处。如党派、群众团体、宗教组织等。

公益性组织，以国家和社会利益为目标，是为国家和社会公众谋求利益的，如政府、军队、治安机关等。

以上三种分类标准不是绝对的。不仅不同标准下的组织之间呈现出互相交叉、互相重叠的关系，而且同一标准下的不同组织也是互相联系、互相制约的。以营利性组织、

服务性组织、互利性组织、公益性组织为例，学校属于非营利的文化组织，而学校的校办产业则属于营利性的经济组织。但由于学校以提供社会人才服务为主，所以学校仍属于服务性的文化组织。再如政党，属于非营利性的政治组织，但从相互利益关系来说，它是互利性组织，而从对外服务的职能来说，它又是社会的公益性组织。

不同类型的社会组织的相互联系，形成了社会组织的机构网络，并且随着社会分工的发展而逐步发展。只有既看到它们各自的特殊性，又看到它们之间的相互联系，这样我们才能正确地认识各类社会组织。

三、社会组织对环境的适应与影响

社会组织在公关活动中处在主体地位，发挥主导作用。它是公关计划、方案的策划者，也是公关各项专题活动的实施者，对公关活动的成效起着决定的作用。

从一定意义上讲，组织作为公关主体是环境的产物，它要得到环境的影响和制约。但是组织在环境面前不是随波逐流，无能为力的。实际上，它对环境也有所影响、有所改变、有所超越。一个组织在与环境的相适应过程中适应是相对的，不适应是绝对的，问题是作为组织如何来调节所出现的不适应，以寻求和建立与环境间的相对适应，按照既定的目标来策划各种影响环境的公关活动，这就是公关主体能动作用的发挥。

（一）社会组织必须适应环境的变化

任何组织都不是孤立地存在于社会之中的，它们的生存和发展要得到与之相联系的环境变化的极大影响，这种影响贯穿于组织发展的自始至终。作为组织来讲，要认清影响组织的各种环境因素及其变化情况，才能使组织更好地适应环境的变化，在变化的环境中始终保持对环境的适应性和主动性。

1. 适应经济环境的变化。经济因素是人类社会发展的重要基础。在现代社会中，每一个组织都在社会经济运行系统中扮演一定的角色，即使是不直接从事经济活动的组织也不能脱离于社会经济生活之外。市场经济是一种社会经济因素。我国建立市场经济体制，市场竞争给社会经济环境带来巨大的生机和活力、带来了效益，也保证了我国市场经济的发展。同时，它也给组织的公关意识、公关行为带来了新的适应要求，市场经济环境要求社会组织运用公关艺术，充分发挥能动作用，努力提高组织信誉、质量、服务水平，抵制不守信用、见利忘义、损害国家和公众利益、影响市场声誉的不道德行为，始终保持与统一、开放、竞争、有序的市场运行机制相一致，与加强经济全球化的进程相适应。

2. 适应政治环境的变化。在影响组织的环境因素中，政治因素是一个重要的环境因素。国家的政治稳定、政治民主化、法制进程的加快，要求社会组织的经营指导思想、经营管理活动与之相适应。社会组织的员工管理与客户管理要符合民主管理的要求，市场的主体行为要依靠法制规范，发挥公关软控制的功能，促进社会的稳定、发展，与国家政治民主化、法制化保持一致。

3. 适应文化环境的变化。文化作为人类的社会环境，是一个复杂的整体，包括知识、信仰、艺术、道德、法律、风俗习惯以及人们所学习到的任何技能。文化是人类为了使自身适应环境，以改善生活方式所作努力的一种积累，也是现阶段人类所具有的抱负和价值观的基础。社会先进文化是社会主导文化，它必然影响和支持组织文化，影响组织的理念、价值观、伦理原则、行为规范、组织传统习惯等，并进而影响到组织的稳定与发展。因此，组织在规划经营发展、经营目标、管理方式时必须适应文化环境变化的要求，增强文化观念，充实文化内涵，赋予市场竞争以文化因素，开拓更为广阔的竞争领域，在高层次的竞争中塑造组织独特的高品位的文化形象。

（二）社会组织要能动地影响环境

1. 真实地感知环境的信息。社会组织及其公关人员要通过公关调查，尽可能正确、及时、真实地向领导提供各种环境变化的信息，而不是错误、过时、虚假的信息，帮助组织的决策者改善感知环境的方式，提高感知环境的能力。

2. 预测环境的变化。社会组织及其公关人员面对不断变化的环境，必须及时地向组织决策者提供环境变化的预测，提出适应环境变化的组织结构、组织目标变化的依据和意见，供领导决策参考。帮助领导及时迅速地进行调整，以适应环境变化的速度，并根据大量的环境变化信息，从中分析研究出带有规律性的东西，在把握环境变化规律的基础上使社会组织始终处于主动的地位和与环境处于相对和谐的发展状态。

3. 应对复杂多变的环境。对组织所处环境的复杂性，社会组织及其公关人员应有清醒的认识，帮助组织了解复杂环境中各种因素的特殊性及其相互关系，要做到全面地反映和深入地分析，不能片面，不应浅尝辄止，这样才有助于组织做出正确的决策，也有利于组织在复杂纷繁的环境中做到胸中有数，处变不惊，有条不紊。

所以，正确、及时、全面地掌握环境变化的各种信息，才能发挥组织的能动作用，按照组织的既定目标来策动各种旨在影响环境的公关活动，而这种能动作用的发挥，很大程度上又是依赖于组织的公关人员。没有公关人员的密切配合和得力工作，组织的能动作用就难以发挥，组织与环境的平衡也难以实现。

第二节 公共关系的客体——公众

一、公共关系客体的含义

所谓公共关系客体，是指在公共关系中处于客体地位的，与特定的公共关系主体相互联系及相互作用的个人、群体或组织的总和，是公共关系工作对象的总称。

公众，这一公共关系的客体具有以下五个方面的基本特征：

（一）整体性

公众不是单一的群体，而是与某一组织运行有关的整体环境。任何组织的生存和发展都离不开一定的公众环境。公众环境与自然环境、地理环境不同，是指组织运行过程中必须面对的社会关系和社会舆论的总和。这些社会关系和社会舆论范围很广，涉及组织外部和内部以及社会的方方面面，而且相互关联，成分复杂。比如一家企业，既有内部的职工公众、股东公众，又有外部的社会公众；不仅包括市场上的顾客、销售商，还包括社区、政府、新闻单位等有关的团体、组织或个人。公共关系工作切不可只注意其中某一类公众，而忽略其他公众。对其中任何一种公众的疏忽，都可能导致整个公众环境的恶化。公众环境的恶化必然影响组织的生存和发展。因此，首先应该将组织面对的公众视作一个完整的环境，要用全面、系统的观点来分析自己面临的公众。

（二）共同性

公众不是一盘散沙，而是具有某种内在共同性的群体。当某一群人、某一社会阶层、某些社会团体由于某种共同性而发生内在联系时，便成为一类公众。这种共同性即相互之间的某种共同点。比如共同的利益、共同的需求、共同的目的、共同的问题、共同的意向、共同的兴趣、共同的背景等等。这样一些共同点，使一群人或一些团体和组织具有相同或类似的态度和行为，构成组织所面临的一类公众。比如，表面上看相互间并没有联系的许多个人或团体，由于同处一个社区，都面临着某家工厂的污染威胁，从而使他们的态度和行为具有内在联系，不约而同或者有组织地针对该家工厂构成一定的公众压力、舆论压力。因此，了解和分析自己的公众，必须了解和分析其内在的共同性和内在的联系，这样才可能化混沌为清晰，从公众整体中区分出不同的对象来。

（三）多样性

公众存在形式不是单一的，而是复杂多样的。"公众"仅是一个统称，具体的公众形式可以是个人，可以是群体，也可以是团体或组织。日常的公共关系工作对象，包括各种各样的个人关系、群体关系、团体关系、组织关系等等。而即使是同一类的公众，也可以有不同的存在形式，比如消费者公众，可以是松散的个体，也可以是特殊的利益团体（如消费者协会），还可以是一个严密的组织（如使用产品的其他公司乃至政府）等。公众形式的多样性，决定了沟通方式和传播媒介的多样性。

（四）变化性

公众不是一成不变的对象，而是一个开放的系统，处于不断变化发展的过程之中。任何组织面临的公众，其性质、形式、数量、范围等都会随着主体条件、客体环境的变化而变化。有的关系产生了，有的关系消失了，有的关系不断扩大，有的关系又可能缩小，有的关系越来越稳固，有的关系越来越动荡，有的关系甚至发生性质上的变化——竞争关系转化为协作关系，友好关系转变为敌对关系等等。公众环境的变化，必然导致公共关系工作目标、方针、策略、手段的变化。反过来，组织自身的变化也会导致公众环境的变化，如组织的政策、行为、产品的变化，使公众的意见、评价、态度或行为发生相应的变化，这种变化的结果又可能反过来对组织产生影响和制约作用。

（五）相关性

公众不是抽象地和各组织"通用"的，而是具体的、与特定的组织相关联的。公众总是相对于一定的公共关系行为主体而存在的。一群人之所以成为某一组织的公众，是因为他们与该组织具有一定的相关性、互动性，即他们的意见、观点、态度和行为对该组织的目标和发展具有实际或潜在的影响力、制约力，甚至决定组织的成败。同样，该组织的决策和行为也对这些公众具有实际或潜在的影响力、作用力，制约着他们利益的实现、需求的满足、问题的解决等等。这种相关性是组织与公众形成公共关系的关键。寻找公众、确定公众很重要的一点就是寻找和确定这种相关性，并把他们具体地揭示出来，分析清楚，从而确定自己的工作目标。

从整体性、共同性、多样性、变化性、相关性这五个方面可以帮助我们理解和把握公众这一概念的含义。

二、公众的分类

公众的构成是复杂的、科学的，公共关系工作应该建立在科学的公众分类基础上，以便根据不同类型的公众制定公共关系计划，实现公共关系目标。对公众的分类可以从不同的角度，采用不同的标准。

（一）常见分类

1. 以公众的性质为标准划分。公众可分为内部公众、外部公众。内部公众即组织内部的成员，如管理人员、技术人员、生产人员、销售人员、辅助人员以及股东公众等等。外部公众即组织的外部沟通对象群体。如消费者、协作者、竞争者、记者、名流、政府官员、社区居民等等。

内部公众同公共关系主体的关系，与外部公众与公共关系主体的关系，性质是不同的。内部公众既是公共关系的客体，又是公共关系的主体，而外部公众则是单一的公共关系客体。

2. 以公众的重要程度为标准划分。公众可分为首要公众、次要公众、边缘公众。首要公众是对组织的生存和发展起决定作用的公众，如组织中的员工和股东、顾客等都是组织所面临的首要公众。首要公众对组织的作用最重要，所以组织往往投入绝大部分人力、物力和财力来维持和改善同他们的关系。次要公众是对组织的生存和发展有影响，但不起决定作用的公众。如组织所赖以生存的社区、政府机构、新闻机构等。次要公众不能放弃，在保证首要公众的前提下应该兼顾；边缘公众是与组织有关系，但非首要公众也非次要公众者，他们构成了组织的边缘公众，如竞争对手等。

对于一个组织来说，这三类公众始终处于不断变化之中。这种变化，一方面根据组织的需要，另一方面来自于形势发展的需要，当然主要还是根据组织的需要。一个组织在不同时期内有不同目标，因此，不同时期的公共关系工作就有不同的首要公众。

3. 以公众的稳定程度为标准划分。公众可分为临时公众、周期公众和稳定公众。临时公众是因某一临时因素、偶发事件或特别活动而形成的公众。如因为飞机航班误点而滞留机场的旅客，足球场闹事的球迷等。周期公众是指按一定规律和周期出现的公众。如逢节假日出现的游客高峰，招生季节的考生及家长等。稳定公众即具有稳定结构和稳定关系的公众。如老主顾、常客、社区居民等。

划分临时公众、周期公众和稳定公众是制定公共关系临时对策、周期性政策和稳定策略的依据。每个组织都难以事先完全预测到某些突发事件的产生，往往会面对一些临时公众构成的额外压力，需要进行应急处理，因此需要有应变对策。周期公众的出现则是有规律的、可以预测的，能够事先制订公关计划，作好必要的准备工作。而稳定公众作为组织的基本公众，需要采取特殊的措施和政策，以示关系的密切性。

4. 以公众的发展程度为标准划分。公众可分为非公众、潜在公众、知晓公众、行动公众。非公众是指在可预见的时期内不具有同组织发生特定关系的条件，其观点、态度和行为不受组织影响的一类公众。潜在公众是指具有同组织发生特定关系的条件，但尚未发生特定的关系，或与组织的关系尚处于潜伏状态的一类公众。知晓公众是指已经在信息沟通方面同组织发生关系，已经知晓自己的处境，明确意识到自己面临的问题与特定组织有关，迫切需要进一步了解与该问题有关的所有信息，甚至开始向组织提出有关的权益要求，但尚未采取行动的一类公众。行动公众是指已经从行动上反映出同组织具有特定的关系，已采取实际行动，对组织构成压力，迫使组织必须采取相应行动的一类公众。

对于关系发展程度不同的公众，组织应该采取不同的公关对策。划分出非公众是为了减少公关工作的盲目性，提高公关工作的准确性和针对性，并避免不必要的浪费。对于潜在公众应该加强预测，密切注视事态的发展，分析各种可能的后果，制订多种应对的方案，积极引导事情向好的方面发展。对于知晓公众则应该采取积极主动的公共关系姿态，及时沟通、主动传播，满足公众要求被告知的心情，使公众对组织产生依赖感，主动控制舆论局势。最后，对于行动公众必须采取相应的行动，将压力转变为动力，转变为对组织的合力。

5. 以对组织的所持态度标准分类。公众可分为顺意公众、逆意公众和独立公众。顺意公众，泛指对组织奉行的政策、采取的行为持赞赏、支持、合作的公众。保持和扩大顺意公众是公共关系的重要任务。逆意公众，是指与顺意公众相反，对组织持反对态度的公众。它可以分为两种情况：一是在利益上与组织发生了利害冲突；二是对组织的政策和行为产生误解。公共关系的难点就是如何将其转化为顺意公众。独立公众，是指对组织的政策和行为奉行中立态度或尚未表态和态度不明朗者，这是公共关系争取的重点。扩大顺意公众，争取独立公众，搞好逆意公众转化是公共关系的重要目标。

（二）主要类型分析

由于对公共关系客体划分使用了几种标准，因而划分出来的各类公共关系客体是可以相互交叉、重叠和复合的。但是这种交叉、重叠、复合的接触是建立在公共关系主体和客体关系的性质上，换言之，以性质为标准的公共关系客体的划分是最基本的划分。这样，内部公众和外部公众就成为公共关系客体中最重要的类型。下面对内部公众和几类重要的外部公众作一些简要分析。

1. 内部公众。内部公众即组织内部的结合体，内部公众是直接隶属于某个组织体的，是该组织成员的一部分。如商店的营业员、企业的职工、学校的师生员工、工厂的职工等。内部公众是社会组织的重要公众，它是实现组织目标和利益的重要依靠力量，是树立组织良好形象的决定因素，也是处在对外公关前沿的哨兵。因此，处理好内部公众关系是公共关系主体所要完成的一项重要工作。

（1）内部公众是实现主体目标和利益的主要依靠力量。内部公众是组织赖以存在的细胞，是组织的物质承担者。组织所确定的目标、制订的计划、工作的任务、采取的措施，必须首先取得他们的理解、支持和配合，并且要依靠他们的身体力行才能付诸实际。

因此，社会组织必须具有对内部公众的吸引力、凝聚力。运用各种方法，采取各种手段，通过各种途径，把内部公众牢牢地吸引和凝聚在自己的周围，使内部公众把自己的利益与组织的利益紧紧地结合起来，把组织的目标作为自己的目标，与组织溶为一体，具有强烈的责任感、参与感、归属感，愿意和组织同心同德，同甘共苦，这种内部公众关系是组织实现目标和利益的强有力的力量。

反之，如果社会组织缺乏对内部公众的吸引力和凝聚力，领导与职工、职工与职工之间目标不一致，关系不和谐，互相不理解，离心离德，整个组织就丧失了活力。这样的内部公众关系将严重地威胁组织的生存和力量，也就谈不上成为组织实现目标和利益的一支依靠力量。

（2）内部公众是处于公共关系第一线的前沿哨兵。内部公众既是组织"内求团结"的主要工作对象，也是组织"外求发展"的主要依靠力量。许多具体公关工作是由他们开始的，他们总是自觉不自觉地在从事着公关工作，他们与外界接触中所做的每一件事、所说的每一句话无不代表组织的形象，无不给外界造成好或坏的影响。因此，他们的所作所为既可以为组织的公关工作增加美好的色彩，也可能使组织的公关工作抵消殆尽。所以作为组织的公关工作对内部公众的任务，就是要很好地团结、教育每一个职工，培养他们的公关意识，使每个成员在对外公关的前沿阵地上自觉地发挥一个战士的职责作用。如果每个职工都具备了这种意识，都发挥了这种作用，那么，组织对内部公众的公关工作就做好了，由此而形成的力量、所发挥的作用将是无法估量的。

（3）内部公众是树立组织良好形象的决定性因素。公共关系所着力追求的直接目标是树立组织的良好形象。一个组织是否具有良好的形象，是衡量该组织公关发展水平的尺度，也是该组织在公众心目中是否具有影响力的反映，还是该组织在市场上的竞争力表现。组织的良好形象能使组织受益无穷。

组织形象是由许多因素构成的，在构成组织形象的这些因素中，都离不开组织和内部公众关系的处理。组织要提高产品质量，提供一流服务离不开内部公众认真、严谨、负责的工作态度；组织环境的文明程度也离不开每个职工的文化素质，它也体现了该组织内每个公众的主人翁精神和组织良好氛围的养成；组织的物质技术设施的先进度反映了一个组织的经济实力和技术水准；而组织内部公众的素质既能折射出该组织领导是否具备长远的战略眼光，也是该组织能否重视人才、吸引人才的标志；组织在历史上的地位是靠组织内几代职工的长期不懈的努力积累而形成的，组织眼前的知名度、声誉更是离不开今天职工的齐心协力，而组织的经济效益同样是依靠职工双手创造的。

建立组织的良好形象是组织公共关系的首要任务，也是每个公关人员追求的理想目标。而这一任务的完成和目标的实现主要取决于内部公众。因此，如果一个社会组织不注意处理内部公众关系，缺乏内部公众轻松、愉快、心情舒畅的工作环境，缺乏民主、和谐的领导与职工的上下级关系，不尊重职工的正当权利，不满足职工的合理要求，甚至压制不同意见，打击报复，破坏民主，人心涣散，这样的内部公众关系也就缺乏形成组织良好形象的基础和条件，也必然大大影响组织的形象。

2. 外部公众。外部公众是社会组织外部的结合体，是独立于社会组织之外的组织或群体。外部公众主要有消费公众、社区公众、新闻媒介公众、政府公众、国际公众等。处理好外部公众的关系问题，实质上是理顺左邻右舍和上级与下级之间的公众关系，创造有利于组织发展的良好的外部条件。

(1) 消费公众。消费公众不仅是指物质产品的消费者，还应该包括精神产品的消费者，它是一个广义的概念，对不同的组织来讲，消费对象是不同的。消费者也可统称为顾客。消费者是组织外部公众的主要对象。

消费者关系指的是一个企业与其产品或服务的对象之间的关系。

在外部公众中，消费者公众是最关键也是数量最大的公众。消费者关系直接关系到组织的生存和发展，也就是说，一个组织如果失去了消费者，也就失去了组织生存的条件和发展的活力，也就意味着这个组织面临灭亡的威胁。

消费者不仅对组织的生存、对组织的产品实现其商品的价值起决定作用，而且在这种商品交换过程中，也起着决定作用，处于主动的地位，对企业来讲，失去了消费者，将严重地动摇它赖以生存的基础。因此，消费者利益就是组织的利益，与消费者的关系是组织不可轻视的关系。

当然重视消费者的关系，并不是说其他的外部公众关系就不重要了，外部公众关系对组织的发展来说都有作用，只是消费者关系对企业的生存发展显得更重要、更密切、更关键。

对于不同职能的组织来讲，消费者的涵义是不同的。对一个工厂来讲，它的消费者是产品的用户；对一家宾馆来讲，它的消费者是房客；对一家商店来讲，它的消费者是顾客。总之，明确消费者关系是组织生存和发展的必要条件。

(2) 社区公众。社区指的是一定地域的社会共同体，它既含有地理界限的自然因素，又有与组织有关联的各种公众关系因素。社区是组织生存的自然环境，也是组织发展的最直接的社会环境。

社区公众是指该区域内与组织具有左邻右舍关系的各种社会组织和群体。任何组织都是处在一定的社区中，并同社区的公众发生种种关系。社区关系就是指组织与周围同处于这个区域的其他组织、群体的左邻右舍的关系。如组织所在的工商企业、各种社会团体、居民及家庭、街道组织、政府部门、学校的图书馆、卫生保健机构、文化娱乐场所，等等。所以，社区关系实质上就是组织与所在地区各类公众的关系，也是组织外部环境的重要组成部分，对组织的生存、发展依然有着一定的影响。

第一，睦邻关系是组织赖以生存的必要条件。社区关系犹如邻居关系，追求的是和谐、协调、互相理解、互相支持，组织与社区公众的利益是息息相关的，组织要求处理好该区域内与其他组织或群体的左邻右舍关系，建立睦邻关系，使组织的生存获得一个良好的外部条件。

保护社区的生态环境是组织一个比较重要的任务，也是维护社区公众利益的关键问题。例如，社区居民对工业组织的废水、废气和工作噪音等公害最易产生不安和反感。"三废"严重影响社区公众的生活和健康，也影响企业组织的生产和内部公众的健康。"三废"的处置不当往往是使许多社会组织与社区关系陷入困境的重要原因，也是威胁组织生存的一个敏感问题，如果不采取具体切实可行的措施予以解决，不把防止污染、维护社区的良好环境落实到实处，就不可能在社区内与其他组织或公众建立起睦邻关系。要建立睦邻关系必须自己先做一个好邻居，多做美化纯净社区环境的好事、实事，造福于社区，消除造成有害环境的一切污染源，对有可能造成严重后果的情况，要以高度的责任感和组织生存的危机感来引起充分重视，并尽力解决，为建立一个清洁、安静、优美的生产环境和社区环境而做出切实努力。同时，通过公关工作，让周围组织、群体了解组织为消除工业污染所作的努力，亲眼目睹组织所作努力的结果，使组织不仅赢得生存权，而且成为一个受欢迎的好邻居。

第二，睦邻关系是组织得以发展的有利环境。社区公众是组织最邻近的外部环境，和谐、协调的社区公众关系是社会组织顺利发展的有利环境。

对于一些企业来说，社区公众实质上是消费者公众的一部分，这部分公众是组织最邻近、最稳定的消费者公众。组织要发展必须重视社区这个窗口，重视社区公众的反映。

社区是社会大环境的一个缩影，搞好社区关系，在社区中树立了组织自身的良好形象，有利于提高组织在整个社区中的地位和声誉，从而获得组织发展的更为有利的环境。因此，作为组织要热心为社区的公益事业尽义务，帮助社区繁荣富强，在公众中树立起热爱公众事业，维护公众利益的组织形象，这样，就能使社区公众产生对该组织的良好印象，进而对该组织的产品和服务也产生信赖感。组织要求得到发展，必须要建立这样一种融洽的社区公众关系，必须有这样一种良好的外部条件。

（3）新闻媒介公众。新闻媒介，主要是指报刊、广播、电视等大众传播工具。新闻媒介公众主要是指服务于报社、通讯社、电视台、电台等部门的记者、编辑、节目主持人、专栏作家等传播专业人员。

新闻媒介公众是外部公众中最特殊的公众，有的把它称为"被追求的公众"，有的把服务于新闻媒介的记者称为"无冕皇帝"，欧美学者把新闻媒介看成是继立法、司法和行政三大权力之后的"第四权力"。任何组织只要重视与公众之间的信息交流就一定要十分关注和善于协调与新闻媒介的关系。

①新闻媒介在信息社会中具有巨大作用。

首先，新闻媒介的影响面大，广播、电视、报刊、网站的收看（听）者人数多，不同行业、不同阶层和不同层次的人们都有；分布广，覆盖整个社会，只要有人群的地方，都可以感受到新闻媒介这个传播工具的巨大作用。

其次，新闻媒介的信息传递速度快，由于新闻媒介运用现代通讯和印刷技术，使得信息传递的速度加快，有时甚至可以使新闻事件的进程与接受者的信息接收同步进行，无论远近，不分国度，一概如此。这样，缩短了空间距离，改变了公众的时空观念。

再次，新闻媒介的权威性强，有些新闻媒介所担当的及时准确地报道党和国家领导人的各种信息的职责，使它在一般公众中具有一定的权威性。有些报刊杂志由于专业性强，在某些领域内也具备了一定的专业权威性，使得这些新闻媒介在公众中具有强大的导向作用。其宣传报道的倾向，使它的影响和作用都能长久地保存下去。

此外，传播内容具有长久性。由于新闻媒介既有文字形式，又有互相复制等技术条件，所以便于公众反复研究和保存，将对公众心理和社会舆论产生重大影响。

新闻媒介的这些作用，使得新闻媒介公众也成为公关工作的重要外部公众。

②新闻媒介公众是具有双重人格的特殊公众。新闻媒介公众所以成为"被追求的公众"，成为"特殊的公众"，成为公共关系重要的外部公众，还因为它是具有双重人格的公众。

一方面新闻媒介公众是公关的对象，是客体；另一方面它又是介于组织与其他外部公众之间的信息传播者，主体和客体之间的中介和桥梁。

新闻媒介公众所能起的这种中介、桥梁作用，体现在两方面，它既可以把组织的信息向外部公众传播，成为组织的代言人，又可以成为公众的代言人，把收集到的外部公众的意见反映、传递给组织。作为社会组织应该充分发挥新闻媒介公众的这种作用，提高自己的知名度、美誉度。为此，每个组织首先必须十分认真地对待这类公众，及时地让他们了解事实真相，主动地、准确地提供最新的信息资料，有利于新闻媒介公众对本组织的情况有及时和现实的了解，以利于正确地进行报道；其次，要掌握新闻媒介报道的动向，使组织提供的信息与新闻媒介报道的重点和主题相一致，提高投稿的录用率；再次要掌握新闻媒介公众的分工情况，各种新闻媒介的特点、风格，以便有针对性地选择传播媒介。总之，充分有效地利用新闻媒介，争取他们的理解和支持，发挥他们的作用，并以此进一步争取社会其他公众的了解和支持，这是组织公关工作的重要内容。同时，作为社会组织还应充分重视新闻媒介公众所具有的公众代言人的作用，正确对待新闻媒介所反映的公众意见和批评报道，对于与事实有出入的报道要澄清事实，讲清原委，切忌冷嘲热讽或置之不理；对于与事实相符的批评，要虚心接受，积极改进，变不利的舆论环境为有利的舆论环境，变坏事为好事，通过策划新的传播，赢得新的声誉。总之，新闻媒介公众是社会组织与公众之间信息交流的中介和桥梁，这种重要作用和地位应得到公关部门的高度重视和充分利用。

新闻媒介公众作为公关的对象，要求每一个社会组织在与这一特殊公众打交道时，注意树立自己的良好形象，应该以自己的实际行动引起他们的浓厚兴趣和热情。为此，首先必须要有过得硬的产品和服务，要形成自己一整套的科学管理体制，应该有令人赞叹的厂风、店风，也就是说要使新闻媒介传播报道，就得要有传播报道的价值，就要创造出几个与众不同的一流的工作成就，只有这样，才能给新闻媒介公众留下深刻的印象，引起传播媒介的重视和兴趣，才能真正树立自己的良好形象。

（4）政府公众。政府是国家行政机关，是国家机构的组成部分，也是国家权力的具体执行机关和对社会组织进行管理的权力机构。公关之所以把政府作为外部公众，是因为每个社会组织都要与各级政府部门发生关系。从纵向看，它要与自己本系统的各级政府主管部门发生关系；从横向看，它要与自己系统之外的其他政府部门发生关系，因此，政府也是社会组织的工作对象，也是公关中不可或缺的公众。

公共关系的要素

第一，在公关活动中，组织要依靠政府、取得政府的理解与支持。一个组织要在竞争中不断地开拓业务，提高自身的知名度，说到底要靠自己提供质量过得硬的产品和服务。而公关活动就在于凭借组织自身的实力，去主动地影响政府及其主管部门，以取得政府及其主管部门的支持，从而为组织的进一步发展获得较好的条件。离开组织自身的努力，仅仅企图通过开展公关活动来扩展业务、影响政府及其主管部门，甚至企业通过不正当手段来达到目的，这是组织在开展公关活动时必须坚决摒弃的错误行为。

第二，公关把政府作为自己的工作对象，就要求公关工作人员必须及时地了解和熟悉掌握政府的有关方针、政策和计划、意图，以便及时报告领导，使之做出符合政府发展计划、方针、政策的决策，从而赢得较大的主动权。反之，如发现政府有关政策、方针不符合实际情况，则可以主动通过积极的公关活动，将有关信息反馈到政府决策部门，使政府能及时修正有关计划和方针、政策。

第三，组织的公关人员必须经常注意加强政治学习，及时了解和分析研究形势的特点、形势发展的趋势和对本组织的影响，提高政治敏感性和对形势的预见性，以便及时研究对策，修正计划，增强组织的应变能力，适应形势的变化，并在形势变化的条件下，扬长避短，取得更大的发展。

（5）国际公众。国际公众是社会组织为发展在国外的业务，扩大在国外的影响而需要面临并与之发生某种关系的非本国的组织或群体。

组织开展国际公关的主要任务之一，在于通过公关活动，提高组织在国际公众中的知名度和信誉度，以增强组织在国际公众中的影响力和信任感。因此，不断提高本组织工作的质量和提供最完善的服务就成为有效地开展国际公关活动的前提和基础。社会组织没有最佳的工作质量（对一个涉外企业来说，没有高质量的产品）和最完善的服务，要想在国际公众中取得知名度和增强信任感就失去了物质前提和基础。

要有效地开展国际公关活动，还需要区别不同的国际公众对象。组织在国际交往中面临的国际公众是一个整体概念，其中还可以依不同的关系区分为不同的对象公众，例如，同行公众、贸易伙伴公众、消费者公众、新闻媒介公众、政府公众等。这些区分之所以必要，在于只有明确了解国际公众与组织的具体关系，才可能因人而异，因势利导，选择不同的形式，增强公关工作的针对性，提高工作效率。

组织所面对的国际公众是生活在不同的国家和地方，在不同的社会制度和文化背景下，有着不同的语言、风格和生活方式的人们，不但与本国的公众有着巨大的差别，而且不同国家之间的公众也存在着很大的差别。因此，从事国际公关的工作人员，要根据不同的对象、不同的国家和地区、不同的时间等特点，制订不同的公关策略和方针，设计符合对象公众习惯和需要的信息交流形式。这就要求从事国际公关的人员必须切实了解影响异国公众心理状态的经济、政治、社会、文化、环境等各方面的因素，并针对这些原因，选择异国公众经常接触的、具有一定权威性的新闻媒介，运用异国公众所喜闻乐见的不同语言和风格，把自己的信息传递给预期的公众，包括潜在的公众。以此在异国公众中树立组织的信誉，从而加速促使异国公众对组织由不知到知，由知之甚少到知之甚多并发生日益浓厚兴趣的转变过程。组织只有千方百计地取得异国伙伴和公众的充分信任，才能在国外站稳脚跟，并进而有效地开展工作。

从事国际公关活动的公关人员，其基本要求有：首先，必须掌握外语。语言是信息沟通、交际往来的必要工具。其次，要熟悉异国风格、宗教信仰和对方要求。再次是要了解国际惯例和异国法律、惯例、掌握货币汇率、保险、运输、关税等知识。此外还需要了解对象国公众新闻媒介的基本情况，例如，当地的重要报刊、广播、电视、出版商、名记者和名编辑、政府管理机构及工作程序、有关信息传播的法律规定、收费标准等。只有具备这些基本知识和条件。才能在国际公关活动中有效地开展工作。组织只有在具备了这样的公关人才后才能使国际公关工作有所成效。

上面所述的几类公共关系客体，既是从公共关系主体和客体的关系性质来划分的，同时也涉及到公共关系主体和客体关系的重要程度。这几类公共关系客体一般来说是公共关系主体的最重要的客体，是首要公众。在这八类公共关系客体中，到底哪些是更为重要的，哪些是相对次要的，还要看公共关系的主体是怎样一个主体，看主体的组织性质和组织任务，所以不能够一概而论，应该由各个不同的公共关系主体自己来解决这个问题。

三、公众心理分析

公共关系心理分析是综合研究公共关系活动中组织、公众和沟通运作手段的心理与行为规律，以及它们之间相互关系和它们各自的内部心理机制，由此构成了公关心理的三大部分：公众心理、组织心理和沟通运作心理技术。

（一）公众心理

所谓公众心理是指在一定社会条件下，由人与环境相互作用而出现的、公众对某一对象的共同心理状态与一致的行为倾向。

第一层次为个体心理，这是研究公众心理的基础与出发点。其主要研究个体心理特点，包括：个性特征、知觉、需要、动机、情感及态度等。

第二层次是群体心理，群体心理是合成的，不等于个体的总和简单相加，因此需要把公众群体作为一个独立的实体加以研究，群体心理包括：群体规范和压力、群体凝聚力、群体决策以及群体冲突等等。

第三层次是大众心理。大众心理是一种群众性心理，它比群体心理可变性大，自发性强，易受情境影响，带有更多的非理性色彩。大众心理包括：公众心理定势、流行心理、模仿、暗示、感染等等。

（二）公众的心理特征及表现

1. 公众的心理特征。公众的心理特征就是指公共关系的客体和对象——各类公众的心理特点在其外部行为上的特征。其含义包括以下内容：

（1）公众特指公共关系活动涉及的对象，而不是大众。

（2）公众的心理特征是指在公共关系活动中表现出来的公众心理特征，其必须与公共关系活动有关。

（3）公众的心理特征具有主观性与客观性相统一的特点，即公众的心理活动的特点通过公众在公共关系活动中的行为表现出来时，它具有客观性，并呈现出规律性的行为倾向。

（4）公众的心理特征不是单一的，片面的，而是多样化的、多层次的。

（5）公众的心理特征不是固定不变的，而是不断发展变化的，在公共关系工作中，必须通过调查研究及时了解公众不断变化的心理特征，使公共关系工作真正做到有的放矢。

2. 公众心理特征的一般表现。公众心理特征的一般表现形式有：

（1）公众心理的同质性。公众心理的同质性是指特定范围内不同公众个体所具有共同的或一致的心理倾向或社会心态。主要表现在以下两个方面，其一是各种不同类型的公众，由于共享来自大众传播或其他信息渠道的同一类型信息，使得他们能够超越社区、民族或国家的差异和界限，形成相似的心理需求和社会价值观念。其二是在特定的情况下，因不同的公众面临共同关心的社会问题，形成共同的利益关系，就会使他们形成相同的社会心态或心理倾向。

（2）公众心理的从众性。尽管追求个性和自我表现是现代人的基本心理倾向，但从众这种古老的心理倾向仍旧是现代公众一个基本的心理特点，简单地说，从众就是为了适应团体或群体的要求，在日常生活中主要表现为"赶时髦"、"随大流"。

（3）公众心理的不确定性。公众心理的不确定性也就是公众心理的变动性，它是指公众的心理不可能固定在某一种状态上，而会随着内外环境的变化而变化。公众个体往往是通过与他人相比来确定自己的观念和行为的。所谓攀比心理就是一种与自己心目中的"理想人物"或"强者"进行比较，并主动改变自己，以达到超越比较对象的一种心理现象。和公众心理一样，攀比心理也是造成时尚或流行现象的一种主要原因。

现代公众的心理特征及其表现是异常复杂的，以上所讲的只是现代公众的心理特征最一般的表现，除此之外，求新的心理、求奇心理、求异心理等也都是现代公众较为普遍的心理特点，在公共关系活动中的表现也是很充分的。

（三）公众心理特征的三个组成部分

1. 公众的个性心理特征。公共关系所涉及的公众对象，不管是有组织的团体，还是非组织的个体所构成的群体，他们与组织发生关系时无一例外都是通过具体的个人来实现的。而具体的人也可能是代表着某一团体或群体的个人，例如人际沟通就是公共关系的传播的一种主要渠道。假如一个生产企业和一个零售企业有较多的业务联系，就说明这两个企业之间存在着开展公共关系的必要性。而这两个企业开展公关工作时，其中一种主要的联系方式就是由双方的公共关系人员进行人际沟通，而代表双方的公共关系人员往往是以个体的形式出现的，这种个体一方面代表着企业组织所有公众的利益，因而也就不可避免地在公关活动中反映他所代表的企业公众共性的心理特征。另一方面，作为一个有着独特心理活动的人类个体，他又会在公共关系活动中反映出他个人的个性心理特征，而且这种个性心理特征也是影响公共关系活动能否取得预期成果的主要因素之一。这样一来，个性特征就自然成了公众心理特征的一个基本组成部分。

2. 公众的角色心理特征。任何公众在社会中都扮演着一定的角色，角色又有自然角色和社会角色之分，自然角色是指自然形成的角色，如性别角色和年龄角色，如职业角色和文化角色等。任何角色的心理特征都是在特定的社会环境中形成的,研究角色的心理特征,其实也就是在揭示角色和社会的关系,而对于公共关系活动来说,了解公众的角色心理特征,有助于加强公共关系工作的针对性。

(1) 性别角色的心理特征。性别角色的心理特征是指在社会中生活的人们,因男女性别的差异带来的各自不同的心理特点及其行为表现。

①女性的心理特征。女性的心理特征极为复杂,大致而言有以下几个方面:细心、胆怯、温柔、想象力强、形象感知能力强、感情丰富、冲动、记忆力较好、爱打扮、求漂亮。

②男性心理特征。男性心理特征也很复杂,大体有如下几方面:粗率、刚毅、独立、擅长思考和推理、冷静、心胸开阔、务实、争强好胜、较容易合群、生活随便。

男女性别角色心理上的差别是相对的,不是绝对的,只反映了心理倾向的不同,本质上并没有好坏之分,而且二者各有利弊,关键是看怎样有效把握和恰当利用这些不同特点。

(2) 年龄角色心理特征。年龄角色的心理特征是指生活在社会中的人们,因年龄阶段的差异而带来各自不同的心理特点及其行为表现。

①儿童心理特征:强烈的好奇心、偏爱游戏活动、心理过程的具体性和不随意性、依赖性、喜欢参加集体活动。

②青少年的心理特征:强烈的求知欲、充满幻想、积极进取、自尊、好强、偏激、易变。

③中年人的心理特征:稳妥、坚毅、实际、中庸、沉着。

④老年人的心理特征:怀旧、孤独、天伦之乐、赏玩、固执、死亡意识。

对年龄角色心理差异的认识应有一个正确的态度。科学的态度,要具体情况具体分析。

(3) 职业角色的心理特征。职业角色的心理特征是生活在社会中的人们,因从事工作和职业不同而带来各自不同的心理及其行为表征。

①工人的心理特征:乐于合群互相团结、感情外露、讲义气、乐于助人、生活随便、追求时髦、爱好娱乐、爱发牢骚、爱冲动。

②农民的心理特征:热爱生活、乡土意识浓重、思想单纯、性格开朗、爱劳动、生活俭朴、追求实惠、讲究实用、不大注意个人形象。

③军人的心理特征:生活有条理、服从上级命令、吃苦耐劳、不计个人恩怨、胸怀宽广、坚强而刚毅、严以律己、嫉恶如仇、乐于助人等。

④干部的心理特征:干部也是一种特殊的职业,也有共同的特征:责任心强、全局观念重、协调力强、态度严肃、注意影响、自控力强、知识丰富、有荣誉感、思维敏捷、高度自信、口齿伶俐等。

⑤商人的心理特征:追逐财富、讲求实惠、信息观念强、讲求经营谋略和生财之道、注意与社会各界的多方联系、精明能干、头脑灵活。

⑥新闻工作者的心理特征:善于捕捉信息、有较强观察力和判断力、头脑灵活、口齿伶俐、文采较好、活泼、好动、喜欢社交和娱乐、能吃苦耐劳、善于与人沟通、自尊心

强、是非观念强等。

⑦文化艺术工作者的心理特征：有知识、重修养、行为文明、举止大方、谈吐高雅、感情丰富、善于表现自我。想象力极为丰富、乐于交际等等。

⑧教师的心理特征：强烈的事业心和责任感，爱护学生、知识丰富、有较高的智力水平，工作作风踏实而严谨、举止大方、尊重他人，有较好的科学探索精神。

⑨服务人员的心理特征：善于观察客人的心理特点，反应机敏，待人热情彬彬有礼，追求物质利益、希望得到尊重和信任、追求工作成效。

⑩医务人员的心理特征：具有高度的救死扶伤的人道主义和敬业精神，待人亲切温和，善于与病人进行心理沟通、具有敏锐的观察力和判断力，吃苦耐劳、责任心强，希望得到社会的尊重、工作态度认真细致等。

⑪金融工作者的心理特征：较强的运算能力。严谨的工作作风，保守机密，讲信用、希望得到人们的信任，有一定的职业自豪感。

（4）文化角色的心理特征。由于文化程度及教育程度的不同，以及文化背景的差异而带来的各自不同的心理特点。

①不同文化程度者的心理特征。不同文化程度的人们，其心理特征的差异是明显的。譬如说受过高等教育的人，一般都有较强的自我意识，行为积极主动，目标远大，求知欲强，有创造性，分析问题较透彻。相反没有受过高等教育的人，心理盲目性往往很大，自我要求较低，只顾眼前不顾长远，缺乏进取意识，安于现状。

②不同文化背景的心理特征。文化背景是一个较复杂的概念，主要包括民族文化背景、国家及地域文化背景等，不同的文化背景会形成不同的文化心理习惯。将必然导致生活于其中的人们具有不同的心理特征。

由以上公众角色心理特征，我们看出，要想准确把握公众的角色心理特征与公共关系活动的关系，就应该辩证地、历史地、具体地去看待公众的角色心理特征，才能使对它的研究具有有效指导公共关系实践的意义。

3. 公众的群体心理特征。所谓群体心理，主要是指支配或指引群体成员协同活动的意识、观念等因素的复合体。群体心理一般是由于某一群体的全体成员有着共同的生存条件和共同的心理需要，因而他们有可能形成共同的心理倾向，这些心理倾向虽然不可能完全雷同地表现在每一位成员的身上，但对全体成员来说都具有一定的典型意义。

（1）群体心理的特征。主要有认同意识、归属意识、集体意识、排外意识等。

（2）群体心理与公共关系。首先，把握群体心理，有助于制定相应的公共关系战略。因为只有掌握了群体的心理特征，才能在针对群体开展的公共关系活动中，巧妙地利用群体心理特点，制定相应的公共关系战略，开展能有效和群体公众进行沟通的公共关系活动。其次，把握群体心理，有助于公共关系战略的顺利实施。另外我们还要注意群体心理与角色心理的关系，因为它们有交织重叠的部分，也正是公关人员所把握的公众心理的"焦点"；只有注意和把握不同群体间的心理特征差异，才可以增强公关活动的针对性；注重群体与个性心理的关系，针对某些或某个群体面对员工开展沟通的工作时，既要注意对象客体的共性，又要注意对象客体的个性，这样有利于沟通工作取得成绩。

（四）影响公众心理的方法

1. 劝导。劝导就是劝说和引导，它是主动影响公众心理的最主要、最直接的方式。用劝导这种方式影响公众心理的方法称为劝导方法。劝导方法主要有流泻式、冲击式、浸润式和逆行式四种。四种方法都各有其长处和短处，所以应当在运用中注意扬长避短。

（1）流泻式劝导。流泻式劝导是一种以告知为主要形式，没有严格的对象范围，没有特别的针对性，没有精确效果预测的普及性劝导方法。流泻式劝导对公众心理的影响是"告"和"导"的影响。以家用汽车销售广告宣传来说，公众不知道现在购买哪种品牌汽车最合适，各个汽车厂和流通部门的广告宣传使他们了解了家用汽车市场的行情，最后促使他们购买了某种最满意的产品。这部分公众对家用汽车市场的情况从不知到知晓，在被告知的过程中不自觉地受到了引导，这就是流泻式劝导对这部分公众的心理发生的影响。当然，同样的广告宣传对毫不关心家用汽车行情的公众来说是不起作用的，至少暂时是不起作用的，因为他们不需要这种"告"和"导"。所以流泻式劝导是没有严格的对象范围的，它是"广而告之"、"广而导之"，从目的和效果来说是"广种薄收"；它只有一般的针对性而没有特别的针对性，它只考虑劝导内容和劝导对象的一般关系而不考虑特别关系。

流泻式劝导，只要劝导的内容具有真实性和吸引力，它总会对一部分公众产生或多或少的导向作用。从公共关系的目的来看，要提高组织的知名度和美誉度，也需要流泻式劝导的方法，即使流泻式劝导有效率为1%，在1 000万名劝导对象中也有10万名受影响的公众，这比更有针对性的劝导方法，例如个别劝导的方法的效率要高得多。当然我们这里作了这样一种假设：假设其余的990万名公众都没有受到影响，尤其是没有受到负向的影响。

（2）冲击式劝导。冲击式劝导是一种以说服为主要形式的专门性的劝导方法。和流泻式劝导相比，它具有对象明确、意图明确、针对性强、冲击力大的特点。它就像灭火和冲洗船舱用的高压水龙一样，以集中的水力"灭火去污"，用于解决专门性的问题。在公关活动中，冲击式劝导对公众心理的影响主要是"变"和"化"的影响。变，就是转变；化，就是化解。公众接受劝导。一般有三个原因，第一是由于不知而不行，经过劝导由知而行；第二是由于不信而不行，经过劝导由信而行；第三是由于不坚定而不行，经过劝导由坚定而行。前面讲过的流泻式劝导主要解决"不知而不行"的问题，所以对公众心理主要产生"告"和"导"的影响；而冲击式劝导面临的对象通常不存在"不知"的问题，至少"不知"不是主要问题，主要的问题在于公众已经有了自己的看法、意见，冲击式劝导要解决的问题是转变并化解他们的看法和意见。所以它对公众心理的影响主要是"变"和"化"的影响。

冲击式劝导的力度远比流泻式劝导大，它是"灭火去污"，势在必行，行必有果，带有某种暗藏的强制性，往往带来激烈的交锋。在公关活动中，这种方法经常被运用。组织内部某些成员的思想、言行偏离组织的目标时；组织发展关系密切的群众或个人对组织产生疑惑、误解或意见时；访谈、接待、谈判中发现有必须澄清的问题时，都往往需要运用冲击式劝导的方法。冲击式劝导有时奏效，有时则不灵，关键在于能否对症下药、以理服人。

（3）浸润式劝导。浸润式劝导是以周围舆论影响公众的劝导方法。它的特点是作用缓和而持久，不易形成表面的对抗，在潜移默化中对公众的心理产生影响。它就像浸润某种固态的液体一样，虽然不会马上改变固体物的形状和性质，但总会对固体物产生或多或少的作用。

浸润式劝导对公众心理的影响是"从"和"同"的影响。从，就是从众；同，就是同化。人是社会的人，人具有合群的倾向。人在对某种事物处于无知状态的时候，或是权衡自己的意见和周围的舆论不合有没有必要坚持自己意见的时候，合群的倾向往往支配自己的行为，从而产生从众的心理。往往有这样的情况，本来对公众提出的某些不合理的要求感到气愤，对个别内部成员的错误感到不能姑息，但在周围舆论的压力和一致劝说下放弃了原则、作出了妥协；有时候，自己坚信自己是正确的，但是在周围舆论的一致劝说下，又对自我产生怀疑，最后自我否定、放弃了自己的意见。所以对从众可以作两种基本的划分，作出妥协的从众和意见一致的从众。其中，意见一致的从众还分为无知状态下的从众、无所谓状态下的从众、意见始终一致的从众和意见转变后的从众。意见转变后的从众就是"同化"，说得严谨一些，同化就是在外部因素的作用下内部发生的趋同于外部影响的质变。浸润式劝导对公众的心理产生从众乃至于同化的影响，显然这种作用与流泻式劝导和冲击式劝导作用形式不同。

（4）逆行式劝导。逆行式劝导是少数人对多数人或下级对上级进行劝导的方法，是和浸润式劝导相对应的一种劝导方法。浸润式劝导是对被浸润的对象施加影响，而逆行式劝导是被浸润的对象对周围的浸润者施加影响。逆行式劝导的形式和作用就像潮流中的逆流一样，虽然力量相对弱小，但也可能改变潮流行进的方向和路线。

逆行式劝导对公众心理的影响是"疑"和"悟"的影响。疑，就是对已经形成的看法和意见发生怀疑；悟，就是醒悟逆行式劝导的内容合理。我们经常说"真理往往在少数人手里"、"群众是真正的英雄"。多数人认为正确的东西有时并不一定正确，上级领导的看法、意见有时也会有片面性。在这种情况发生的时候，逆行式劝导也就有了它发挥作用的余地。

逆行式劝导本身的作用不亚于其他的劝导方法，甚至从防止和纠正错误等角度说作用比其他方法更大。公共关系部也有这个责任和义务参与逆行式劝导，甚至可以说他们本身更应当把逆行式劝导视为开展公关活动的一种方法和手段。

2. 暗示。乃是在无对抗条件下，用某种间接的方法对人们的心理和行为产生影响，从而使人们按照一定的方式去行动或接受一定的意见、思想。

暗示可以通过语言的形式进行，也可以通过其他方式进行。自由市场上做买卖的人，常常向顾客介绍他的商品如何价廉物美，这就是语言的暗示。有些做买卖的商贩，为了推销他的商品，故意让其同伙们拥挤在他的摊头，似乎"生意兴隆"。过路人不知有诈，误以为他的商品价廉物美，所以买者很多，于是挤进去抢购，这就是行为的暗示。还有，有些商店出售廉价物品时，往往冠以"出口转内销"之名，以招徕顾客，因为在人们的印象中，出口的东西质量好，出口转内销又会减价，于是竞相抢购，这就是信誉的暗示。

（1）暗示方式。从暗示的性质看，可以分为他人暗示、自我暗示两类。

①他人暗示。暗示信息来自他人，称为他人暗示。权威的暗示是他人暗示的特殊情况。我国谚语讲："人微言轻，人贵言重"，说的是人的地位不高、名声不响，则说话没有威力，不能引起别人的重视；如果声望高、有地位者说话，就容易博得人们的相信。前者不易发生暗示作用，后者的暗示作用就大。

他人暗示又可以有直接暗示与间接暗示两种。

凡是将事物的意义直接提供给对方，使人们迅速而无怀疑地加以接受的，称为直接暗示，亦称提示。曾有一位化学教师向学生出示一玻璃瓶，并告诉学生说该瓶内装有一种恶臭的气体，会很快散发开来，我将把瓶塞打开，谁闻到恶臭气味请即举手。接着就打开瓶塞。15秒钟之后，前排多数学生已举手，1分钟后全班3/4的学生举手。实际上瓶内并无恶臭气体，只是一个空瓶而已。这就是直接暗示的作用。由于化学教师把"瓶内装有恶臭气体"的信息直接提供给学生，学生便信以为真。

凡是将事物的意义间接地提供给人们，使其迅速而无怀疑地予以接受的，称为间接暗示。间接暗示往往不把事物的意义讲清楚，或不表示自己的动机，使人们在言语之外，从事物本身了解其意义。间接暗示的效果大于直接暗示。据说，美国某市立图书馆工作人员，发现一些青年喜欢阅读低级趣味的小说，十分担忧，于是设法在这些小说封面与背面加一标签，介绍说，此类书籍尚有某书某书等。其实，他们介绍的书籍都是健康的小说，不久就发现这些青年都去阅读这些健康小说了。后来，他们又设法再去介绍内容更优秀的小说。两年后，青年的阅读兴趣果然变得更加健康起来。

②自我暗示。暗示信息来自本人，称为自我暗示。自我暗示对自身可以发生积极作用，也可以发生消极作用。一个人的自信心其实就是自我暗示。当一个人面临一项挑战性的新任务时，如果能看到自己的力量，并且有足够的勇气来承担这一任务，那么他定能很好地完成任务。如果缺乏自信心，则工作往往搞不好。

据说古时有位妇女曾误食一虫，于是自感身体不适而生病，多次求医毫无效果。后来有个医生让她服药以吐泻，并告诉病人虫已泻出，当病人听说体内的虫已排出，她的病马上就痊愈了。

上述事例说明，这位妇女前后两个阶段的身体状况都是自我暗示的结果。

③影响暗示效果的因素。

a. 受暗示者的年龄与性别。年幼的儿童容易受暗示，因为他们知识少、经验少、缺乏思考力，故容易轻信他人。

暗示的效果表现出性别差异。美国学者勃朗曾研究过暗示的性别差异，发现女子比男子更易接受暗示。许多社会心理学家指出，由于女子富有感情，当情绪高涨时最容易受外界影响，较易受暗示。

b. 受暗示者的心理状态。受暗示者的心理状态不同，暗示效果亦不同。人们在疲劳时易受暗示，而精神振作时则不然；人们对于毫无经验的事物易受暗示，而对于具有充分知识的事物则不然；人们对于嗜好的事物或习惯行为易受暗示，反之则不然；意志坚强者或感情冷漠者均不易受暗示。

个性的倾向性也与受暗示的效果有关。一种人缺乏主见，随波逐流，他们容易接受暗示者的影响；另一种人独立性很强，他们往往具有反暗示性，反对顺从，反对压服，特别当知道（意识到或猜到）他人企图施以暗示影响的时候，更不会接受暗示。

　　c. 当时的情境。人们是否接受暗示往往与当时的情境有关。奥尔波特指出，人们往往屈服于多数人的意志，"当群众站起时，我们亦自然站起；当群众拍手时，我们亦随之拍手，群众表示反对时，我们亦常不持异议"。

　　d. 暗示者的影响力。人们在社会生活中相互发生影响，但有人影响力很大，有人则很小。有社会地位的人比普通人更具有暗示影响力。

　　e. 暗示刺激的特点。当一种刺激经过多次反复，更易发生效果。有些商业广告往往连续刊登，甚至终年不停，较易发生暗示效果。刺激的反复持久若能从多方面发出，则其暗示效果更大。有些商业广告不仅反复刊登，而且同时刊登上几种报刊，甚至同时登载上几个城市的报刊，暗示效果则尤佳。总之，任何暗示刺激，其表现的范围愈广，区域愈大，分量愈重，而又不断反复的，其暗示效果必然愈大。

　　暗示刺激的特殊性或新奇性都较易产生暗示作用。对于环境中的事物，人们总是注意其特殊的或新奇的方面，容易接受其暗示。

　　3. 感染。在一些情景中，个体想要以某种方式行动，但感到内心有些束缚，阻止个体这样做。接着，他看到群体中有人以他想要做的方式行动了，于是他便跟着以这种方式行动。观察学习和榜样行动减少了阻止个体以某种方式行动的内心限制，解除了约束。由榜样带来的内心约束解除就是行为的感染。

　　人们早就注意到了行为感染的过程。社会学家曾用"感染"的观点，描述了暴徒们的行为，例如流氓团伙。雷德尔（Redl）发展了一个有关"行为感染"的更为简明的定义。他指出，在感染发生之前，必须存在四个条件：①观察者受到激励，想要以一定的方式行动；②观察者知道如何完成这种行为，但是没有完成它；③观察者看到了一个榜样完成了这种行为；④观察了榜样之后，观察者完成这种行为。我们认为，从一般意义上，感染是对某种心理状态的无意识、不由自主的屈从。在个体意义上，感染是通过语言、表情、动作及其他方式引起他人相同的情绪和行动，这里主要是情绪的传递。

　　一般地，情绪的感染是在无压力的条件下产生的，是一种无意识的和不由自主的屈从，感染者往往产生与发出刺激者相同的情绪，即这是一种情绪上的遵从现象。而行为的"感染"不同于遵从，在于：感染中涉及的冲突发生在个体观察榜样之前，而在遵从范式中，冲突发生在个体观察榜样之后。但无论情绪或行为感染，都是在受感染者和发出刺激者有相近的背景，并受理智制约下完成的。

　　惠勒等人的研究表明，一个被试者在观察了一位榜样实行侵犯性行为之后，与他没有榜样可供观察相比，更有可能进行侵犯性行为。在他们所作的一系列研究中，实验者让"助手"使一部分被试者愤怒，而不使另一部分被试者感到愤怒。接着使第二个实验的"助手"攻击第一个"助手"，也即引起被试者愤怒的"助手"，让被试者观察第一个"助手"受到攻击。最后，允许被试者攻击第一个"助手"。结果表明，看到过侵犯性榜样的愤怒了的被试者比没有看过榜样的愤怒了的被试者更具有侵犯性。愤怒了的被试者本来就想攻击使其愤怒的"助手"，但感到有着约束，不能这样做。榜样的行为减少了这种约束，于是愤怒了的被试者更有可能实行侵犯性行为。

在这方面最有影响的案例是米尔格兰姆（S. Milgram）等人关于群众感染的实验。实验中，他们让实验的合作者从其所在的地方，看马路对面的一座办公大楼的第六层窗户。他们试图了解，实验合作者群体的规模，是否影响过路人模仿的数量。实验合作者分别为1、2、3、5、10或15人。过路人的活动情况说明：实验合作者的规模，与这一地区实际上停下来的人的数量呈线性相关。当看窗户的是1个人时，跟随停下来的过路人只有4%；但是当实验合作者是15个人时，跟随停下来的过路人则高达40%。由于不必停下来便可以很容易地看到，所以相当数量的人只是朝着实验合作者所观望的方向给予注视。1个人可以把4%的过路人的目光引向他所注视的方向。当实验合作者增加时，观望者的百分比亦迅速增加。这个研究结果表明，在一个有限范围内做出某一特定行为的人的比例越高，行为感染的效果也就越明显。

西格尔曼（Sigelman）等人研究了违反法律的"感染"效果。他们观察了街道拐角处驾驶员的行为。这些街的拐角竖着交通禁令标志，即禁止在红灯时右拐，在一些条件下，有一位穿制服的权威人物站在拐角边；在另一些条件下，没有这么一位权威人物在场。通过拐角的驾驶员有的可以观察到一个榜样进行一次违反交通法的右转弯，有的就看不到这么一个榜样。当有一位权威人物在场时，违反交通法的右转弯就很少出现。然而，一位触犯交通法的榜样就会减少权威人物在场时的效果。在这种情况下，跟着榜样向右转弯的驾驶员就多。如果从行为"感染"的角度来解释，被试者本想右转弯的，但由于一个权威人物在场，使他对自己的行为有所抑制，榜样的行为减少了这种抑制，行为"感染"就发生了，被试者按照榜样的样子进行了违法的右转弯。

第三节 公共关系的介体——公共关系传播

公共关系传播是公共关系的一个基本要素，公共关系活动的过程，其实主要就是一个组织与公众之间进行信息传播和沟通的过程。能否有效地利用各种传播媒介，遵循传播沟通活动的基本原则，造就有利的舆论环境，这是组织开展各类公共关系活动的成功关键，也是衡量公共关系工作人员能力水平的重要标准。

一、公共关系传播的基本涵义

（一）公共关系传播的定义

公共关系传播是社会组织利用各种媒介，将信息或观点有计划地与公众进行交流的沟通活动。其基本涵义包括以下两个方面：

第一，公共关系传播是一个有计划的完整的行动过程。有计划，是因为整个传播活动必须按组织的公共关系总目标有步骤地进行;完整,是指传播过程必须完全符合传播学的"五个W模式",即:Who(谁),Say What(说什么),Through Which Channel(通过什么渠道),To Whom(对谁说的),With What effect(产生什么效果)。

第二,传播是一种信息的分享活动。传受双方是在传递、反馈、交流等一系列过程中获得信息。因此,这不是一般意义上的单向性信息传递,而是通过双向的信息沟通,使双方在利益限度内最大程度地取得理解,达成共识。

(二)公共关系传播的要素

传播的构成要素有两类:一类是基本要素,包括信源和信宿、信息、媒介、信道和反馈等;另一类是隐含要素,指传播活动中的时空环境、心理因素、文化背景和权威意识等。前者是公共关系传播的"硬件",后者是公共关系传播的"软件"其中每一个要素,都会对传播效果产生一定的影响。如果缺少一个要素,就无法构成传播。

1. 公共关系传播的基本要素。

(1)信源和信宿。信源,即信息的发布者,也就是传者,这里一般是指某一个具体的社会组织。信宿,即接受并利用信息的人,也就是受者。这里一般是指公众。

(2)信息。从公共关系传播这一角度看,信息是指具有新内容、新知识的消息,其中包括观念、态度和情感等。

(3)媒介。原意指中间物,这里指用以记录和保存信息并随后由其重现信息的载体。媒介与信息密不可分,离开了媒介,信息就不复存在,更谈不上信息的交流和传播。

(4)信道。是指信息传递的途径、渠道。信道的性质和特点,将决定对媒介的选择。比如,在谈话中,传者如果是以声波为交流信道的,那么,声波信道的特性,便决定了所选取的交流媒介只能是具有、"发声"功能的物体、材料和技术手段。同样,如果以频道为信息传递渠道的,那么,其媒介选择只能是电子类的载体。

(5)反馈。这里指受者对传者发出信息的反应。在传播过程中,这是一种信息的回流。传者可以根据反馈检验传播的效果,并据此调整、充实、改进下一步的行动。

2. 公共关系传播的隐含要素。

(1)时空环境。包括时间和空间两个方面。传播的任何一方,或"无故失约",或"拖延时间",或"姗姗来迟",都会使对方对这次传播活动的态度和感受发生变化,其传播行为也会随之而改变,从而影响传播效果。

从时间角度看,真正衡量传播效果的是单位时间内所传播的有效信息量。当然,传播时机(即在何时进行传播)的选择,对传播效果也是有一定影响的。一般地说,应避免在"体内时间"(即身心处于低潮时)进行传播。比如应避免在连续紧张工作后进行传播,这时人们的思绪比较零乱。

空间,指传播活动存在于一定的物理环境。传播信息总是在具体的空间环境之中进行,不同的环境条件会使人对信息有不同的感受,并产生不同的传播效果。

空间环境影响传播效果,一般有两个方面:一是座位的设置排列;一是交流环境的气氛。座位的设置排列,应该根据信息传播目的来安排不同的就座方位。一般来说,如果是向员工作报告,应采用并排同向的教室型座位排列,以此避免员工之间的横向沟通,从而加强纵向传播效果。如果是举办联谊会,则应采用围桌而坐的方式,以增加彼此之间的交往次数和表示友好的机会。

交流环境的气氛包括音响、照明、室内温度和整洁程度等。实践证明,一个组织的领导在一个嘈杂、昏暗、脏乱的办公室和在一个安静、明亮、整洁的办公室与他的部下交谈,决不会引出同样的信息互动。因此,不可忽视"环境效应"。

(2) 心理因素。主要是指信息接受者的情感心理状态。在不同的情感状态下,人们接收信息的效果是不一样的。心理学原理揭示了这样一条规律:凡是在一定活动中伴随着使人"愉悦"的情绪体验,都能使这种活动得到强化,而"不满意"的情绪体验,则使这种活动受到抑制。因此,传播行为的发生、延续和发展都是建立在双方心理相悦这一基础上的。没有心理上的沟通,是无法获得最佳的传播效果的。比如,在旅游胜地的花园内、树林旁,向游客宣传"爱护花草树木"这一观点,同样木牌上写不同的话,效果就截然不同:

第一块木牌:严禁摘花折枝,不准乱写乱刻!违者罚款!

第二块木牌:除摄下美景,其他请别带走;除留下足迹,其他请别留下。

第一块木牌是训斥性的词语,命令式的口气,"不满意"的情绪体验使人难以接受传播的观点;而第二块木牌是一种语言艺术,并在传播过程中产生一种"附加的诱因",其作用就在于唤起受者肯定、积极的"愉悦"情感和行为上的接纳。因此,"愉悦"性情感是促使传播取得成效的"催化剂"。

(3) 文化背景。传播是一种文化现象。在传播过程中,传受双方的文化差异,必然会对传播效果产生影响。不同的经济环境、风俗习惯、民族心理、性格特征、思维方式和价值观念等,使人们对同一信息内容可能产生不同的主观感受。

1980 年初,联合国秘书长飞抵伊朗协助解决人质问题。伊朗的大众传播媒介一播放他抵达德黑兰时发表的谈话"我来这里是以中间人的身份寻求某种妥协"时,他的努力立即遭到严重的抵制,甚至连他的座车也受到石头的袭击。产生这种传播效果的原因是"中间人"一词在伊朗是指"爱管闲事的人"。因此,在跨文化传播中,务必了解和尊重受者的文化习惯,避免产生沟通障碍。

(4) 信誉意识。包括两个方面:一是指传播内容的可信度;二是指传播者被受众所信赖的程度。

在传播过程中,信息内容权威性越高,那么,受众对之就越信服,反之,就很难使受众信服,从而影响传播效果。所以,对新产品的宣传,广告主往往利用用户来信、有关学术权威机构的鉴定、产品获奖的名次等来提高其广告信息的可信度。

传播者被受众信赖的程度,就如同其所传播的信息内容一样重要,它将极大地影响着信息传播的效果。受众对传者所产生的信赖感,一般由三个因素形成:第一,产生于"权威效应",即传播者客观上是这一方面的专家、学者;第二,产生于"名人效应"。即传播者本不是这一方面的专家,但由于他的职位、身份而带来的声望,增加了感召力;第三,产生于"首因效应",即传播者给受众的第一印象良好等。

第二章 公共关系的要素

二、公共关系传播模式分析

模式，是事件的内在机制以及事件之间关系的直观的、简化的形式。一个模式，不在于它自身是一种解释性的东西，而在于它有助于直接地表述或构成理论。传播模式分析，就是把传播过程分解为若干组成部分，以显示其在传播的全过程中所起的作用。

（一）传统的线性传播模式

传统的线性传播模式，最早是香农和韦弗提出的。其模式如图2-1所示。

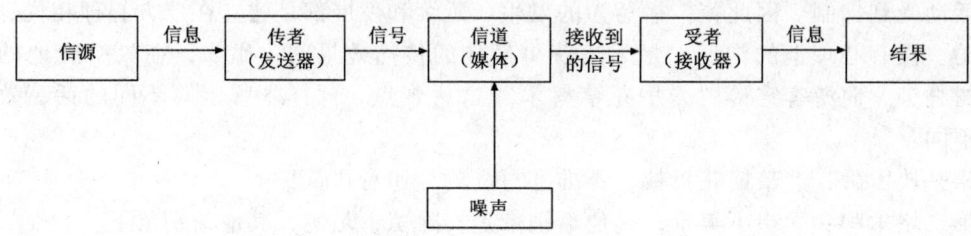

图 2-1　线性传播模式

这种模式是一种单向的直线式运动过程。它在传播学上具有广泛影响，被称之为"香农—韦弗模式"。不过，它也存在两个明显的缺陷：第一，缺乏信息反馈；第二，忽视了影响社会信息传播过程中的两个重要因素，即客观上社会环境（如政治、经济、文化等）的制约因素和主观上传受双方的能动因素。

（二）新型的控制论传播模式

新型的控制论传播模式，是美国学者施拉姆提出的。其模式如图2-2所示。

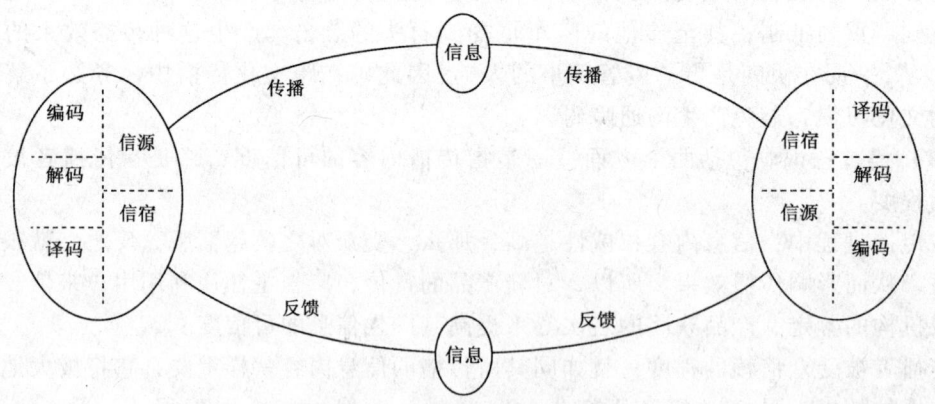

图 2-2　控制论传播模式

这种模式是一种双向的循环式运动过程。它与传统线性传播模式的根本区别在于：第一，它引进了反馈机制，将反馈过程与传受双方的互动过程联系起来，把传播理解成为一种互动的、循环往复的过程；第二，在这一循环系统中，反馈还对传播系统及其过程，构成一种自我调节和控制，传受的双方要使传播维持、发展下去，达到一定的目的，就必须根据反馈信息，调节自身的行为，从而使整个传播系统基本上始终处于良性循环的可控状态。

（三）公共关系传播模式

公共关系传播模式，是根据新型控制论模式的理论设计的，并且包含了拉斯韦尔的"五W模式"的基本要素。其传播模式如图2-3所示。

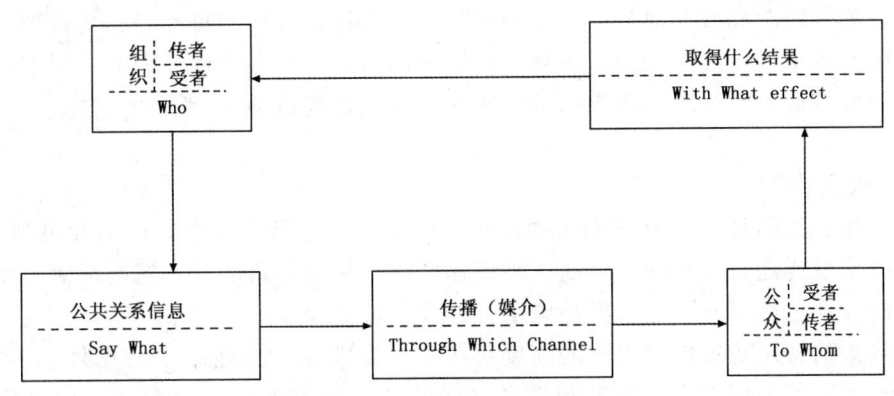

图2-3 公共关系传播模式

公共关系的传播模式表明：信息来源是组织；传播的内容是为了实现组织公共关系目标的信息；传播渠道是人际传播媒介、大众传播媒介等；传播对象是组织所面临的公众；根据反馈的信息，不断调整、修改下二步的传播计划，目的是树立良好的组织形象。

三、公共关系传播的类型

根据人类传播的发展过程，一般可将传播分为四种类型：自身传播、人际传播、组织传播和大众传播等。

（一）自身传播

自身传播，也叫人的内向交流，即传播的"双方"集于一身，本身内部进行交流。其表现形式是人的自言自语、自问自答、自我发泄、自我陶醉、自我反省和沉思默想等。这种传坪的特点是"主我"（I）和"宾我"（Me）之间的内向沟通。因此，从严格意义上讲，它是个人内心的思维活动。从传播学角度看，它却是人类传播的基本单位和细胞。

（二）人际传播

人际传播，指的是个体与个体之间的沟通交流。它是最常见、最广泛的一种传播方式。其表现形式分为面对面传播和非面对面传播两种。前者一般通过语言、动作和表情等媒介进行交流；后者则通过电话、电报、书信、互联网等媒介进行交流。

这种传播的特点是个性性、私人性和信息反馈的及时性。因此，在传播过程中，双方不断地相互调整、相互适应，传播效果也易于显现。

(三) 组织传播

组织传播，指的是组织和其成员、组织和其所处环境之间的沟通交流。组织和其成员之间的传播有两种形式：一种是职能传播，例如厂长与车间主任、经理与员工之间的角色沟通，其沟通方向一般为下行和上行的垂直传播；另一种是非职能传播，员工与员工、校长与师生之间的感情沟通，其沟通方向一般为平行的横向传播。组织和其所处环境之间的沟通交流，就是组织和其外部各类公众的沟通交流。这种传播的特点是：传播的主体是组织，传播的对象十分广泛、复杂，传播具有明确的目的性和可控性。因此，组织传播是疏通组织的内外沟通渠道、密切组织的内外关系的一种传播活动。

(四) 大众传播

大众传播，指的是职业传播者通过大众传播媒介（报纸、杂志、广播和电视等），将大量复制的信息传递给分散的公众的一种传播活动。从媒介角度看，它有两大类型：一类是印刷类的大众传播媒介；另一类是电子类的大众传播媒介。

这种传播的特点是：传播主体的高度组织化、专业化，传播手段的现代化、技术化，传播对象众多，覆盖面极广，传者和受者之间的"人际关系"不复存在，信息反馈比较缓慢、间接等。

大众传播的迅猛发展，是现代社会科学技术高度发展的产物。大众传播的方式，是公共关系从业人员所必须掌握的。

传播的四种基本类型，既自成体系，具有独特的结构、要素、形式和功能，同时又相互联系、逐次涵容、互为补充，其关系如图2-4所示。

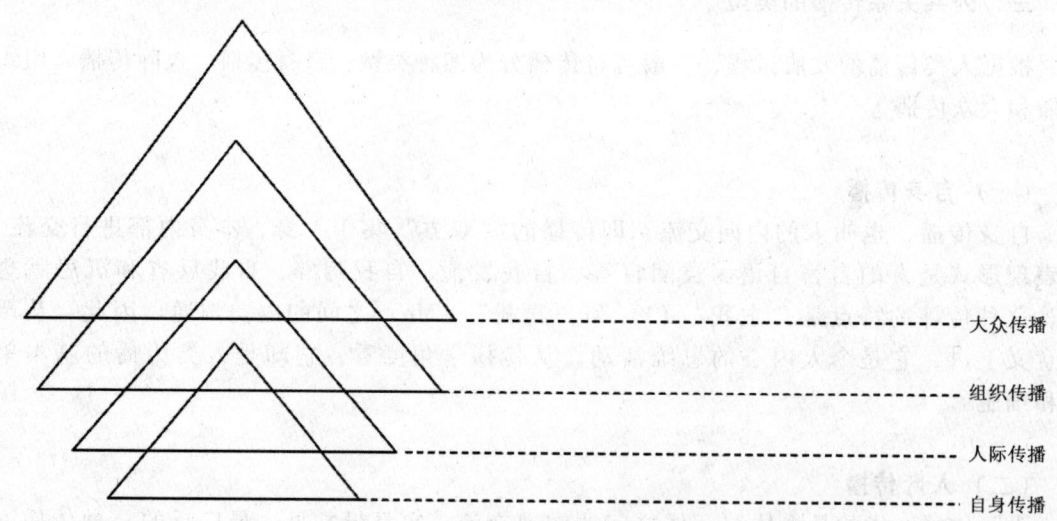

图2-4 四种传播类型关系图

从这个树状的层级系统中，自身传播位于最底部，并与其他传播形式重合，成了一切传播形式的基础。而大众传播则处于该系统的顶端，具有最大的传播规模和包容能力。在这个系统中，由下往上，传播形式出现了四个变化：第一，受众面越来越大；第二，传受双方在距离和感情上越来越远；第三，信息的个性化越来越淡；第四，组织系统和传播技术越来越复杂。

本章小结

社会组织、公众和传播构成了公共关系的要素。其中，社会组织是公共关系活动的发起者和组织者，是公共关系活动的主体要素，没有社会组织就没有公共关系活动；公众是公共关系的对象，是公共关系活动的客体要素，公共关系是针对公众来进行的，没有客体要素也就不存在公共关系活动；传播是公共关系工作的媒介和手段，没有传播也就无法进行现代意义上有效公共关系活动。在三要素中，社会组织具有主导性，公众具有权威性，传播具有能效性。协调三要素之间的关系，是公共关系活动的基本工作。

本章练习

思考题

1. 作为公关主体的社会组织面对环境变化应如何发挥其能动性？
2. 对公众分类方法有那些？对公众分类的意义是什么？
3. 分析公众角色心理对开展公关活动有什么意义？
4. 针对不同的公众如何采取不同的公共关系策略？
5. 怎样理解公共关系的传播模式？
6. 公共关系传播有那些构成要素、可分成几类？

实训项目：

	学时分配	完成方式	分组情况
项目一	0.5学时	讨论—点评	4~6人一组
项目二	0.5学时	讨论—点评	4~6人一组
项目三	1学时	讨论—填写实训考核表	4~6人一组
项目四	1.5学时	讨论—填写实训考核表	4~10人一组
项目五	1学时	讨论—填写实训考核表	4~10人一组

项目一：阅读下述案例，从影响传播的因素这一角度分析北京申奥成功的原因所在？
北京奥申委确定了"新北京 新奥运"的申办口号，提出了"绿色奥运，科技奥运，人文奥运"的申办理念，提供了一部长达500页，涉及17个主题的申办报告，并把

"95%的公众支持率"的调查结果写进其中,还制作了精美的北京申奥宣传片。投票前夕的新闻发布会上,北京奥申委秘书长慷慨陈词:"我们有信心创造历史。这将是奥运会第一次来到有近13亿人口和5000年文明史的东方大国。"在2008年奥运会期间,各国媒体可以享受百分之百的新闻报道自由。"

由著名导演张艺谋执导的北京申奥宣传片《新北京 新奥运》,成功地在短时间内把北京辉煌的成就、迷人的风采和中国人民对奥运的期盼表现得淋漓尽致。由于国际奥委会委员中至少有一半未来过中国,该片除了从运动员、运动会角度展现外,还从历史的角度来展示中国的历史和现状,来展示北京的历史和现状,从而满足了国际奥委会委员对中国、对北京深厚的心理文化需求,使他们对中国、对北京更加了解,更为中国、北京的变化所惊叹,深深地被中国、被北京所吸引,起到了很好的宣传效果。正如澳大利亚籍国际奥委会委员高斯帕说:"和中国申办2000年奥运会相比,中国的变化真是太大了,这种变化将会带动体育的发展。"高斯帕毫不讳言自己的一票投给了北京。

项目二:湖南卫视的《爸爸去哪儿》,收视与广告费形成暴增之势。

《爸爸去哪儿》是中国湖南卫视推出的亲子互动真人秀节目。该节目自2013年10月中旬开始播出,节目播出后收视率与广告费形成暴增之势。从收视率上来看,第二期城市网收视率即狂涨81%。双网(全国网、城市网)收视率均占压倒性优势,CSM(央视—索福瑞媒介研究有限公司)46城收视率2.63,份额11.45,是同时段第二名的2.9倍!在双网均为周五至周日3天所有频道收视份额最高的节目!《爸爸去哪儿》第一季共12期,第一期于2013年10月11日开播,第十二期于2013年12月27日播出。第二期播出后,由《爸爸去哪儿》5对父子作为嘉宾的脱口秀节目《天天向上》也创下近三个月收视新高,全国网收视率1.98,份额5.77,排名同时段第一。

从网络点播看,《爸爸去哪儿》不仅成为第四季度电视收视黑马,网络点击率甚至超越热门电视剧,在不少视频网站创下全网播放第一的最好成绩。

同时,来自湖南卫视广告部的消息称:自第二期起,周五《爸爸去哪儿》插播广告按照如下价格执行:30万元/15秒、21万元/10秒、12万元/5秒。

《爸爸去哪儿》这档节目的确火了,在没有铺天盖地宣传的情况下,不仅收视率全线飘红,在社交网络上的口碑热度也很高,几个明星爸爸和星二代都成为网络讨论话题的热点。

试分析《爸爸去哪儿》这个节目为什么这么火,什么因素助推了它迅速全线飘红?电视及网络媒体各自的特点是什么?

项目三:阅读下述文字,分析社会组织应如何寻求和建立与环境间的相对适应?

按照传统观念,美国的环保运动与日本的工业是没有什么关系的,因此,1975年有几个美国环保主义者到日本去谈论汽车废气问题时,就受到了日产、丰田这些大汽车公司的冷落。但是,直到1963年才开始生产第一批汽车的本田公司,其总裁却独具慧眼,他从这些人的活动中发现了有用的信息。为此,该公司派人把这批人请到公司,热情款待,奉为上宾,并请他们给设计人员讲解环保主义者的要求以及美国国会1970年通过的净化空气法案的内容。在这一基础上，本田公司开始了新型汽车的设计，确定的设计目标要突出"减少排废"和"节省汽油"这样两个优势。在本田的新产品——主汽缸旁有一辅助汽缸的"复合可控旋涡式燃烧"汽车面世一个月后，就遇上了第一次石油危机。本田汽车凭借排废少、省汽油的优势，一举打进美国市场，公司总裁因此赢得了日本福特的声誉。

项目四：分析自己目前所扮演的社会角色，并分析角色心理；同时分析我校校长的社会角色并作出角色心理分析。根据已做过的实训项目（一）得出的结论，策划一次"假如我是校长"的征文活动，收集征文进行统计分析，拿出分析结果呈交校长办公室，并且讨论此活动的意义。

征文活动评价评分表

考评人		被考评人	
考评地点			
考评内容	"假如我是校长"征文		
考评标准	内容	分值/分	
	在讨论中态度认真，积极参与	20	
	内容的可行性较强	30	
	对角色心理分析比较全面	20	
	知识面较广，思维角度多样化	20	
	实训报告符合要求	10	
	合　　计	100	

注：考评满分为100分，91分以上为优秀，81~90分为良好，71~80分为中，60~70分为及格。

项目五：人际传播小游戏

将学生分成20人一组的几队，每队站成一纵队（每个同学之间不要紧贴着，适当留有距离）。第一个学生自选一句话，附在第二名同学耳朵上把这句话告诉他，以此类推，把这句话传递下去。完毕之后，由最后一名同学对大家宣布他最后听到的是一句什么内容的话。由第一位同学给出是否正确的结论。如果不正确，由第一位同学宣布正确答案。最后，无论正确与否，重新按顺序由每一位同学公布出他刚才传递了一句什么话，看看有没有传错，从哪里出错了，出了几次错？游戏结束后，进行分组讨论：

1. 如果出错了，分析出错的原因，讨论影响传播的因素有哪些。
2. 讨论传播模式有哪些，公共关系传播模式的特点是什么？

第二章 公共关系的要素

游戏评价评分表

考评人		被考评人	
考评地点			
考评内容	人际传播小游戏		
考评标准	内容	分值/分	
	在游戏中态度认真，积极配合	30	
	分组讨论中态度积极、效率高	20	
	对相关知识理解准确	20	
	实训中能灵活运用各种方法与技巧	20	
	实训报告符合要求	10	
合　计		100	

注：考评满分为100分，91分以上为优秀，81~90分为良好，71~80分为中，60~70分为及格。

第三章
公共关系的工作程序

知识目标

- 明晰公共关系调查的准确涵义，掌握公关调查所包含的一般内容
- 掌握公共关系策划的准确涵义，熟悉公关策划的具体程序
- 对常见的公关活动模式有明确的概念
- 充分认识公关评估的重要性以及公关评估的标准

能力目标

- 熟悉公关调查的步骤，把握公关调查中应使用的调查方法以及公关调查中应注意的事项，能在实践中运用理论知识完成具体的调查项目任务
- 掌握公关策划的基本步骤，领会公关策划的灵魂——公关创意

案例导入

1957年某日，美国首都华盛顿。主要干道上竖立着巨型彩色标牌："欢迎您，尊贵的法国客人！""美法友谊令人心醉！"整洁的售报亭悬挂着一长列美法两国的小国旗，它们精致玲珑，在微风中轻柔地飘拂，传递着温馨的情意，报亭主人特意设计绘制的"今日各报"的广告牌上，最鲜艳夺目的是美国鹰和法国鸡干杯的画面和"总统华诞日贵宾驾临时"及"美国人醉了"等大标题，它们吸引着络绎不绝的路人光临。马路上，许多轿车、摩托车、自行车涌向白宫……白宫周围已是人山人海，人们满面笑容，挥动法兰西小国旗，期待着贵宾的出场。贵宾是谁呢？不是政府要员，不是社会名流，在美国总统艾森豪威尔诞辰日，光临华盛顿的法国特使却是两桶法国白兰地！

第三章
公共关系的工作程序

这是怎么回事？原来，这是法国公关专家精心策划实施的一次公关杰作。

白兰地当时在法国国内已享盛誉，畅销不衰。厂商的目光开始瞄向美国市场。为此，他们邀集了几位公关专家，慎重研讨公关方案。受聘请的专家们通过调查，搜集了有关美国的大量信息，并经仔细斟酌，提出了一项颇具新意的设计。

公关宣传的基点是法美人民的友谊，整个规划的主题是"礼轻情意重、酒少情意浓"。择定的宣传时机是美国总统艾森豪威尔67岁寿辰。要求公关活动尽可能广泛地利用法美两国的新闻媒介，赠送的是两桶窖藏长达67年的白兰地酒。贺礼由专机送往美国，酒桶特邀法国著名艺术家特别设计制作。然后于总统寿辰日，在白宫的花园里举行隆重的赠送仪式，由4名英俊的法国青年身穿法兰西传统的宫廷侍卫服装抬着这两桶白兰地正步前行，进入白宫。

这项公关规划立即得到公司最高决策者的批准，并且获得法国政府的赞赏和支持，外交渠道的绿灯也亮了。

美国公众在总统寿辰一个月之前就分别从不同的传播媒介获得了上述信息。一时间，法国白兰地成了新闻报道、街谈巷议的热门话题。千百万人都翘盼着这两桶名贵的白兰地的光临。

于是，便出现了前面所述的万人空巷的盛况。当这两桶仪态不凡的美酒亮相时，群情沸腾，欢声四起，有些人甚至大声唱起了法国国歌《马赛曲》。此刻，美国公众似乎已经闻到了清醇芬芳的酒香，更由此而品尝到了友谊佳酿的美味。从此法国白兰地昂首阔步地迈进了美国市场。国家宴会和家庭餐桌上几乎都少不了它的倩影！

资料来源："公共关系案例分析——法国白兰地的精彩亮相"。

公共关系工作不是一种盲目的、随意性的活动，而是有意识、有计划的行为。不仅具有较高的艺术性，还有着较强的科学性。科学的调查研究是进行公共关系工作的第一步，进而进行艺术性的策划，有效的实施，最终才能取得一定的结果。而结果的优劣则需要进行评估。这就是公共关系的工作程序。这一程序是由美国的公共关系专家卡特利普和森特在《有效的公共关系》一书中提出来的，由公共关系调查、公共关系策划、公共关系活动实施和评估四个工作步骤组成，简称"公共关系工作四步法"。这四个步骤是循环关系，公关调查是起点，公关策划是关键，公关实施是核心，公关活动评估是重要的反馈环节，也是下一轮公关活动的起点。本章将逐一介绍公关工作四步法的相应内容。

第一节
公共关系调查

一、公共关系调查的定义及其意义

公共关系调查，是指公共关系工作人员对自己或服务的组织（指公共关系专业公司受特定组织的委托为其进行公共关系调查）的公共关系状态进行的情报搜集与研究工作，即运用一定的理论、方法和技巧，以组织内外部公众为对象，通过收集资料和分析资料，了解组织的公共关系状态，揭示其发展趋势并提出改进措施或意见的一种调查研究活动。很明显，公关调查有两个主要的功能：一是收集资料，反馈信息，客观真实地反映组织的公关状态；二是分析资料，透过现象看本质，从而揭示组织公关状态的发展趋势，并据此提出加强和改进组织公关的策略、方法和措施。公共关系调查是公共关系的基础性工作，发挥着情报功能。国外成功的大企业，一般都十分重视公共关系调查研究。如美国《幸福》杂志排名前 1 000 名的大公司中，大约有一半都利用公共关系调查研究为其形象建设服务。许多国际著名的公关公司也纷纷加强自己的调研能力，比如：希尔·诺顿公关公司（即我们公关界常讲的"伟达公关公司"）在 20 世纪 70 年代到 80 年代的 10 年间，其调研部门的规模扩大了 3 倍。据 1984 年的有关统计，全美 94 家调研机构的收入已达 15 亿美元，平均每家 1 600 万美元。对于企业来讲，公共关系调查研究的意义有以下两点。

（一）公共关系调查研究是组织卓有成效地开展公关活动的前提和基础

一项公关活动一般离不开四个相互衔接、协调进行的步骤或环节：调查研究—制定计划—计划实施—效果评估。而调查研究则是开展一项公关活动的首要环节，它为公关活动的其他环节提供前提条件。只有搞好了调查研究，探明事实真相，掌握与组织的活动和政策相关联并受其影响的公众认知、观点、态度和行为，确定组织所面临的问题，其他诸环节才有可能卓有成效地进行下去；否则，情况不明，其他环节根本无法进行。说是基础，是因为调查工作是一项基础性工作，它贯穿于整个公关活动的全过程，是开展公关活动的其他环节的基础。例如，事前的调查是制定公关计划的基础；事中的不间断调查是及时纠正偏差、保证公关活动顺利进行的必要条件；而事后的调查则是检查评价公关活动成效的重要依据。

（二）公共关系调查研究具有沟通信息的作用

公共关系调查研究是反映公众意见、希望和要求的过程，也是调查人员向公众介绍组织情况，使公众进一步了解组织的过程。因此，它本身就是一项沟通公众关系塑造组织形象的重要公关工作。公共关系工作中信息交流的重要特点，是注重双向信息交流，即在信息传播的同时，又有信息的搜集和反馈。为了准确、及时、有效地搜集和传递组织内部外部的信息，公共关系人员必须掌握和运用公共关系调查方法，预测未来，采取恰当的对策，防患于未然，使组织保持良好的信誉和形象。

二、公共关系调查的程序

公共关系调查的程序，是指具有一定规模的某项公关调查，从调查准备到调查结束全过程的先后次序和具体步骤。在公关调查中建立一套系统的科学程序，有助于提高调查工作的效率和调查质量。在实践中，虽然各项公关调查的具体步骤和先后次序会因目的、要求、范围等不同而呈现出差异性，但一般地讲，一项规模较大的公关调查可按以下几步进行。

(一) 确定调查课题

确定调查课题是整个调查的第一步。这一步的主要任务是明确调查目的,解决"调查什么"的问题。为了有针对性、有目的地进行公关调查,避免盲目行动导致的工作失误,必须切实做好调查的第一步工作。

1. 调查课题的分类。按照课题的性质来划分,公关调查课题可分为状态性选题、开发性选题和研究性选题三种。状态性选题是以了解社会组织所面临的公共关系状态(如知名度、美誉度等)为宗旨的选题,需要回答的是"怎么样"之类的描述性的问题;开发性选题是指以寻找开发方向为主题的选题,需要回答的是"怎么办"之类的措施性问题,调查成果往往是形成一套相关的措施;研究性选题是以研究、分析公关现象之间的本质联系为主旨的选题,目的是通过资料的收集与分析,建立关于某种公关现象的理论模型,其最终成果主要是理论学说。由于这三种选题性质上的差异,公关调查计划在人员安排、调查途径、时间布置以及资料整理诸方面均有所不同。具体参见表3-1。

表 3-1　　　　　　　　不同选题的调查计划侧重点差异比较

计划侧重点 项目	状态性选题	开发性选题	研究性选题
人员要求	普通调查者	科研工作决策者	具有相关专业知识的调查者、学者
调查方法	问卷调查法、抽样调查法、民意测验法	观察法	抽样调查法、文献法
资料处理	统计法、描述法	灵感顿悟法、设想法	推理法、寻找本质联系
时间安排	公众休闲时间	公众工作、生活之中	公众处于特定时空之中
调查范围	由随机抽样决定	选择典型场所	由非随机决定
调查工具	问卷	观察表格	调查问卷、调查提纲
经费	一般较多	较少	居中
周密程度	相当周密	灵活性、随机性较大	具有一定的随机性

2. 确定调查课题的程序。确定调查课题一般分两个阶段进行。

第一阶段,明确调查目的,提出调查课题设想。重大的公关调查一般都是在组织内外部出现了新情况或新问题的条件下进行的。在这一阶段,要尽量掌握组织内外部出现的新情况和新问题,了解组织领导人进行公关调查的真实意图,弄清"为什么要调查"的问题,然后在此基础上提出比较抽象的、可能是多个的或不成熟的查课题。

第二阶段,分析论证,筛选调查课题。对多个或不成熟的课题,经过必要的分析论证,必要时还可以组织非正式的试探性调查,以明确问题的症结所在,从而筛选出针对性强的、恰当的课题。一般来说，所确定的调查课题越具体越明确越好。如：新产品上市之初，早期接受者对产品的态度调查，比组织形象调查更具体明确，更具有现实性。

（二）制订调查计划

为了使整个调查工作有计划有步骤地进行，保证整个活动的科学性，在确定了调查课题以后，调查者必须根据调查的课题制订调查计划。调查计划的内容一般包括两部分：第一部分是对调查本身的设计，包括调查的目的和内容、调查的具体对象和范围、取得资料的方法及调查表格等；第二部分是对调查工作的具体安排，包括调查的组织、领导和人员配备、经费估算、调查日程安排等。调查计划是调查安排的依据，调查安排是调查计划的具体化。

从程序上看，制订调查计划要注意以下两个问题：

第一，调查计划要做可行性论证。调查的规模、范围多大才合适，人力、物力、财力能否承受得了，时间上是否来得及，经费估算和工作进度、日程安排是否合理等，都应进行比较充分的可行性论证，以保证调查计划的科学性和可行性。

第二，调查计划既要全面又要简单明了。调查计划中，凡应包括的主要内容都应简明扼要写清，既不能丢三落四，也不能繁琐冗长。

（三）收集调查资料

收集资料是整个公关调查工作的重点，它的主要任务就是按计划的要求与安排，系统地收集各种资料，包括数据和被调查者意见。

调查资料一般分为两类：一类是原始资料，也称第一手资料，这是调查人员通过各种调查方法进行实地调查所取得的资料；另一类是现成资料，也称第二手资料，这是由他人收集的现有的资料。一般说，现成资料容易取得，花费较少；而原始资料取得难度较大，花费较多。因此，在收集资料时，要充分利用现成资料，能够取到真实可靠现成资料的，就尽量不再费力去搜集原始资料。当然，就一项较大规模的调查来说，仅有现成资料是不够的，它的主要资料还是来源于实地调查。可以说，原始资料的收集是收集的重点。至于原始资料与现成资料的收集次序，一般以先收集现成资料，再收集原始资料为宜；在现成资料的来源比较清楚的情况下，两种资料的收集可以同时进行。

由于民意测验的大量使用，问卷资料的搜集就是资料搜集的主要的工作。最普通的方法是由受试者自行答卷和调查人员访谈两种。

受试者自行答卷，顾名思义，就是由被试者自己动笔答卷。根据我国的实际情况，它的具体做法也可以有所不同。可以采取征求受试者所在工作单位或地区的支持，组织受试者集中起来答卷。也可以一一走访受试者，将问卷留于该处，过一段时间收回。也可通过邮寄、附上回单（贴足邮资），让受试者自行答毕寄回。

问卷回收数目与发放的总数之比称为回收率。对于回收率，调查人员应有足够的估计，100%的可能性是很小的。美国社会学家肯尼迪·贝利认为，50%的回收率是可以令人满意的，60%是相当成功的，而70%以上则可以说是非常成功的了。这可以作为我们的一个参考。

访谈，就是由经过专门训练的调查人员走访受试者，由调查人员根据问卷向受试者口头提问，再记下答案。相对受试者自行答卷，问卷回收率高，但访谈要求调查人员必须严格遵守操作规定，比如：不得以任何形式暗示受试者，以受试者为主，保持气氛融洽等等。国外的访谈很多是利用电话进行的。随着电话在我国的普及，这种方式也在大量采用。

（四）整理分析资料

整理分析资料是公关调查过程中极为重要的一环。一般来说，通过调查所得到的资料还比较零乱、分散，并不能系统而集中地说明问题，某些资料还可能有片面性与谬误等等。因而，在取得资料后，必须对资料进行系统科学的整理和分析，去粗取精，去伪存真，分析综合，严加筛选，并合乎理性地推理。只有这样才可能客观地揭示事物的内在联系，得出正确的调查结果。

资料的整理分析，主要包括以下工作：

1. 检查核实。整理中，要检查资料是否齐全而无遗漏，是否有重复与矛盾，甚至有与事实不相符合的情况。一旦发现上述情况，要及时复查核实，并予以剔除、删改、订正和补充，即剔除错误的资料，删除重复的资料，修改订正差错的资料，补充遗漏的资料。调查中检查核实的部分工作是在收集资料时就要完成的，一边收集，一边检查核实，这样便于及时进行订正和补充。

2. 分类汇编。资料经过检查核实后，为了便于归档查找和统计方便，还应按照调查的要求进行分类汇编。即进行分类登录，然后按类摘抄、剪贴、装订、归档，以备查阅，还可将整理后的信息输入电脑。整理资料数据要做到准确、清楚、及时，这是衡量信息资料价值的重要标准。

3. 分析论证。对分类汇编的资料进行分析，得出结论，并依据资料所得出的结论进行论证。分析一般包括定性分析和定量分析。所谓定性分析，是以资料或经验为依据，主要运用演绎、归纳、比较、分类和矛盾分析的方法找出事物本质特征或属性的过程。所谓定量分析，是运用概率论和数理统计的测量、计算及分析技术，对社会现象的数量、特征、数学关系和事物发展过程中的数量变化等方面进行的描述。为了取得比较符合实际的结论，不仅要进行定性分析，而且要进行定量分析，要在定性的基础上尽量根据不同要求把资料量化，制成统计表或统计图，或计算百分比、平均值等，然后运用这些量化资料进行分析，力求对调查的事物有较深刻的认识，并把有关材料迅速提供给领导部门，作为策划的依据。成功的企业在日常公共关系工作中经常运用以上方法。

（五）撰写调查报告

撰写调查报告是公关调查的最后程序。撰写调查报告的目的，是为制订科学的公共关系计划方案提供依据，为领导者决策提供参考，寻求领导的支持和帮助。撰写出一份具有说服力的好调查报告，这是卓有成效地进行公关调查的一个不可忽视的方面。如果调查报告的撰写不得要领，即使前面的工作做得再好，整个调查也不会令人满意。

一般来说，一篇调查报告是对调查过程的回顾和调查成果的总结，它包括以下内容：

(1) 调查题目，调查委托人，调查主持人，调查日期；(2) 调查的原因和目的；(3) 调查的总体对象；(4) 调查所采用的基本方法；(5) 调查的结果及有关数据、各种答案的比例；(6) 问卷回收率及抽样误差；(7) 分析结果；(8) 调查者提出的建议；(9) 附件，包括问卷样本、统计数据、背景资料等。

调查报告不同于纯理论文章，也不同于一般的工作总结。它主要用调查资料来说明问题，用资料来支撑结论。因此，在撰写调查报告时，要坚持实事求是，资料的取舍要合理，推理要合乎逻辑，还要在结构、主题、语言上下功夫。同时，调查报告写好后要及时送交最高管理部门备案，供决策者决策时参考。

三、公共关系调查研究的内容

公共关系调查是公共关系的基础性工作，它是一种系统的研究工作。公共关系调查指公共关系人员对自己或服务的组织的公共关系状态进行的情报搜集与研究工作。主要是了解那些受到组织行为和政策影响的人对组织的观念、态度、看法和反应，掌握组织的实际形象，发现组织存在的问题并对问题进行全面而深入的了解。公共关系调查的内容，包括公共关系的主体——组织情况的调查，公共关系的客体——公众意见的调查，以及同公共关系的主客体密切相关的社会环境的调查。

（一）组织情况调查

组织情况是公共关系人员的案头必备品，无论是撰写新闻报道、解答公众提问、编写组织通讯、制作宣传材料，还是举办展览会、记者招待会，都需要随时查阅和引用这些调查资料。

组织情况调查包括下列内容：

1. 组织自然情况。如组织的地理位置、外观、名称、性质、机构设置、法人代表、职工人数、文化、年龄、性别、职务、职称结构等。

2. 组织社会情况。如组织的管理模式、业务范围、社会效益和经济效益、内外政策、文化内容、优势、存在的问题、潜在的危机等。

3. 组织历史情况。如组织的建立时间、体制变化、重大事件、有突出贡献的职工及贡献情况、历届领导人情况、人员素质变化、发展阶段等。

4. 组织现实情况。如组织的知名度，产品或成果的质量、数量、信誉、生产能力及社会需求等。

5. 组织未来情况。如组织的发展前景、近期目标和长远规划等。

需要说明的是，组织的自然、社会情况与组织的历史、现实、未来情况采用的是两种不同的分类方法，在一起列出，可详细掌握组织情况调查内容的整体性。

由于各类组织情况的不同，组织情况调查的具体内容也不同。如产品的质量、数量的调查，对煤炭企业而言，则指煤炭的热量、含硫量、灰分、产量、品种等；对高等学校而言，则指毕业生的工作能力、适应情况等。

组织情况调查，一般而言，内容越详细越具有可利用价值，既要有综合情况，也要有分类情况。如组织的人数、文化程度、年龄、职务结构情况，既要有组织中全体人员的文化程度、年龄、职务的分布情况，又要有每一文化程度、每一年龄段的高级专业技术、中初级专业技术人员情况。一个组织中，高级专业技术人员中年龄在 50 岁左右与在 40 岁左右是不一样的，前者使人感到人员老化、技术潜力不足，后者则使人感到人员精力充沛、技术发展前景乐观。

以企业为例，公共关系调查所涉及的基本内容包括：

1. 企业经营情况。
（1）企业创建的时间；
（2）企业发展过程中的重大事件及其在社会上、舆论界的反响；
（3）企业经营目标；
（4）企业对社会的贡献；
（5）企业市场分布、市场占有率以及市场竞争情况；
（6）企业产品、服务、价格特点；
（7）企业管理特点；
（8）企业外观、厂名、商标特点等。

2．职工基本情况。
（1）职工的一般状况，如年龄、文化程度、专业特长、兴趣爱好、家庭生活等；
（2）为企业做出重大贡献的职工，如劳动模范的成就与经历；
（3）企业主要负责人的情况，如知名度、领导能力、威信等。

（二）公众意见调查

公众意见调查是公共关系调查的主要内容，其调查结果决定公共关系的效果、对策和发展。公众意见调查包括组织形象、公众动机、活动效果、传播效果和内部公众意见等。

1. 组织形象。组织形象是社会公众对一个组织的认识、看法和评价。组织形象一般包括组织成员形象、组织管理形象、组织实力形象、组织产品形象等方面。进行组织形象调查，主要包括这些具体内容。

2. 公众动机。公众动机是造成公众如何评价组织的主要原因。一般而言，不同的公众，由于动机不同，对组织的评价往往见仁见智，印象不同，评价各异。公众动机调查，包括公众对组织是否抱有偏见或特殊的喜欢，该组织的工作方式、社会活动、产品服务等方面是否与公众某种成见相冲突，或与公众的某种嗜好相吻合，或与某种社会上流行的东西相一致等。

3. 活动效果。了解公众对企业公共关系专门活动的评价。活动效果的好坏，标志着公共关系活动是成功与否。每一位公共关系人员或每一个公共关系组织，每举办一次公共关系活动，都希望取得满意的效果。活动结束后，公众是否满意，满意程度如何，公众如何评价，都需要通过调查得到答案。例如：开展"迎春杯"文明售货服务后，了解职工和顾客的评价；在"百万大酬宾"活动中，了解顾客购买商品的心理等。

4. 传播效果。内外传播的效果，也就是公众接受传播信息后，在感情、思想、态度和行为等方面所发生的变化。包括调查某种媒介的覆盖面、受众构成、收视（或收听）、对传播内容的态度和产生的行动等。如通过山西电视台搞企业产品有奖问答，就要调查山西电视台当晚收视率、观众年龄、职业、消费习惯、分布状况、态度及行为的变化、问卷回收率、构成以及答案正确率等。

5. 内部公众意见。内部公众意见调查是组织内部公共关系的主要内容。重视内部公众意见，才能促进组织的合作与团结，才能有助于内部公众人人关心组织发展、人人重视组织利益、人人珍惜组织的信誉和形象，使组织在发展中处于有利地位。内部公众意见包括对本组织及本组织工作的评价、人际关系评价、领导行为评价、公众需要等。

（1）对组织及组织工作的评价。包括对组织的整体工作是否满意，本组织在同类组织中是好的、普通的还是不理想的，本组织的优缺点、吸引力，以及调查内部公众对组织及组织工作的评价。其中，群体内聚力是一个很重要的指标。

群体内聚力主要反映组织内部所形成的集体意识、相互合作的气氛，使其成员对群体产生的向心力。这是衡量一个组织的战斗力与集体效率高低的尺度。根据 W. E. 斯考夫等人在《语义差异作为士气量度的一般性和重要性尺度》一文中提供的图表，可以了解组织内员工之间的相互吸引力，及时把握组织气氛（如表 3-2 所示）。

表 3-2　　　　　　　　　语义差异士气量度图表

	非常	十分	有点儿	说不好	有点儿	十分	非常	
合作								不合作
愉快								不愉快
吵架								情投意合
自私								不自私
爱挑衅								和蔼可亲
精力充沛								无能为力
效率高								效率低
聪明								笨拙
不帮助人								能帮助人

说明：公共关系人员将此表交给部分员工填写。被调查者可以在选取一个最适当的空格上作个记号，说明自己对同事的感觉。

记分方法：内聚力的得分是以上分数之和。即从最左边的 7 到右边的 1——合作、愉快、精力充沛、效率高和聪明；其他的则从右边的 7 到左边的 1——情投意合、不自私、和蔼可亲、能帮助人。

（2）人际关系评价。包括一个公众与其他公众的关系，一个公众如何评价其他公众之间的关系，关系的融洽与紧张程度，影响人际关系密切程度的因素及促进人际关系密切的手段等。例如，了解一个公众与其他公众之间的人际关系，可让被测者用"是"、"不是"或"有时"回答下列问题："在谈话时，您说的话是否都像您愿意说的那样说出来？""在交谈中，您是否倾向于多说话？""当您解释某种事情时，别人是否插嘴？""接受他人建议性的批评是否很困难?""一般地说,您能不能信任别人?""当您意识到您做错了某件事情时,你是否敢于承认错误?""当您在说话时,别人是否都在听着?"等。

(3) 领导行为评价。组织领导行为评价的途径是多方面的,调查可以通过组织的现状、管理水平以及组织成员的整体形象等多角度进行包括领导者之间的相互评价和自我评价,上级或下级的评价,领导与员工之间关系的评价。调查内容包括组织领导者的政治思想品德、领导才能、工作作风、管理水平等。如,通过下级对下列问题的回答可了解上级的行为:"他让群体成员懂得他们所要做的事情吗?""他保持明确的绩效标准吗?""他接受并实行群体提出的建议吗?""他照顾群体成员的个人福利吗?""他能主动与各单位接触,而不是等待人们去找他吗?"等。调查结果应及时反馈到组织领导者手中,使领导者通过调查反馈的信息检查自身工作中存在的不足,及时调整领导方针和管理方法,从而取得组织内外部公众的信任。

对组织领导行为评价,最好能取得领导者上级领导的同意和支持,以便调查工作能顺利进行。同时,选择调查对象也应当注意使各个层次的公众都有发表对本组织领导的意见或建议的机会和权利,尽量做到全面、周详,切不可简单、草率行事。

(4) 公众需要。需要是个体和社会的客观要求在人脑中的反映,是个人的心理活动与行为的基本动力。成功的公共关系工作就是了解每个公众的多种需要,了解公众的优势需要,有的放矢,有效地激励公众的积极性。比如,在员工中定期进行不记名的问卷调查,特别是对员工中的各种抱怨要反映敏感。具体方法是定期分发员工调查表,进行民意测验。可以向员工了解如下问题:①您了解公司近来的处境吗?②近来公司里什么事情使您最高兴?③您工作中最讨厌的是什么?④您目前最忧虑的是什么?⑤您最近是否受到过不公平的待遇?⑥您周围有什么不和睦的事件?是谁的责任?⑦您对工作环境有什么不满意的地方?⑧您认为公司应该为职工做哪些最迫切的事情?⑨您听到什么有关公司的抱怨?⑩您乐意向别人介绍公司的情况或你自己的工作吗?

通过分析调查结果,可把其中具有普遍意义的资料分类汇总,供组织领导参考。公众意见调查中要特别注意公众中的意见领袖,他们是公众中颇有影响的人物,虽然不比他们的同伴更有地位,但却因消息灵通,足智多谋,或有超人的胆识和品质,或有非凡的经历,赢得公众的信任,逐渐形成了一定的影响力和权威性。由于他们的处境地位与普通公众基本一致,因此他们的意见往往能体现广大公众的意志。公共关系组织和人员,要尊重意见领袖,多与意见领袖交朋友,将意见领袖作为自己调查的重点,将意见领袖的意见作为调查内容的主攻方向。

(三) 社会环境调查

社会环境是指与组织有关的各类公众和各种社会条件的总和,它影响着组织的生存和发展。公共关系部门和人员进行社会环境调查的目的,就是协调组织和社会环境的关系,使组织适应社会环境的变化,从而使组织获得发展。社会环境调查包括政策环境、社会问题和其他组织公共关系情况调查。

1. 政策环境。政策环境调查就是了解与组织有关的方针、政策、法规,遵循并运用它为自己的组织服务。如化工厂的公共关系人员就要研究经济合同法、环境保护法、劳动法等政策法规,并密切注意其他化工厂对这些法规的运用和执行;政府部门的公共关系人员就要研究组织法、选举法、行政诉讼法、公务员制度等法规,并对由此发生的公共关系活动进行专题调查、追踪研究。

2. 社会问题。社会问题包括政治、经济、文化、思想、技术等方面的内容,它对公众意见具有很大的影响力,甚至关系到一个组织或几个组织的发展与消亡。例如,燃气热水器因煤气泄漏致死人命的事件,会引起燃气热水器滞销,造成产品积压、企业亏损;股票热的兴起,可使出版商以出版股票书籍而发财,也可使银行存款下降、国库券卖不出去等。

3. 其他组织公共关系情况。调查其他组织公共关系情况,可以获得其他组织在公共关系方面的经验,并根据自己的实际情况加以借鉴,避免走他人失败之路,发展自己,完善自己。例如,调查其他组织公共关系状况如何,如何组织公共关系工作,创造了什么公关方法,发展了哪些公关技巧等。

上述组织情况调查、公众意见调查和社会环境调查,内容十分广泛。公共关系人员要根据组织的实际需要,结合具体情况决定每一次的调查内容。

(四) 组织形象调查的内容

组织形象是一个整体概念,是公众对组织的认识、看法和评价,对于组织的生存和发展至关重要。良好的组织形象是组织无形的财富,它不仅能提升组织的知名度和美誉度,而且能大大地增强组织在同业中的竞争能力,使组织的各项活动都能在有利的条件下开展,在竞争中立于不败之地。

组织形象一般包括组织成员形象、组织管理形象、组织实力形象、组织产品形象等方面。进行组织形象调查,主要调查这些方面的内容。

1. 组织成员形象调查。组织成员形象即组织"主体代表形象",包括领导者的形象、公关人员形象、组织内部典型人物形象和组织群众形象。组织成员形象调查即对此进行调查、分析和研究。

(1) 组织领导者形象调查。组织的领导者形象是组织形象的一个主要方面。一个好的领导者应当努力树立好自己的形象,加强组织内部的公关工作,处理好和上级、同级、下级之间的关系。在实施领导管理过程中,不断提高自身的政治思想品德、业务素质和管理水平,促进组织内部公共关系的良性发展,与员工同心同德树立起组织的良好形象,赢得公众对组织的好感和支持。

(2) 公关人员形象调查。公关人员是组织形象的主要代表,对组织卓有成效地开展公关活动有较大的影响。公关人员肩负着组织内外沟通、协调,保证组织信息畅通,塑造组织良好形象的使命。因此,对公关人员进行调查,主要是调查公关人员是否具有较高的组织能力、观察能力、思维能力、开拓能力、交际能力和良好的心理素质等。对公关人员的形象进行调查,是组织进一步搞好公关活动所不可忽略的一项极为重要的工作。通过调查,使组织了解到公关人员的现状,使公关人员及时了解自身的优缺点,明确新的发展目标,提高开展公关活动的能力,为组织的形象塑造增光添彩。

(3) 典型人员形象调查。任何一个组织内部,总存在先进、中间、落后三部分成员,一般而言两头是少数，中间是大多数。组织中的先进典型能起到带动中间和落后的作用。因此在先进与落后的典型调查中，又要以先进为主，对组织内部落后的典型可选择少量，作为总结教训的参考。

2. 组织管理形象的调查。组织管理是一种系统性的控制，其目的在于调动每一个成员的聪明才智，发挥组织的整体功能，更好地实现组织的管理目标。当组织内部的各个环节的各种要素都能充分发挥作用，并达到高度的和谐统一时，就反映出组织管理的水平较高，组织管理形象较好。如果组织内部各个系统互不协调，各项工作相互推诿，职责不明，分工不清，内部混乱无序，其管理肯定是不成功的，也必然会产生不良的组织管理形象。

组织管理形象调查，主要是对组织管理对象的精神状态、组织内部系统的运行状况进行的调查、分析。主要是：第一，调查组织内部成员岗位责任制的履行情况，工作态度是否端正，有无工作责任心和劳动积极性。第二，对组织管理人员的职、责、权进行调查，检查管理人员是否真正做到职、责、权相统一；能否明确自身肩负的责任；能否合理使用手中的权力，协调组织内部的各个环节；能否以身作则，起到模范、带头作用。第三，对组织内部计划工作进行调查，包括对时间、空间的合理分配，人力、物力、财力的合理使用等方面。第四，组织内部管理制度、组织纪律、职业道德情况进行的调查。组织内部要有系统的管理制度，严明的组织纪律，良好的职业道德，这是组织创造良好形象的保障。

3. 组织实力形象调查。组织的实力一般是指组织自身的物质基础和技术力量，组织成员的文化层次、知识结构、组织的科研技术力量、工作环境、设备及组织成员的福利和待遇等。组织的实力是组织在竞争的条件下生存发展的基本因素，有否雄厚的实力做后盾，是组织在竞争中能否取得成功的关键。

（1）对组织物质基础的调查。调查可直接从组织拥有的空间规模、机器设备和办公用品着手。对于组织来说，物质条件是基础。组织如有较大的生存空间、先进的物质设备、现代化的办公用品，且使用效率高，则说明社会效益明显，组织实力雄厚。

（2）对组织成员的工资待遇和劳保福利的调查。组织成员的工资收入有保障、福利待遇好，说明该组织的生产经营有方，效率高，有雄厚的经济实力来改善组织成员的生活。对组织成员待遇和福利的调查，可以从组织成员的工资收入及现行福利措施入手，这样比较简单易行，较易得到满意的调查结果。当然，对组织成员待遇和福利的调查结果，要辩证地看。有些不善于经营的组织，其经济效益不佳，组织发展无活力又不注重回笼资金进行扩大再生产，却盲目攀比，用获得的有限资金，滥发奖金和补贴，这样的组织不属于实力雄厚的组织。

（3）对组织拥有的技术力量的调查。组织拥有一大批懂技术、专业知识丰富、且又有实干经验的科技人才，这是组织的宝贵财富。对组织拥有技术力量的调查，不仅要对组织成员特别是科技人员的技术水平和科研能力进行调查，而且还须对组织生产的尖端技术产品和技术咨询的内容进行分析。正常情况下，科研力量雄厚，设施齐全，设备先进，管理科学，就应当生产出上乘的产品。

4. 组织产品形象调查。组织的产品形象与组织的管理和技术水平等因素是密切相关的。产品作为一种实物形态，有其自身特定的形象。从公共关系的角度分析，组织的产品包括物质产品和精神产品。组织物质产品的形象包括产品的设计、外观包装、所用的材料、使用的商标，以及产品的名称、产品的质量等。从公众需求的角度来看，通常要求组织的产品新颖、实用、价廉物美。组织的精神产品主要是指组织举办的各种宣传活动的效果和文化价值——如新闻发布会、简报、新闻报道、广告文化等，其形象要求真实、健康，富有活力。组织的产品形象是较直观的形象，易于影响公众，为公众所识别和评判。良好的组织产品形象是使组织获得公众的信任和好感，在公众中树立组织最佳形象的重要途径。对组织产品形象的调查，首先可以从对物质产品的直观观察入手，了解组织物质产品的外观，继而收集公众对组织生产的产品的意见，同时对物质产品的性能和使用价值加以评估。其次，对精神产品进行调查，了解它在公众中产生的影响和社会效益。社会效益好，为公众喜闻乐见的精神产品，能体现出组织良好的产品形象。

组织成员形象、管理形象、实力形象和产品形象是构成组织整体形象的主要因素。搞好这些具体形象的调查，加以分析综合，能够使组织获得适合自身发展的整体形象的调查结论，从而使组织能够保持健康、向上的良好形象。

以下是某商厦根据整体形象的调查内容，委托公共关系咨询公司设计的一份调查内容清单：

第一项，信誉：①在商厦经营管理领域中的声誉；②在同行业中的知名度；③在顾客中的支持率；④上级组织对商厦的评价。

第二项，商品的品种和质量：①商品品种的种类和数量；②名特优产品的营销情况；③商品价格、包装与升级换代；④商品进货渠道、质量检查制度、对假冒产品的处理态度。

第三项，服务态度：①工作时间和文明礼貌服务的商业道德；②售前、售中与售后服务的措施；③维修和退换的制度；④送货上门和分期付款的情况。

第四项，商厦的效益：①营业额和上缴的利税；②职工的工资、奖金和保险福利待遇；③赞助社区建设和公益活动的项目；④银行的贷款和发展的规模。

第五项，商业文化：①商厦的特色和标志；②商厦的历史和传统；③商厦的人文景观和美学透视；④商厦的橱窗、柜台和铺面布置的文化色彩。

第六项，商厦职工：①职工人数、文化程度、岗位设置；②职工的营业水平和服务技巧；③职工中的先进典型和先进人物；④职工的组织意识和主人翁思想。

第七项，商厦的环境：①商厦所处地点、入口、交通、文化氛围；商厦的社区公众；②社区服务和社区建设；③商厦的社会网络、消费者组织及监督机构；④商厦的国际公众、对外贸易、跨国公司。

第八项，商厦的硬件设施：①商厦的内外装潢；②商厦的传播设备与电脑管理；③商厦的占地面积和横向联营；④商厦的硬件建设的经费与投资。

第九项，商厦的经营管理：①寻求新业务的迫切程度；②价格表、说明书和组织的宣传材料情况；③展览、示范、现场操作和导购人员的情况；④现金、外币、转账、信用卡的支付方法；⑤商厦内部的管理制度和岗位责任制。

第十项，商厦的公共关系：①商厦的公共关系部门、人员配备；②商厦的公共关系技术运用情况;③商厦接待、营销、广告中的公关技巧;④商厦的公关专题活动开展情况。

四、公共关系调查的方式与方法

(一) 公共关系调查的方式

根据调查对象包括的范围不同进行分类,公共关系调查可以分为:(1) 全面调查,即普查。(2) 非全面调查,包括重点调查、典型调查和抽样调查。

1. 普查。又叫全面调查,它是对调查对象的全体所作的无一遗漏的逐个调查。普查是一种重要的调查方法,它能够取得调查总体全面的原始资料和可靠数据,全面而准确地反映客观事物。因此,当某一组织需要全面而准确地了解某一现象的基本情况,进行重大决策的时候,就可以进行普查。例如,一个企业产品有几个或几十个定点大用户时,企业要了解用户对产品的意见,就可以组织普查。

普查的特点决定它一般在较小规模的公共关系调查中运用,较大规模的公共关系调查一般不采用普查方法。

2. 重点调查。就是从调查总体中选出少数重点单位进行的调查。所谓重点单位,是指在总体中处于十分重要地位的单位,或者在总体某项标志总量中占较大比重的那些单位。如:要调查全国的钢铁产量,应主要调查鞍钢、首钢、宝钢、攀钢等几个重点企业,因为它们的钢铁产量占了全国钢铁产量的一多半。

重点调查的主要优点是:调查单位少,能够用较少的人力、物力、财力进行深入调查,从而能够较快地掌握调查对象的基本情况。因此,重点调查是人们常用的一种调查方法。

3. 典型调查。就是在调查总体中有意识地选择一些具有代表性的单位进行的专门调查。它的目的是通过对少数有代表性单位的调查,借以揭示调查总体的特征和发展变化规律。如可按调查对象工作的好坏将典型单位划为先进、一般和后进典型,各选出几个样本进行深入研究,探究事物发展的方向和规律。

典型调查由于所选择的调查单位是具有代表性的单位,由典型单位的情况可推断调查总体的情况,一般都比较接近实际;典型调查所选取的单位较少,能够用较少的人力、物力和财力进行深入了解,因此,典型调查是一种比较科学又比较省时、省力、省钱的非全面调查方法,它在公关调查中得到广泛运用。

4. 抽样调查。是遵循一定的原则从调查总体中抽取一部分样本进行的调查,以此推断总体特征的一种调查方法。

抽样调查与其他调查相比,具有明显的优点;主要是:(1) 准确性较高。随机抽样调查尤其如此。因为随机抽样调查是按随机原则抽取样本的,其样本具有充分代表性,能够用样本数据来推断总体特征,只要样本足够大,其推断的情况就比较接近实际。(2) 节省时间和费用。在总体较大时,抽样调查往往只要从总体中抽取几十分之一甚至几万分之一的样本,就可以得到具有一定精确度的结果。由于它调查的样本较少,因而不仅能节省大量的人力、物力、财力,而且可以较快地取得调查结果。(3) 灵活性较大。抽样调查的具体方法较多,各种调查方法还可以根据不同调查目的和要求选取不同的样本，因而，具有较大的灵活性，适用范围广，各种情况的调查都能适用。

正是由于抽样调查具有以上优点，所以，抽样调查，尤其是随机抽样调查，已成为公共关系调查中运用广泛的主要调查方法，进行公共关系民意测验，更离不开抽样调查。

(二) 公共关系调查的方法

1. 观察法。是调查人员深入现场对调查对象的情况直接观察记录，取得第一手资料的调查方法。这种方法的特点是调查人员不直接与被调查者进行问答活动，而是凭借自己的感官和有关辅助工具来收集资料。采用这种方法时，调查者既可以直接参加他所观察的活动，以一个参与者的身份来观察，也可以作为一个旁观者置身于他所观察的情景之外进行观察。但不论何种方式，研究人员在观察前一定要有严格的设计，观察后要进行认真的检查。

下面是一种观察表格的样式：

观察项目：某单位工作人员上班时间利用的情况

被观察单位：_____ 人数

观察日期：_____年____月____日__时__分

观察内容：_____

观察人：_____

某单位工作人员上班时间利用的情况

项　目 \ 估计人数	无	约1/4	约1/3	约1/2	约3/4	全部	具体人数	其他
1. 正在工作								
2. 未来上班								
3. 在聊天								
4. 看无关书报								
5. 干私活（打毛衣）								
6. 打私人电话								
7. 迟到								
8. 早退								
9. 其他								

2. 访谈法。访谈法也称访问法，是调查人员同被调查者直接接触，通过有目的的谈话来收集资料的一种调查方法。谈话方式一般多样，既可采取个别访问的形式进行交谈，

也可以采用座谈会的形式进行交谈，还可以采用电话采访的形式进行交谈。交谈时，既可以用登记式谈话形式，即按照调查者事先拟好的调查表的具体项目让被调查者一一作答，也可以采用自由谈话形式，即让被调查者随意自由谈话。一般说，登记式谈话，内容明确，调查者易于掌握；自由交谈，使被调查者有充分发表意见的机会，还可以了解到未列于调查提纲的某些重要情况；个别访谈灵活方便，彼此容易沟通，情况了解深入，可多方面收集资料；集体访谈（即座谈会）能集思广益。运用访谈法调查时，究竟采用何种形式，要根据主客观情况而定。

3. 信函调查法。是将预先设计好的调查表邮寄给被调查者，由被调查者根据要求逐项填写调查表后寄还的一种调查方法。运用这种方法调查的区域广，成本较低。它目前广泛用于民意测验之中，是公关调查的主要方法之一。

4. 文献资料调查法。是一种收集、分析、整理现成文献资料的调查研究方法。运用这种方法主要靠文献资料的收集，文献资料可行性的论证。优点在于利用现成的资料，节省人力、物力、财力。

各种调查方法均可在某种具体形式的调查中运用，一种具体调查方式可以运用多种调查方法。例如进行民意测验时，可以以信函调查为主，辅之以访谈法及其他方法。有时，根据调查要求，可以几种方法同时使用，而不分主次。至于究竟如何综合运用，则取决于调查的要求和目的，以及当时的具体情况。不过，总的原则是：能够取得比较准确而真实地反映客观实际的资料，同时尽量简便易行，节省人力、物力和财力。

第二节 公共关系策划

一、公共关系策划的概念

所谓策划，简单地说，就是计划、运筹、打算。策划就是以既定目标为起点，根据对有关信息的分析，制定策略、政策以及具体实施细节，以求目标的实现。

所谓公共关系策划，就是公共关系人员通过对公众进行系统分析，利用已掌握的信息和手段，对公共关系活动的整体战略和策略，进行运筹规划，超前设计，使公共关系活动按最佳方案操作。

策划和公共关系有什么联系？公共关系是否需要策划？一般人认为，公关就是迎来送往，微笑外交，或陪同客户游览、参观、喝酒、跳舞，用不着策划。其实，这是对公共关系的一种极大误解。公共关系是一门科学，一门艺术，一种管理职能。就公共关系活动而言，可以分为三个层次，迎来送往和一般性的宣传是公共关系初级层次的活动；第二个层次是塑造一个组织的整体形象，通过传播和沟通，提高组织的知名度、信誉度和美誉度；第三个层次才是公共关系的高级层次，即策划层次，公共关系部作为组织主管的参谋部，为实现既定目标，解决重大难题或突发事件，进行咨询，设计出高水平的实施方案。否则只能是头痛医头，脚痛医脚，势必形成打乱仗的局面。公共关系策划是公共关系学科的核心部分，集中体现了公共关系学科理论和实务的精华。

二、公共关系策划的特征

公共关系策划的特征主要有五个方面，即目的性、整体性、创新性、可行性和灵活性。

（一）目的性

公共关系策划要有明确的目的，不可无的放矢，目标越明确、越清晰，公共关系策划就越容易，整体目标就越容易实现。要想明确目标，首先要调查研究，"没有调查研究就没有发言权"，只有在调查研究的基础上，才能确立公共关系目标。

（二）整体性

公共关系策划本身是一项花费大量人力、财力的系统工程。在策划时，既要考虑社会效益，又要考虑组织利益；既要考虑近期效益，又要考虑长远利益；既要考虑战术，又要考虑战略；既要考虑局部利益，又要考虑整体利益。因此，在公共关系策划时，必须深谋远虑，纵观全局。

（三）创新性

现代公共关系从产生到现在，已有近百年的历史，在漫长的公共关系实践中，公共关系先辈和大师们进行了一系列的杰出的公共关系策划，设计了数不清的优秀的公共关系方案，这些经验是公共关系学科的宝贵财富，值得我们认真研究、学习和借鉴。但创新是公共关系策划的灵魂，公共关系离不开创造性的思维，作为一名优秀的公共关系人员，应在认真总结前人经验与教训的基础上"古为今用"、"洋为中用"，不为前人所限，体现时代精神，敢于开拓，敢于创新，充分发挥想象力，根据本国的国情和公众习惯，设计出新颖独特、别具一格的方案。

（四）可行性

公共关系人员在策划过程中，既要考虑外部环境，也要根据组织的内部条件，以本组织的实际情况为依据，以组织的经济实力为依托，以自己掌握的信息和情报为导向，来确定策划方案，确立竞争对手。策划的方案必须有可操作性，据此方案才能有效地开展公关活动。如果不考虑经济实力，策划出的方案再好，因花钱太多，组织无力承担，计划也只能搁浅，成为中看不中用的方案，浪费人力与财力。例如某县办啤酒厂，每年的利税不过几百万，若策划出一个花钱上千万的与青岛啤酒厂竞争的方案只能是自不量力的笑料；而策划与毗邻的同类行业竞争，花钱几十万就能击败对手，开辟新的市场，这种本身能承受的方案，才是切实可行的方案。

（五）灵活性

世界上任何事物都处于不断变化的状态中，变是绝对的，不变是相对的。环境变了，公共关系的策略也要随之变化，切不可认为计划周密，就不顾外界环境的变化，"以不变应万变"。一个好的策划方案，应在战略上保证既定目标的同时，在战术上也有一定的弹性。根据变化了的情况适时调整策划方案，以达到比预定目标更好的效果。

三、公共关系策划的原则

（一）组织利益和公众利益相统一的原则

任何公共关系策划都是为了谋求组织的发展展开的，往往会首先考虑组织的利益，忽视公众的利益，但任何组织的发展都离不开公众的支持。无数事实证明，将公众利益置于首位，千方百计地了解和满足公众的需要，组织就能顺利发展；反之，组织就会失去公众的支持而无法生存。作为公共关系人员在公关策划时应坚持"公众就是上帝"，公众利益优先的原则。这既是公共关系的指导思想，也是公共关系人员应当遵守的职业道德准则。

坚持公众利益优先，并不是要组织完全牺牲自己的利益，而是要求在公关策划时将公众利益和组织利益有机地结合起来，使组织在考虑自身经济效益的同时，始终想着公众，把公众利益放在首位。当组织利益和公众利益发生矛盾时，应坚持公众利益置于组织利益之上。这样才能赢得公众的支持，这也是符合组织长远利益的。

（二）计划性与灵活性相统一的原则

经公共关系策划并经组织领导批准的行动方案，是组织整体计划中一个相当重要的组成部分。计划的实施涉及到组织各方面的配合、支持和协调，涉及人、财、物的调配，所以方案一经审定，应维持其严肃性，在通常情况下，是不能轻易改变的。但世界是变化的，组织的自身条件和外部环境随时都处在变化之中，所以，公共关系人员在公关策划时，必须以客观事实为依据，扬长避短，发挥组织的优势和长处，尽量避免劣势和短处，把握住开展公关活动的绝好时机，对发生突发性事件要及时作出反应，在方案已审定尚未实施前，要细加推敲，分清轻重缓急，适时开展活动，既不能贸然行事，又不可贻误时机，而要利用一切时机与方法，提高组织的知名度和美誉度。

四、公共关系策划的程序

公共关系策划一般分为准备阶段和策划阶段。如图3-1所示。

（一）准备阶段

在着手进行公共关系策划之前，应首先做好以下两项工作：

1. 组织形象现状及原因的材料分析。这实际上就是要求公共关系人员在进行公共关系策划之前，对策划所依据的调查材料进行一次分析、审定。调查材料必须真实、可靠，否则，再好的策划也不会取得成功。

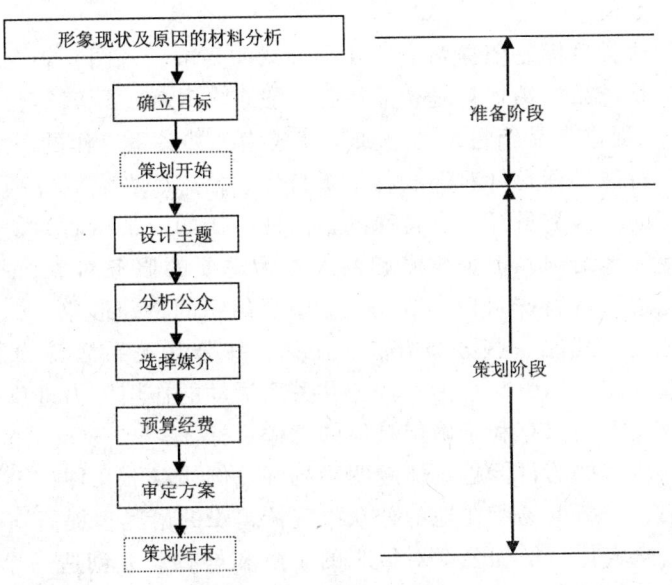

图 3-1　公共关系策划的程序

2. 确定目标要求。确定公共关系工作的具体目标是公共关系策划的前提。没有目标，公共关系策划也无从谈起。

公共关系工作的具体目标是同调查分析中所确认的问题密切相关的。一般来说，所要解决的问题也就成了公共关系工作的具体目标。公共关系工作的具体目标与公共关系的总目标乃至组织的总目标是不同的，具体目标应是总目标的一部分并受到总目标的制约。

公共关系策划所依据的目标是组织公共关系工作的具体目标。

（1）确定目标的重要性。公共关系目标，实际上就是组织通过公共关系策划和实施所希望达到的形象状态和标准。确定目标，对搞好组织的公共关系工作十分重要。

首先，公共关系目标是指导和协调公共关系工作的依据。公共关系活动的开展要有很多部门和人员配合，在实施过程中又会不断出现各种意外情况，有一个明确的目标，可以指导人们的行为，并为人们处理意外情况提供依据和要求；其次，公共关系目标还是评价行动方案实施效果的标准。策划的好坏、成败，最终只能用所确定的公共关系目标来衡量。

（2）公共关系目标分类。公共关系目标体系包含不同类型的各种目标，一般分为四类，即长期目标、近期目标、一般目标和特殊目标。

①长期目标。这类目标涉及到组织长远发展和经营管理战略等重大问题，与组织的整体目标相一致。长期目标比较抽象地反映组织在公众中应有的形象以及能够对社会所起的作用，是组织理想的信条，一般不是短期内能实现的，时间跨度在5年以上。

②近期目标。这类目标是围绕长期目标制定的具体实施的目标，它内容具体，有明确的指导性，对公共关系工作有实际的指导作用，时间跨度在5年以下。常见的是年度工作目标，它依据每年度的日常工作、定期活动、专题活动的内容，确定年度工作目标和

步骤。

③一般目标。这类目标是依据各类或几类公众的要求、意图、观念或行为的同一性制定的。比如，增加某产品的销售量是企业员工、股东、政府、顾客等公认权益要求中的一个共同点，所以，"促进产品销售量的增加"就成为公共关系工作的一般目标。

④特殊目标。特殊目标是针对那些与组织目标、信念、发展以及利益相同或相近的公众的特殊要求制定的。这类目标具有特殊的指向性。比如，某酒店为了提高住房率并增加营业额，决定改变住客结构，把企业家和商人作为主要的服务对象，制定了"中外通商之途，殷勤款客之道"的特殊目标，成功地塑造了组织的特殊形象。

公共关系目标还有其他一些分类方法。比如：按公共关系活动的类型分为：传播信息、联络感情、改变态度、引起行为；按公共关系活动的作用分为进攻型目标、防守型目标等。这样一些分类方法都有利于确定具体的工作目标。

公共关系策划所依据的目标越具体越明确越好。例如以下几种：①开辟新市场，新产品或服务推销之前，在新市场所在地的公众中宣传组织的情况，提高知名度。②参加社会公益活动，并向公众宣传，增加公众对组织的了解和好感。③创造一个良好的消费环境，在公众中普及同本组织产品或服务有关的消费方式、生活方式。④争取政府对本组织的性质、发展质量、需要得到支持的情况有所了解，并给予一定的支持。⑤处在竞争或危机时刻，通过各种适当的方式，争取有关公众的支持。

（3）确定目标需注意的问题。公共关系策划所依据的目标要明确、具体并应具有可行性和可控性。

首先，目标应明确、具体。明确是指目标的含义必须十分清楚、单一，不能使人产生多种理解；具体是指所提出的目标是可直接操作的，有明确的内容和任务要求，而不是泛泛的、抽象的口号。比如，"把本厂新产品的销售量从现在的20%提高到50%"的目标要比"提高产品销售量"的目标明确、具体得多。

其次，目标的提出要具有可行性和可控性。所谓目标的可行性，是指确定的目标要现实，既不能太高，也不能太低，经过一定的努力可以达到。所谓目标的可控性，是指所确定的目标要有一定的弹性、要留有充分的余地，以备条件变化时能灵活应变。

（二）策划阶段

在调查研究、确立目标的基础上，策划可按以下程序进行：

1. 设计主题。公共关系活动的主题是公共关系目标的高度概括与总结，是公关策划的核心，统帅公共关系策划活动的全过程，是串联所有具体项目的核心思想，将特定时间内开展的每项具体活动，如公共关系每一篇演讲稿、每一张宣传画、每一本小册子、每一条电视或报刊广告、每一次赞助主题，新闻发布会等都围绕着主题展开活动，借以将整个公共关系活动形成一个有机的整体。公共关系主题通过不同的活动进行传播，既可加强公共关系系列活动的声势，又可加深公众对组织信息传播的整体形象使每项活动在同一主题内展开，直到全部活动圆满结束。

公共关系主题应当具有通俗易懂、好听好记、中肯诚实、不同凡响、动人心弦、简明扼要、一语中的、个性鲜明等特点。它可以是一个简单明了的陈述句式，也可以是一句印象深刻的口号。例如美国商用机器公司（IBM）的口号"IBM 就是服务"；日本精工的设计主题是"世界之宝——精工表"都给人以十分清晰的印象。

2. 分析公众。组织的活动对象是公众，但任何组织不可能面对所有的公众，公共关系策划就是面对特定的、与组织相关的公众。组织推出新产品，顾客就是该时期内公共关系活动的公众。鉴别、明确公众的权利和要求，确定与组织有关的公众，是公共关系策划的基本任务。只有确立了公众，才能确定公共关系人员，确立与其沟通的技巧和方法。如果维系一般公众，由一般公共关系人员来维系即可；如果是对组织的发展起较大作用的公众及客户，就要由公关部主任或主管公关工作的副总裁出面维系；如果是搞"三资"企业，则应由组织的总裁和当地政府领导人出面维系和主持；如果是接待外商代表团，则应由中方对等或略高于他们的人物参与维系和主持。只有确立了公众，才能确立如何使用经费和确立工作程序及重点，确立如何选择传播媒介和决定工作技巧。

表 3-3 是以工商企业为例，对各类公众的期望与要求进行了分析。

表 3-3　　　　　　　　　各类公众对工商企业的期望与要求

公司的公众对象	公众对象对公司的期望和要求
员工	就业安全和适当的工作条件；合理的工资和福利；培训和上进的机会；了解公司的内情；社会地位、人格尊重和心理满足；不受上级专横对待；有效的领导；和谐的人事关系；参与和表达的机会等
股东	参加利润分配；参与股份表决和董事会的选举了解公司的经营动态；优先试用新产品；有权转让股票；有权检查公司账目、增股报价、资产清理；有合同所确定的各种附加权利等
顾客	产品质量保证及适当的保用期；公平合理的价格，优良的服务态度；准确解释各种疑难或投诉；提供完善的售后服务；获取必要的产品技术资料及增进消费者信任的各项服务，必要的消费教育和指导等
竞争者	由社会或本行业确立竞争活动准则；平等的竞争机会和条件，竞争中的相互协作，竞争中的现代企业家风度等
协作者	遵守合同；平等互利；提供技术信息和援助，为协作提供各种优惠和方便，共同承担风险等
社区	向当地社会提供生产性的、健康的就业机会，保护社区环境和秩序，关心和支持当地政府；支持文化和慈善事业，赞助地方公益活动，正规招聘，公平竞争，以财力、人力、技术扶助地方小企业的发展等
政府	保证各项税收，遵守各项法律、政策，承担法律义务，公平竞争，保证安全等
媒介	公平提供消息来源；尊重新闻界的职业尊严；有机会参加公司重要庆典等社交活动；保证记者采访的独家新闻不被泄漏；提供采访的方便条件等

第三章 公共关系的工作程序

3. 媒介的选择。传播媒介有许多种,在公共关系策划时可根据公关目标、公众对象、传播内容、公众职业习惯、受教育程度、生活方式和接受信息的习惯、经济承受能力等诸因素,进行比较和选择。

4. 经费预算。公共关系活动需要强大经济实力做后盾。制定公共关系经费预算必须坚持目标优先的原则,经费与目标的关系一般情况下是经费服从目标。

公共关系经费预算具体构成为:

- 行政开支:包括劳动成本(公共关系人员工资、福利、奖金及各种补贴);
- 管理费用:如房屋租金、固定资产折、办公用品、出差费、交际费、水电费、保险费、电话费、维修费等;
- 设施费:各种影视器材、电脑、中外文打字机、复印机、传真机、印刷品、书刊订阅费、展销等;
- 项目开支:指实施公共关系专题活动所需的费用。如记者招待会费用、广告费、赞助费、重大庆典费、重大项目的专家咨询费、大型调查费、影视制作费等,另外还要考虑发生对组织不利的危机事件而准备的费用。

公共关系经费预算的方法很多,常见的有:

(1) 固定比率法。按照一定时期内经营业务量的大小来确定预算的一种方法。经营业务量可以按销售额计算,也可以按利润额计算。各组织自行决定从中抽取一定的百分比作为公共关系预算。固定比率法最突出的优点是计算方便,简单易行。但此法也存在着明显的缺点:首先是最佳比率难以确定,因而直接影响公共关系费用开支总额确定的科学性;其次,这种方法颠倒了因果关系,公共关系的费用高低要由销售结果决定,而事实恰恰相反,销售额(利润额)中的一部分增长额正是公共关系活动的结果;再次,这种方法缺乏弹性,一旦组织形象受到损害或因特殊原因需要追加资金时,此法只能望洋兴叹。

(2) 投资报酬法。此法把公共关系的开支当作一般投资来看,根据同量资金投入获得同量报酬的原则,哪个部门投资报酬率高,它就可获得较多的资金,反之,就只能得到少量的资金。这时,公共关系费用必定会与其他投资机会争夺有限的资金。这种作法的优点是把企业的一切开支都看成是投资,有利于提高资金利用效能,改变过去不讲究资金使用效能的观念和做法。其缺点是:在现实生活中,公共关系部门投入资金所取得的效益是分散在各部门的,是局部投资,全局得益,而且各部门之间存在着交叉效应,很难单独计算部门本身的所得。

(3) 量入为出法。此法按照组织的财务状况,根据财政上可能支付的金额来确定公共关系费用预算。

以上三种方法都是先确定公共关系费用总额,然后再根据已限定的数额编制公共关系行动计划,是有多大的公共关系费用投入,就搞多大规模和规格的公共关系活动。这几种方法虽然比较现实,但比较消极、被动。

(4) 目标先导法。即先制订出公共关系工作期望达到的目标和完成的工作计划,然后将完成任务所需的各项费用项目详细列举出来,核定各项活动和全年活动的预算。同时,在预定总额已定的情况下,应当计提一定比率(比如10%)的风险基金,以备偶然事件的发生。这种方法的优点在于具有主动性,可以根据公共关系活动自身需要来安排预算；它具有伸缩性，能适应组织环境的变迁及时调整；它还具有进攻性，使那些积极进取的公共关系计划能得到保障。这种方法需要事先进行审慎的计划和预测。如果预测不准确，就可能出现超支或浪费，而且这种方法主观性较强，容易影响预算的控制。

5. 审定方案。审定方案可分为优化方案、论证方案和送审方案与文书工作三个阶段。

（1）优化方案。公共关系策划是一项群体性的活动，也是一项创造性的活动。公共关系策划人员往往针对不同的环境、不同的公众及预算经费的多寡，选择不同的媒介，选用不同的公关模式，提出不同的方案。另外，公共关系策划人员群体中的个体，也因文化水平、社会阅历、公共关系素质的不同设计出水平不同的方案。这些方案不可能都完美无缺，在一般情况下，也不可能同时并用，因此对诸方案必须进行优点综合、重点、反向增益等方法，取其所长，去其所短，形成最佳方案，达到优化的目的。

（2）论证方案。在优化方案初步形成以后，组织领导、专家、部分特殊公众、实际工作者要对方案的可行性进行论证，对目标系统进行分析，分析目标是否明确；能否实现；对制约性因素进行分析，分析方案在哪些条件下可以实施，哪些条件下可能实施；哪些条件下不可能实施；对潜在因素和危机因素进行分析，预测公共关系活动中可能发生的潜在问题，对出现危机采取何种对策；如何补救；以保证公共关系计划实施的有效性和连续性。对预期结果进行分析，判断该计划是否付诸实施。

在方案论证之前及论证过程中，有一个问题要特别引起注意，那就是处理好决策者和专家集团的关系，只有处理好这个关系，才有可能最后形成高水平的策划方案。

作为决策者首先要正确地选择专家。一要根据需要解决问题的性质和难度，选择在能力、知识、经验方面能胜任的专家参与论证；二是决策者切不可先讲自己的观点、意见和看法，而是先提出问题，态度诚恳地请专家们解放思想、消除顾虑、畅所欲言地发表自己的见解与看法；三是决策者要为专家们提供组织所能搜集到的资料与信息；四是当专家们意见不一致时不要急于下结论，不要强求统一；四是决策者既要注意专家的意见，又不能为其所左右。一般来说，专家在某一领域，某一学科具有较深的造诣，这是决策者所不及的。因此专家的意见要充分重视，但由于决策者对组织所处的环境最熟悉，对于要解决的问题心中最清楚，看问题的眼光也要比专家更全面。因此，决策者与专家的关系是，既要充分尊重专家的意见，同时又不能为专家意见所左右，而是吸收各位专家的智慧，综观全局，做出自己的判断。

（3）方案的最后审定和文字处理工作。公共关系人员策划的方案经过论证后，必须形成书面文字，送交本组织领导审批，使公共关系的策划目标与本组织的总体目标相一致，使公共关系活动得到本组织其他部门有力的配合和支持。至此，一个公共关系计划才算全部完成。最后，要将审定的计划打印数份并编上号码，一份交组织高层领导，作为检查公共关系工作的依据；一份留存公共关系部，严格按预定计划执行；一份交人事保卫部门存档。另外，可根据工作需要和联系程度送交组织内部需要支持配合公共关系工作的部门。

公共关系计划是组织的重大机密，要严格保密，特别要严防计划落到竞争者手中，给组织造成无法弥补的损失。

第三节 公共关系计划的实施

一、公共关系计划实施的意义和特征

公共关系计划的实施是一个对各类公众产生广泛影响的过程。实施中遇到的各种复杂问题、多变的情况不仅是对公共关系计划可行性的一次考验，也是对公关人员本身素质的一次检验。可以说，在某种程度上公共关系计划的实施比计划的制订更为重要。

（一）公共关系计划实施的意义

1. 公共关系计划的实施是解决问题的关键环节。制订公共关系计划是一个研究问题的过程，而公共关系活动的最终目的不是研究问题或提出某些假设，而是解决问题。伴随着公共关系计划的实施，公共关系计划才可能成为现实。

2. 公共关系计划的实施决定了计划实现的程度和范围。公共关系计划的实施工作是公共关系工作程序中关键的一环，正如一位国外知名的企业家所说"一个好的决策可能会被无效的贯彻所诋毁，而一个不好的决策也会因为有效的贯彻执行而得到改善。"也就是说，一项好的公共关系计划或方案由于实施人员素质不高、经验不足以及应变能力不强等原因，会造成实施的效果不佳，而一项即使不十分完善的计划却很可能由于实施人员创造性的巧妙实施而弥补了计划上的不足，取得了成功，所以只有实施才能决定计划能否实现以及实现的程度和范围。

3. 前次公共关系计划实施结果是后续方案制定的依据。前次公共关系计划实施结束后，不论其成功与否，都会对各类公众产生一定的影响，起到一定的作用。尤为重要的是在实施过程中和结束后组织的领导层和公关人员都会通过各种途径得到有关的反馈信息。对这些信息进行整理、加工而得出的结论，将会成为组织开展下一次公关活动、制定公关方案的重要依据。总结成功的经验或吸取失败的教训，使公共关系活动逐渐步入良性循环。

综上所述，公共关系计划的实施是公共关系活动中的一个关键环节。实施的成功与否，所传播信息的影响程度和范围大小直接关系到组织的形象和效益，同时实施过程本身丰富了公关人员的经验，增长了公关人员的才干。所以必须对公共关系计划的实施加以重视。

（二）公共关系计划实施过程的特征

公共关系计划的实施过程是一个完整统一的过程。它具有以下几个特点：

1. 实施过程具有动态性。一方面，一项公共关系计划无论制定得多么周密、具体和

细致，总不可能与实际情况完全相吻合，总存在一定的差异；另一方面，随着时间的推移、环境的变化，实施过程中总会出现一些意想不到的新情况或新问题。所以考虑这些动态性因素，在实施过程中就要不断地改变、修正原定的实施方案、方法与程序等。这种调整或改变是不可避免的正常现象。但是这种公共关系计划实施的动态性要与实施人员的主观随意性区别开来，不能动辄以一些局部细小的变化为借口去任意变动计划。

2. 实施过程中的创造性。计划的实施过程是一个动态过程。实施人员要考虑社会环境、自然环境等一系列因素去确定具体的实施策略，如准确地选择适当的传播媒介、传播时机及灵活地调整实施步骤，以补充计划的不足。从这个意义上讲，公共关系计划的实施过程是一个实施人员充分发挥自己的主动性、创造性的过程，也是一个不断增长公关人员实践经验的过程。当然，这里说的创造性是在不违背实施方案原则的前提下进行的。否则，任意篡改方案会造成严重的后果。

3. 影响的广泛性。一项公共关系计划涉及很多的因素和变量，它所产生的影响只有在计划实施后才能真正显现出来。公共关系计划实施所产生的广泛影响首先表现在对众多目标公众产生深刻的影响。如彩色电视机的潜在消费者会对某电视机厂的公共关系活动中所传播的信息产生强烈的兴趣，从而对他们的购买行为产生极大的影响。另外，公共关系计划的实施有时还会深刻地影响到整个社会的文化、习俗甚至改变某些观念，从而对整个社会的进步产生推动作用。

二、影响公共关系计划实施的障碍

影响公共关系计划实施的因素很多。例如来自公共关系计划本身的目标障碍，即公共关系计划目标拟定得不正确、不明确或不具体，从而给实施带来一定的困难，即使实施人员尽心尽力，仍然得不到预期效果。但从具体实施这一行动上看，实施中的主要障碍还是传播沟通障碍。

从某种意义上说，公共关系计划的实施过程就是组织运用各种传播媒介，将预先制作好的公共关系信息传递给以目标公众为主的各类公众，以引导他们改变态度和行为，创造出有利于社会组织存在、发展的社会环境和舆论环境的过程。但实施过程中的传播沟通往往不是一帆风顺的，它常常会因传播沟通的方式方法不妥、传播媒介选择不当等等因素而使实施工作不能取得很好的实施效果。因此有必要对传播障碍中的几种主要障碍进行分析。

（一）语言障碍

语言是人类交流思想的工具，它是以词汇为建筑材料、以语音为物质外壳、以语法为结构条理而构成的符号体系。语言与人的思维紧密相连，人们只有借助语言才能更方便地向外界传播一定的信息，也可以收到一定信息。所以在传播沟通时，一定要强调语言的运用技巧，如修辞、比喻、音调等，否则会对某些特定的接受对象造成语言方面的沟通障碍。如用大量专业术语写成的新闻广播稿，就不能吸引那些只受过初等教育的人。同一国度、同一民族因居住的地区不同而造成语言不通，也常给人们的生活和工作带来麻烦，更不用说不同国度、不同民族之间的语言的沟通障碍了。可以说由于语言沟通不畅造成沟通失误，甚至引起某些纠葛，在日常生活和工作中比比皆是。存在于公共关系计划实施过程中的语言沟通障碍常会造成公共关系工作的被动局面。

（二）风俗习惯障碍

所谓风俗习惯，是指在一定的文化历史背景下形成的具有固定特点的调整人际关系的社会因素，如道德习惯、礼节、审美传统等。风俗习惯是世代相传的一种习俗。不仅不同国家、不同民族的风俗习惯不同，有时同一国度、同一民族因居住地区的距离远近不同也会形成不同的习俗。

（三）观念障碍

所谓观念是指在一定的社会条件下人们接受、信奉并用以指导自己行动的理论和观点。观念对沟通起着巨大的作用，有的观念会极大地促进沟通的顺利进行并取得好的沟通效果，而有的观念会成为沟通的障碍。因此，有必要认真对待沟通障碍中的观念障碍。下面列举两种主要的观念障碍。

第一，封闭观念造成的沟通障碍。封闭观念主要源自自给自足的小农经济。由于他们从事简单劳动，不需要分工协作，也没有丰富的社会联系，长此以往，就形成了一种排外观念或事物的自我封闭观念，以至使信息传播受阻。

第二，极端观念破坏沟通。由于固执地坚持某一极端的观点或立场而造成对沟通的破坏。如在对某一有争议的事件做出最终判断时，由于争论的双方只是抓住对方沟通过程中的某一环节、方面或特点，各执一端，彼此排斥，各自无法听进对方的意见，结果常常闹得不欢而散。

当然，观念障碍还有其他类型。总之，对观念障碍的理性认识有利于在传播沟通中消除这种障碍。

（四）心理障碍

心理障碍是指人的认识、情感、态度等心理因素对沟通造成的障碍。沟通信息的传播常常受人们情感的影响。了解、认识并掌握在传播沟通中的公众心理障碍，可以及时采取措施，排除这种不利因素，以达到公共关系的传播沟通目的。

除以上四种主要传播障碍外，还有由组织机构臃肿、信息传递层次过多造成的沟通缓慢信息失真等组织沟通障碍，以及一些由于政治、生理方面的原因或技术、方法不当所造成的障碍。排除各种沟通障碍，首先应注意缩小传播者与其公众之间的差异，例如选择传播沟通媒介时应尽量选择公众心目中信誉较高的媒介以及目标公众最易接触到的媒介，尽量站在公众的立场上，从公众的需求出发，用公众较容易接受的语言或一些生动简单的事例来说明沟通的内容，尽量缩小传播者与公众之间在语言、习俗、态度、观念等方面的差距。其次，应注意今天的公众比以往更多地接受到各种大众传播媒介的影响，而他们更乐于接受那些与他们自身利益密切相关的信息以及符合自身心理特点（认识、态度、情感等）的信息。

三、公共关系计划实施的原则

（一）目标控制的原则

控制是管理的一种职能，而且总是与计划的实施联系在一起的。所谓目标控制就是指在公共关系计划实施的过程中，保证公共关系实施活动不偏离公共关系计划目标的原则。也就是说要求公共关系人员以目标为导向，对整个活动进行制约、引导和促进，以把握实施活动的进程和方向，并通过具体实施活动使公共关系计划向既定的目标一步步迈进。

2004年7月11日，国内媒体公布了一条消息：美国杜邦公司由于在生产"特富龙"过程中使用了一种叫"全氟辛酸"（PFOA，又称C8）的催化剂可能存在对环境的污染。"特富龙"事件发生后，苏泊尔占有主导地位的国内不粘锅市场遭受到毁灭性的打击，销量下降到不足原来的10%；而就在此时，有消费者对苏泊尔生产的不粘锅提起诉讼，引发了"北京消费者起诉杜邦锅"事件，一时间苏泊尔企业乃至整个不粘锅行业都笼罩在这一系列连环危机中。

苏泊尔收集了202条相关电视、平面、网络各类媒体相关报道之后，通过对专家及权威机构的走访，不沾锅还未确定一定有毒；同时通过与消费者的沟通发现消费者已经对不粘锅具有毒性产生强烈的指认与恐惧，部分厂家已经准备退出市场。摸清了这些情况后，苏泊尔企业高层成立了危机小组，制定了处理危机的三大策略：第一，坦诚面对公众，开放媒体通道，向媒体与消费者提供事实真相；第二，企业协力，共度行业危机。苏泊尔联合行业机构，站在整体行业的基础面对危；第三，行动迅速，灵活反应。危机小组时刻关注危机变化，及时将信息传递的终端卖场，让每个苏泊尔员工及时了解情况。

通过及时的大范围、大容量、高频次的信息传递，扭转了前期"特富龙"事件带给不粘锅的不良影响，一度萎缩的不粘锅销售逐渐回暖，不粘锅行业恢复正常；通过对危机事件的有效化解，将危机带来负面有效消除的同时，还借助此次"危机"转化为"商机"的公关传播，苏泊尔的负责、诚信、维护消费者权益的行业主导企业的形象得到强有力的巩固；在引导媒体舆论的同时，及时有效的联合各方面的资源。

（二）全面协调的原则

所谓全面协调的原则，就是在公共关系计划实施的过程中使工作所涉及的各方面配合得当，达到一种和谐、互补、统一状态的原则。全面协调注重理顺实施过程中的各个环节之间、部门之间及实施主体与其公众之间的关系，尽量消除各种矛盾的产生，并对一些已发生的矛盾及时协调解决。

全面协调最常见的有两大类：一类是纵向协调，另一类是横向协调。其中，纵向协调主要是指上、下级之间的协调，横向协调主要指同级各部门或实施人员之间的协调。

无论是横向协调，还是纵向协调，要达到协调沟通的目的，最关键的一点就是沟通过程中所传播的信息应具有统一性、明确性及完整性。特别是协调时，作为依据的有关实施计划的目标、实施的指令或概念等方面的信息传播，一定要做到上下统一、前后一致、目标明确，否则会使协调人员无所适从，使协调工作陷入困境。另外，在协调过程中要注意几个问题：

第一，协调的过程实质上是信息沟通的过程。所以要占有充分、准确、完整的信息沟通资料，采用各种有效的方式进行信息交流。

第二，协调沟通时必须以说服为主。协调时主要依靠说服力而不是强制命令，要善于同协调对象协商。尊重、理解、帮助被协调对象各方，以消除他们的疑虑，在取得共识的基础上完成协调工作。

第三，协调沟通时要遵循局部利益服从全局利益的原则。协调过程是一个利益平衡的过程。在协调过程中不仅要统筹兼顾各方利益，而且还要注意当局部利益与全局利益发生冲突时，要坚持局部利益服从全局利益，对那些做出牺牲的部门或人员，可给予适当的补偿和精神鼓励，使之积极配合协调工作。

总之，协调的目的是使全体人员在认识和行动上取得一致，最大限度地保证实施活动的同步与和谐，提高实施工作的效率与效益。

（三）信息反馈调整原则

反馈就是指将施控系统的信息作用于受控系统（对象）后产生的结果再输送回来，并对信息的输出发生影响的过程。反馈是公共关系计划实施中的一个重要手段。对反馈信息进行整理、分析，并以此为依据来调整整个公共关系计划的实施活动，就称为反馈调整。

反馈调整贯穿在公共关系计划实施的全过程中，在公共关系计划实施的准备阶段，通过收集、分析有关人员对实施方案进行评估的信息，反馈调整公共关系计划；同样在实施的执行阶段和结束后，利用反馈信息比较实施结果与原定目标的差距，调整后续公共关系计划与实施方案。

另外，对于制订公共关系计划或措施的领导层，不仅要注意那些对计划加以肯定、持积极态度的正反馈信息，更要注意那些反映计划实施过程中存在的问题和失误，促使领导层采取措施，修正、调整原有计划，以缩小同既定目标差距的负反馈信息，这也是反馈调整的主要作用所在。

（四）正确选择时机的原则

这里的时机主要是指公共关系计划实施的时间。正确选择时机的原则就是在了解公众心理特点的基础上，掌握公共关系计划实施的时间和规律，想方设法克服时机障碍所带来的消极影响，精心选择与安排适当的时机进行公共关系计划的实施，并使实施中传播出的信息为广大公众所接受，这是一个很值得实施人员注意的问题。

在实施公共关系时，应从以下两方面考虑，以达到正确选择时机的目的：首先，要注意避开或利用重大节日。如公共关系活动本身与重大节日没有任何联系，则应避开节日，以免使公共关系活动效果被节日气氛冲淡；若公关关系活动与节日有密切的联系，则可利用节日气氛强化公关效果，如有关儿童用品的公关促销活动可以选择在"六一"儿童节前后举行。其次，要注意避开或利用国内外重大事件。另外，还要注意避免在相距较短的时间内同时展开两项重大公共关系活动，以免其效果互相抵消。总之，一切从实际出发，正确地选择公共关系计划实施的时机，是确保公共关系目标得以顺利实现的一个重要原则。

公共关系计划的实施除了要遵守以上四个主要原则，还要注意把握好控制进度原则以及明确分工原则等其他原则，以期在公共关系计划实施过程中投入较少的人力、财力和物力，取得最好的公共关系效果。

四、公共关系计划实施过程中的要求和传播过程

（一）公共关系计划实施过程中的要求

公共关系实施过程是一个推行既定计划的过程，在具体推行的过程中应注意以下几个问题：

第一，要让所有参加这次活动的有关人员详细了解活动方案的内容，如确定目标、公众和实施措施等。

第二，在所有参加本次公共关系活动的公关人员都了解方案的内容的基础上，应根据这些人员的各自特点合理地分配各人的任务，并明确规定任务的具体要求和完成时限。

第三，在没有意外事件干扰的情况下，公关人员应严格按照方案所确定的时间表实施各项措施，以确保整个活动按预定的时间和计划进行。若有意外情况发生，可视其程度、范围的不同，对实施方案中的有关内容作相应的调整，并通知有关人员。

第四，在正常情况下，应严格按照方案中所确定的预算实施各项公共关系活动，以确保整个公共关系活动的费用不超过总预算。如因为发生了意外情况而需要增加费用时，可在征得领导同意的情况下，对原先的预算方案加以适当的调整。

第五，建立必要的检查制度。这样一方面可以督促各项措施的实施，把握整个活动的进程，另一方面也有助于及时发现问题和解决问题。

（二）公共关系计划实施的传播过程

公共关系实施传播过程中的有关程序和步骤是：社会组织把信息传递给公共关系人员→公共关系人员把接收的信息进行加工后提供给大众媒介→大众媒介把加工过的信息有目的地发布，使目标公众了解、接受相关信息→目标公众接受信息后产生影响，变为传播效果→公共关系人员根据传播效果进行分析，形成反馈信息反馈给组织，供组织进行新的决策，并把新的信息传递给公共关系人员，如此循环。

组织信息的传播是一个完整的循环过程，也是一个双向沟通、双向传播的过程。组织应不断根据反馈的信息来修正、调整自己输出的信息，使传播出的信息更易于被公众接受，从而持续不断地提高组织的知名度和美誉度。

五、公共关系活动模式的选择

所谓公共关系活动模式，是指特定的公共关系运行机制或工作方式。不同的组织在不同的时期，公共关系有不同的目标和内容，通常情况下，一切具体的公共关系活动只有采

取特定的运行方式和机制，才能取得理想的效果。公共关系在长期的运行过程中，已经初步形成战略型、战术型两大类共十种活动模式。

（一）战略型公共关系活动模式

战略型公共关系活动模式是由关于组织全局的、长远的、整体的目标以及实现目标的一系列公共关系活动构成，主要有以下五种：

1. 建设型公共关系活动模式。建设型公共关系活动模式是指在组织初创时期或新产品、新服务首次推出时为打开局面而采用的公共关系工作模式。其目标是在组织初创或新产品上市时能达到精彩亮相、提高知名度和塑造良好的"第一印象"。这种公共关系模式的工作重点是宣传和交际，向社会公众介绍组织及产品等，使公众对新组织、新产品、新服务，有所认识，引起公众兴趣。公共关系人员要努力结交朋友，尽量使更多的公众知道、理解、接近自己，取得公众的信任与支持。

21世纪初，中国葡萄酒市场规模还不大，但成长空间不容小觑，尤其在高端市场，将迎来下一个黄金10年。而且从消费趋势来看，随着中国经济持续发展、城市中产阶层的规模迅速扩大和收入水平的不断提高，将导致他们消费升级，在此趋势之下，发展高端葡萄酒成为共识。

2002年，张裕烟台酒庄首先推出了"酒庄酒"的概念，在当时，市场上不但没有一个成规模的企业，而且并没有得到消费者的认知。在此情境之下，张裕开始了独特的市场开拓之旅，在烟台酒庄成立VIP俱乐部，以期通过这一俱乐部推崇典雅时尚的生活方式，为尊贵的高端葡萄酒消费者带来全新的红酒生活概念。成立伊始，烟台酒庄VIP俱乐部就吸引了吴征、杨澜夫妇以及阎维文等社会知名人士的加入。俱乐部不但为他们提供了交流的空间，而且还通过定期举办品酒会、识酒比赛、品尝张裕经典名酒等活动，让会员领略到世界各地的人文地理、红酒风情，形成了独特的葡萄酒文化，得到他们的认可，提高会员对葡萄酒，尤其是对张裕酒庄酒的忠诚度。然后通过杨澜等人在社会上的影响力，去推广张裕酒庄酒和文化，吸引更多的人成为酒庄酒的消费者，为高端会员库的建立打下坚实基础。

在张裕烟台酒庄，主要特色在于其革命性地推出了"整桶订购"的营销模式。这一国内首创的个性化营销模式，为消费者提供了一个享受个性化服务的平台，让消费者可以根据个性需要来选择和参与产品工艺过程，定制酒庄酒。在包装设计上，酒标（主标、背标、颈标）、纸袋、外纸箱等都可打上订购客户名称、LOGO等个性化视觉元素。张裕还提供送货服务和余酒储存服务，解决了订购者的后顾之忧。

另外，由烟台张裕葡萄酿酒股份有限公司投资近4亿元建设的北京张裕爱斐堡国际酒庄开创了中国葡萄酒营销领域的多项"第一"。聘请国际葡萄与葡萄酒组织主席罗伯特·丁洛特先生出任名誉庄主，同时开展了中国葡萄酒业历史上的第一次"期酒营销"，还推出了中国第一款葡萄酒不动产——爱斐堡"储酒领地"。张裕引入期酒营销模式是经过深思熟虑的。通过期酒营销模式，一方面投资者可以通过提前预订享受葡萄酒的增值，另一方面生产商可以提早获得资金上的支持。

2. 维系型公共关系活动模式。维系型公共关系活动模式是组织在稳定发展时用以巩固良好公共关系的模式。目的是通过不间断的传播和公共关系工作，维持组织在社会公众心目中的良好形象。

这种模式一方面开展各种优惠服务吸引公众再次合作，另一方面通过传播活动把组织的各种信息持续不断地传递给各类公众，使组织的良好形象始终存留在公众的记忆中，一旦产生需求，公众就可能首先想到组织，接受组织产品与营销政策。

维系型公共关系活动模式是针对公众心里特征精心设计的。它具体分为三种：一是硬维系，是指那些维系目的明确、主客双方都能理解意图的维系活动。这种模式适用于已经建立了购买或业务关系往来的组织和个人，特点是靠优惠措施和感情联络来维系与公众的关系。二是软维系，是指那些活动目的虽然明确，但表现形式却比较超脱的公共关系活动，它的目的是让公众不至于淡忘了组织。其具体做法可灵活多样，但要以低姿态宣传为主，如定期广告、组织报道、提供组织的新闻画片等等。保持一定的媒介曝光率，使公众在不知不觉中了解组织的情况，加深对组织的印象。三是强化维系，是指在组织有了一定形象时，为进一步巩固和发展既有形象、消除潜在危机而开展的公共关系活动。

在中国，米其林致力实现本土化，并引进国际先进技术和产品，在产品、科技、服务、安全教育方面率先担负起改进中国道路交通安全的责任。2007年6月7日，米其林（中国）投资有限公司在北京举行了"安全进一步"——2007年度米其林道路安全行动启动仪式。在启动仪式上，米其林宣布与中国道路交通安全协会结成战略合作伙伴关系，共同致力于开展普及道路安全教育的系列活动，并在同年9月首先推出了旨在支持和提高当地儿童交通安全和自我保护意识的"向西部儿童送小黄帽行动"。除了安全活动外，米其林还积极尝试各种形式来实现其承诺，如与相关媒体合作开通"米其林安全俱乐部"的道路交通安全及轮胎安全知识专栏，用最直接的方式向大众普及安全知识；有针对性地与驾驶学校进行合作，对其学员进行系统的道路安全教育；推出米其林"随你行"24小时道路救援服务和"社区免费轮胎安全检测"活动等，将道路安全教育带到人们的身边。米其林的这一系列活动正是维系型公共关系活动模式的体现。这些活动不但使米其林品牌保持了一定的媒体曝光率，同时巩固和发展了其品牌形象。

3. 进攻型公共关系活动模式。进攻型公共关系活动模式是一种主动争取公众、创造良好环境时采用的一种公共关系模式。这种模式要求组织运用一切可以利用的手段，抓住一切有利的时机和条件，以积极主动的姿态调整自身行为，改变环境，摆脱被动局面，创造有利于组织发展的新局面。

这种模式最大的特点就是"主动"，具体内容包括以下四个方面：一是创新。开拓新的领域，改变组织对环境的原有依赖关系，可以通过研制新产品、开拓新市场、组建新的合作关系等方式吸引更多的顾客群，建立新的关系。二是合作。主动交朋友、加入同行协会或搞协作性的交流会议，减少与竞争者的冲突、摩擦。三是转移。组织要尽量避免受到环境中的消极因素的影响，对这些影响可以采取迂回转移策略。比如来组织拉赞助的人太多，组织承受不了，特别是知名组织、模范单位，有时确实处于进退两难的尴尬境地。组织对此活动可以主动出击、组织活动，就可以告诉那些拉赞助的人组织已经搞了类似的活动，这比不想参加效果要好，而且不会有副作用。四是利用机会主动出击。

浙江省大红鹰集团公司通过利用广播电视广告、报刊广告等媒体高频率的向社会公众传递一种信息，这就是"大红鹰——新时代的精神"，几乎男女老少都能背出这条看去似乎简单的广告语。同时它又不断地热情赞助体育、文化事业，几乎全国性的大型文体活动开展时都有它的形象出现。2001年为了表达申奥的情感和强大的力量，专门组织了一支队伍由宁波出发到北京，一路上声势浩大的征集助奥签名活动，热忱助申奥，也使自己的组织形象得到广泛的播种和宣扬。

4. 防御型公共关系活动模式。防御型公共关系活动模式是组织为防止自身的公共关系失调而采取的一种公共关系活动模式，是组织与外部环境出现不协调或与内部公众发生轻微摩擦时所采用的公共关系活动模式。其特点是防御与引导相结合，变消极为积极。

在组织发展顺利、情况正常的时候，要善于发现问题、预见问题，及早制定出防治措施，才能在公共关系活动中保持主动。防御型公共关系活动模式的主要公共关系活动有：开展公共关系调查和公众意见征询，组织的经营政策及行为的自我审查和自我评判，制度措施的修改与完善等。

5. 矫正型公共关系活动模式。矫正型公共关系活动模式是组织遇到风险、组织的公共关系严重失调，组织形象发生严重损害时所采用的一种公共关系活动模式。其特点是三个"及时"，即及时发现问题，及时纠正错误，及时改善不良形象。

在组织形象受到损害时，公共关系人员应立即采取有效措施，尽量减轻损害造成的后果，做好善后工作，配合组织的其他部门，重新建立起组织的新形象，挽回组织的声誉。

组织形象受损一般有两种情况：一是由于外在的原因，如某些误解、谣言，甚至人为的破坏，致使组织的形象受到损害，这时公共关系人员应及时、准确地查明原因，迅速制定对策，采取行动，纠正或消除损害组织形象的行为和因素。二是由于组织的内在原因，如产品质量、服务态度、环境保护、管理政策、经营方针等方面发生了问题而导致公共关系的严重失调。这时公共关系人员应迅速查明原因，采取行动，尽快与新闻界取得联系，控制影响面，及时把外界舆论准确地反馈给决策层和有关部门，提出消除危机的办法和纠正错误的措施。同时还需运用各种公共关系手段和技巧开展公共关系活动，求得公众谅解，公布纠正措施和进展情况，平息风波，恢复信任，重新树立良好形象。

（二）战术型公共关系活动模式

战术型公共关系活动模式是由组织经常的、具体的一系列公共关系活动构成，主要有以下五种：

1. 宣传型公共关系活动。宣传型公共关系活动模式是运用大众传播媒介和内部沟通方法开展宣传工作，树立良好组织形象的公共关系活动模式。主要做法是：利用各种传播媒介和交流方式，进行内外传播，让各类公众充分了解组织，支持组织，进而形成有利于组织发展的社会舆论，使组织获得更多的支持者与合作者，达到促进组织发展的目的。其特点是主导性强、时效性强、传播面广、推广组织形象效果好。

宣传型公共关系模式又可分为内部宣传和外部宣传两种。内部宣传是公共关系人员最经常进行的工作之一，它的主要对象是内部公众，目的是让内部公众及时、准确地了解与组织有关的各方面的信息，以便鼓舞士气，取得内部理解和支持。常用的手段有组织报纸、职工手册、黑板报、宣传栏、闭路电视、演讲会、讨论会等等。外部宣传的对象包括与组织有关的一切外部公众，目的是让他们迅速获得对本组织有利的信息，形成良好舆论。主要手段有举办展览会、经验或技术交流会以及广告宣传、新闻报道等。

2. 交际型公共关系活动模式。交际型公共关系活动模式是在人际交往中开展公共关系工作的一种模式，其目的是通过人与人的直接接触，进行感情上的联络，为组织广结良缘，建立广泛的社会关系网络，形成有利于组织发展的人际环境。其方式是开展团体交际和个人交往，其中，团体交际包括各式各样的招待会、座谈会、工作午餐会、宴会、茶话会、慰问、舞会等。个人交往有交谈、拜访、祝贺、个人署名的信件往来等。

交际型公共关系活动模式是公共关系活动中应用最多、较为有效的公共关系活动模式。它不仅用感情投资的方法，达到组织与公众的互助、互利、互惠，而且还是一种获得信息的有效途径。它具有直接、灵活的特征，在与不同人的接触交谈中，可以捕捉到有价值的信息，使组织在竞争中出奇制胜。需要注意的是，开展交际工作时要坚决杜绝各种不正当的手段，并且明确认识交际只是公共关系的手段之一，而绝非它的目的，同时更不能把一切私人交际活动都作为公共关系。

交际型公共关系活动模式具有十分重要的作用，具体表现在以下几个方面：

第一，良好的人际沟通是公共关系传播的重要途径。个人之间的沟通是面对面进行、具体生动的，它针对性强，有直接迅速的反馈，在一定程度上比大众传播媒介效果好。据调查，人们对亲友之间的宣传信任程度达75%以上，对传播媒介中广告宣传的信任程度则最高只有30%。有人统计，报纸上刊登的广告对公众的影响仅为15%~25%。

第二，富于魅力的个人形象有利于塑造组织良好的公共关系整体形象。在利用个人形象塑造组织形象时，要注意以下两点：一是要选择那些具有个人魅力的人；二是可以聘请各界明星来担任组织的"大使"。如我国体操名将李宁退役后加盟健力宝集团，开发李宁系列产品，为企业带来巨大的效益。

第三，人际交往中，礼仪礼节是搞好关系的基础。人际交往的礼仪礼节它不仅代表公共关系人员自身素质和形象，而且是代表组织的素质与形象。

3. 服务型公共关系活动模式。服务型公共关系活动模式是一种以提供优质服务为主要手段的公共关系活动模式，目的是以实际行动来获取社会公众的了解和好评，建立自己良好的形象。"公共关系就是百分之九十要靠自己做得好"，其含义即在于此。

服务型公共关系活动模式绝不仅仅限于专门的服务行业。社会上任何一类组织都能以自己独特的方式向公众提供必要的服务。国外许多一流公司都非常重视服务的质量。日本有一位企业家曾经说过：现在的顾客与其说是要买商品，不如说是要买服务。美国IBM公司，正是以它的最佳服务赢得世界上众多用户的。

服务型公共关系活动模式最显著的特征在于实际行动。组织以特殊的媒介——服务来密切组织与公众之间的关系。运用服务型公共关系，既要有服务公众的意识，还要有制度保证。

4. 社会型公共关系活动模式。社会型公共关系活动模式是组织利用举办各种社会性、公益性、赞助性活动开展公共关系工作的模式。其目的是通过积极的社会活动，扩大组织的社会影响，提高其社会声誉，赢得公众的支持，为树立良好的社会形象创造条件。

社会型公共关系活动模式从近期看，往往不会给组织带来直接的经济利益，而且使组织付出较多的费用；但从长远来看，它为组织树立了较完善的社会形象，使公众对组织产生好感，为组织创造出一个良好的发展环境。

5. 征询型公共关系活动模式。征询型公共关系活动模式是以提供信息服务为主的公共关系活动模式，其目的是通过采集信息、舆论调查、民意测验等工作，了解社会舆论，为组织的经营管理决策提供参考，使组织行为尽可能地与国家的总体利益、市场的发展趋势以及公众的意愿、需求一致。

征询型公共关系活动模式可采用的形式很多，如号称"世界第一饮料"的可口可乐公司通过征询调查，掌握了主动权，战胜了有力的竞争者百事可乐公司。可口可乐公司正是以开展民意测验，访问重要用户，建立信访制度，设立监督电话，处理举报和投诉，进行组织发展环境的预测等征询型公共关系活动而获得公众认可，取得市场竞争主动权的。

目前，征询型公共关系活动模式在企业公共关系中得到了广泛运用。例如：潘婷润发精华素上市时，就曾把330份试用装送给跑美容美发业的新闻记者、著名的上海电视台的主持人以及上海地区的著名发型设计师等人，附赠的有330份用户反馈意见表，在100多份回收的调查问卷中，80%的赠送者表示产品使用一次就有明显改善发质的作用。这样的调查结果不仅让记者们初步了解了一种全新的护发产品，而且也让项目小组的人员增强了对该产品的信心。

第四节

公共关系评估

一、公共关系评估的作用

公共关系评估工作贯穿于公共关系实践的三个阶段——准备阶段、实施阶段及影响效果的分析阶段，并在其中发挥着不可低估的作用。

（一）公共关系评估是改善公共关系工作的重要手段

一般来说，评估是公共关系工作中最易被忽视的环节。当一项公共关系专题活动结束后，即使是克服重重困难而取得巨大成功的活动，人们也往往忘记回头去评估。如果有意识地对公共关系活动加以认真回顾和总结，将会得到有益的经验和教训，从而为下一次公共关系活动提供借鉴。

（二）公共关系评估为开展后续公共关系工作创造了必要条件

任何事情都不是孤立的，而是相互联系的，公共关系工作也是如此。如前一项公共关系活动的目标是建立组织良好形象，那么后续公共关系活动的目标就是巩固组织的良好形象。很显然后续的公共关系工作是以前一项公共关系工作为前提和条件的，是前一项公共关系的延续和发展。通过对前一项公共关系工作的全面评估，初步掌握公众对组织形象的基本评价和基本态度，找出自我期望形象与实际形象的差距，从而有针对性地制订后续公关活动方案、计划，有利于最大限度地实现组织的目标。

（三）公共关系评估有利于增强组织内部员工的凝聚力

一般来说，公共关系效果评估，其主要涉及对象是外部公众。但如果让组织内部公众也了解组织开展公共关系活动的目标及有关措施、传播信息的内容等，可使员工了解到组织的社会责任；让组织内部公众了解公众对组织的知名度及美誉度的评价，可使员工了解组织发展的前途，增强他们的自信心和荣誉感，进而转化为向组织的总目标努力的一种行动。

总之，公共关系评估是伴随着组织公共关系工作的展开而开展的，并延续到公共关系活动结束以及结束后的一段时间。认真做好评估工作是有效反馈信息的重要手段。因此，重视公共关系的评估，是通过一定的评估标准、方法程序的制订及实施来实现组织目标的公共关系活动的重要工作程序。

二、公共关系评估的程序

（一）设立统一的评估目标

统一的评估目标是检验公共关系工作的参照物。有了参照物才能通过比较来检验公共关系计划与实施的结果。即使这一评估目标更多的是定性的而非定量的，仍需制定出一个统一的评估目标。这需要评估人员将有关问题如评估重点、提问要点形成书面材料，以保证评估工作顺利进行。另外，还要详细规定调查结果如何运用。如果评估目标不统一，就会在调查中搜集许多无用的材料，影响评估的效率与效果。

（二）编制评估计划

评估不是公共关系计划的附属品或计划实施后的事后思考和补救措施，而是整个公共关系计划的重要组成部分。因此，对评估应该给予足够的重视，对评估的方法、程序等方面予以充分的考虑和周密的筹划。

（三）统一评估意见

负责人要认识到，即使是公共关系人员本身也不能一下子就把公共关系活动没有实物性结果的性质和它的可测量效果联系起来。要给他们足够的时间认识效果评估的作用和现实性，并允许他们通过自己的亲身体验加深这一认识。

(四) 细化项目目标

在项目评估过程中，首先应该将项目目标具体化。例如，谁是目标公众，哪些预期效果将会发生以及何时发生，等等。没有这样的目标分解，项目评估就无法进行。同时，目标分解还可以使公共关系计划的实施过程更加明确化与准确化。

(五) 选择适当的评估标准

目标说明了组织的期望效果。如果一个组织将"让公众了解自己支持当地福利机构，以改善自己的形象"作为公共关系活动的目标，那么，评估这样的公共关系活动的标准就不应是了解公众是否知道当地报纸上哪一个专栏报道了这一消息，占用于多大篇幅，而应该了解公众对组织的认识情况以及观点、态度和行为的变化。

(六) 确定搜集证据的途径

调查并非总是了解公共关系活动影响的最佳途径，有时组织活动记录也能提供这一方面的大量材料。在有些情况下，小范围的试验也是十分有效的。在搜集有关评估资料方面，没有绝对的唯一最佳途径。在这一方面，方法选择取决于评估的目的、提问的方式以及前面已经确定的评估标准。

(七) 做好完整的计划实施记录

这些资料能够充分反映公共关系人员的工作方式和工作效果，尤其重要的是反映计划的可行性程度，哪些策略是有效的，哪些策略是无力的或者无效的，哪些环节衔接比较紧密，哪些环节还有疏漏或欠缺。

(八) 评估结果的使用

公共关系活动的每一个周期都要比前一个周期表现出更大的影响力，这是运用前一个周期评估的结果对后一个周期进行了调整的缘故。由于对评估结果的运用，问题确定及形势分析将会更加准确，公共关系目标将会更加符合组织发展的要求。

(九) 报告评估结果

报告评估结果应该成为一项固定的制度。它的作用一方面可以保证组织管理者及时掌握情况，进行全面的协调；另一方面也可以说明公共关系活动在实现组织目标过程中的重要作用。

(十) 提高理性认识

公共关系活动的科学组织与准备效果评估导致人们对这一活动及其效果有更多的理解与认识，效果评估的成果又进一步丰富了公共关系专业知识的内容。通过具体项目效果评估所得到的资料，经过抽象化分析，可以得到对指导这一活动有普遍意义的思想方法与原则。

三、公共关系评估的标准

公共关系的评估标准主要因公共关系计划实施的前、中、后各个阶段的工作内容不同而不同。

(一) 实施前准备阶段的评估标准

1. 背景材料准备的是否充分、内容是否全面。公共关系活动此时尚未开始，其影响或效果如何很难判断，这时评估的主要任务就是检验公共关系活动所需的背景资料的占有量大小。这些材料的内容是否正确，是否全面，尤其是对整个公共关系活动的开展有着重要影响的因素，如目标公众中的意见领袖公众是否被遗漏，新闻界所需的资料是否准备充分等。通过对有关背景材料的全面评估，为实施计划找准、找好依据。

2. 信息内容是否正确充实。也就是说所准备的信息资料是否具备准确性，要了解这一点，就要做到以下几个方面：

首先，要评价所准备的信息资料内容是否紧紧围绕着本次公共关系活动的目标或主题。

其次，评价这些信息资料的来源是否准确可靠，其内容的正确性有多高，这是一个很值得注意的问题。既要防止客观原因造成的信息内容失真，又要杜绝筹划人员凭主观想像而捏造出的假信息，否则会造成不堪设想的后果。如太原某广告公司，在制造公共关系新闻时，竟煞费苦心地臆想出：某月某日，将会有一种让人莫名其妙的名曰"四不像"的动物光顾该城，因此晓喻各户届时紧闭门窗，以免发生意外。待真相揭晓后，早已被闹得人心惶惶的公众万分气愤，纷纷指责这种以欺骗手段而达到某种宣传目的广告行为。此时这家公司的知名度可谓高矣，但其美誉度几乎降为零，而无论采取何种手段，要想挽回局面都是异常困难的。

再次，还要注意对所传播的信息的设计、加工、制作是否最具有表现力，如版面颜色对比是否强烈，广告词能否最恰当地体现制作意图等。

(二) 实施过程中的评估标准

1. 检查组织所发送的信息数量与媒介所采用的信息数量。这一评估的目的主要是要了解所有信息资料的制作情况及信息传播的程度与层次。检查发送信息资料的数量，可以了解公关宣传工作的努力程度，而检查被传播媒介所采用的信息数量，则可了解到这种宣传工作所达到的层次与所取得的成果。也就是说，只有所发送出的信息资料被大众传媒采用，才能有效地保证这些信息被公众接触到，也才有可能对公众产生较大的影响。

2. 检查收到信息的目标公众数量及受到影响的一般公众数量。对于评估来说，了解收到信息的公众结构比了解公众的绝对数量更重要。即要重点考察在收到信息的公众中目标公众所占的比例大小，这也是决定本次公共关系传播活动成功与否以及成功程度大小的一项重要指标。例如，面向城市有关农药、化肥的公关广告宣传就不如面向农村来得效果好。关键在于城市中相关的目标公众数量远远小于在农村的目标公众数量，因此难以取得较好的传播效果。另外，还要了解注意到该信息的公众的数量，也就是要了解信息影响的广度，以便预计出可能因受到影响而转变态度的公众数量。

（三）实施效果的评估标准

公共关系活动实施效果的评估是一种总结性的评估，是对公共关系活动成效如何的一次全面结论式的评估。它的评估标准主要有以下几点：

1. 检查"知晓信息内容"的公众数量。公共关系活动的基本目的就是对公众施以广泛的影响，增加公众对组织的了解或加深这种了解的程度，运用各种手段或方法来调查公共关系活动前后（知晓所传播信息内容的）公众数量的变化，可简单地测出公共关系活动影响的广泛程度和公共关系活动的基本效果。

2. 改变态度行为的公众数量。这里的"态度"是指人们对特定对象的认识、情感、意向等比较持久的心理因素。所谓改变态度，就是将公众对组织（产品）的负态趋向——敌视、偏见、漠然、无知转变为正态趋向——了解、感兴趣、接受、好感。那么，有多少数量的公众改变了态度，又有多少公众由于态度的转变而采取了合作行动，这些是衡量公共关系活动的效果和目标实现程度的一项重要评价指标。

3. 目标的实现程度和问题解决的范围。公共关系活动的最终目的就是协助实现组织总目标，完成公共关系活动的任务——"内求团结，外求发展"，创造一个和谐的内外环境。那么在一项公共关系活动结束或结束后的一段时间内可用各种手段去调查这种活动的效果、目标实现程度以及问题解决的范围。例如公共关系计划目标或任务的实现可表现为销售额增加、立法的通过等。

4. 公共关系活动是否以较小的投入获得较好的效果。公共关系活动中的投入成本不仅表现为投入到公共关系活动中的经费数量，还包括在公共关系活动中因一些不确定因素造成的风险成本等。所以公共关系成本不只表现为一种数量概念，更应表现为一种意识，即在保证公共关系计划目标得以实现的前提下，尽量以较小的投入或代价，来取得最好的公共关系效果。

值得注意的是，公共关系活动中货币投入少并不一定意味着公共关系效果的降低，如组织内部公共关系中的"感情投资"就基本上无物质投入，而另外有些公关活动花费的钱财不少，却由于公共关系目标不明确或实施不得法而造成无效果或负效果。

随着形势和环境的变化、公共关系活动层次的提高及电子手段的介入，评估的标准也日趋规范化。

四、公共关系活动的评估方法

相对于公共关系活动的其他阶段的评估方法来讲，对公共关系计划的实施、结束阶段的效果评估及有关方法的运用就显得更为重要，下面我们列举出几种有关公共关系活动效果的评估方法。

（一）公众意见法

这种方法包括公众意见征询法和公众问卷调查法。

公众意见征询法，是在公共关系活动过程中和结束后，通过对公众的访问和举行公众代表座谈会以电话或口头交谈的方式来征求公众的意见。例如,在某商厦举办的一次以爱心捐赠为主题的公共关系活动后,随机进行访问调查,被调查的600名公众中有490人表示知道某商厦,这些人中有420人表示对该商厦有好感,则该商厦的知名度为81.7%,美誉度为85.7%。

公众问卷调查法,是在公共关系活动的准备阶段、结束阶段与结束后3~6个月向目标公众发放问卷,通过对问卷的整理、统计、分析来评估本次公共关系活动的效果。

(二)专家意见法

专家意见法即聘请那些公共关系知识丰富并有公共关系实践经验的专家,就事先拟订的公共关系计划、计划实施时采取的措施及实施的范围等,以匿名的方式各自发表意见和建议,然后由公共关系人员将第一轮的全体专家意见汇集整理,反馈给每一位专家,请他们再次发表意见,直至意见趋于一致,经过整理分析得出代表大多数专家意见的评判。

(三)民意测验法

这种方法在公关评估中运用较为普遍。基本做法是按抽查法的要求,在选定的公众群体中,选择一定数量的测验对象,用问卷、表格等方式,征求他们对指定问题的意见、态度、倾向,再做出统计、说明,分析公共关系活动的效果。

(四)公众意见征询法

公关人员通过与公众代表的对话,征询广大公众的意见和观点。这种方法又可分作"公众代表座谈会"和"公众询问法"两种。前者可以制度化,并有效地控制与会者的代表性;后者则是以口头、电话等方式,就固定问题,随机地向被询问者提问,然后将公众意见汇集、整理,形成综合意见。

(五)实验法

这种方法的实质是利用事物、现象间客观存在的相互关系,通过调节某个变量(如公关活动前后某个企业的声誉),测定另一些量(如产品销售量、订货量)的增减。实验法可以在经历和未经历公关活动的两组公众之间展开。例如,一家日用化工品公司,在报上连载宣传夏季正确使用化妆品的方法,旨在向公众传授在不同季节正确选用适宜化妆品的知识。我们采用实验法对该项活动的效果进行评估:先测验一组报纸订户(实验组)的有关知识,再对另一组未接触过该报的公众(控制组)进行有关知识测验,将两次测验结果作比较,就很容易得出评估结论。实验法的关键在于,在确保实验对象代表性的同时,尽可能缩小实验范围。

(六)自我评判法

采用这种方法的前提是公共关系人员在公共关系活动的全过程中,或者在组织的日常活动中坚持记录有关指标和数据的变化。例如通过公共关系活动前后企业的销售额数据、企业的知名度、美誉度的量化指标的记录和对比,就可比较准确地评估出本次公共关系活动的成果。不仅如此,全面、准确的活动记录还可以帮助公共关系人员以时间为周期,如按年度评估公共关系活动的整体效应。此外,值得一提的是公共关系活动总是处于一定的社会、自然环境中,组织形象及产品销售量的变化可能是公共关系活动本身引起的,也可能是因同时期其他社会因素或自然因素引起的。如,1994年夏季某地电风扇的脱销主要是由于当时天气过于炎热造成的。所以理想的公共关系评估应排除各种干扰因素,准确地显示出公共关系活动的真正魅力。

本章小结

公共关系工作不是一种盲目的、随意性的活动,而是有意识、有计划并具有较强科学性的行为。公共关系调查工作是进行公共关系活动的第一步,这一步骤是公共关系科学性的鲜明体现。没有科学的调查研究为基础就不能进行有效的公共关系活动;在分析研究调查数据的基础上进行的公共关系策划是公共关系活动的第二步,没有策划的公共关系活动是盲目的,低层次的;依据策划方案进行有效的实施,是公共关系活动的第三步,只有将策划付诸实施,才能取得一定的结果。而结果的优劣以及以上三个步骤的工作都需要进行评估。这就是公共关系的工作程序。这四个步骤是循环关系,公关调查是起点,公关策划是关键,公关实施是核心,公关活动评估是重要的反馈环节,也是下一轮公关活动的起点。

本章练习

思考题

1. 公共关系调查包括哪些内容?调查的步骤有哪些?
2. 公共关系调查的方法和方式有哪些?
3. 什么是公关策划?公共关系策划的特征和原则?
4. 公共关系策划的程序有哪些?各环节中需要注意的地方有哪些?
5. 公共关系计划实施过程有何特点?
6. 公关活动计划实施的原则有哪些?
7. 公共关系活动模式有哪些类型?各有什么特征?
8. 公共关系评估有何作用?
9. 怎样对公共关系计划的实施效果进行评估?

实训项目:

	学时分配	完成方式	分组情况
项目一	0.5学时	讨论—点评	4~6人一组

续表

	学时分配	完成方式	分组情况
项目二	0.5学时	讨论—点评	4~6人一组
项目三	0.5学时	讨论—点评	4~6人一组
项目四	0.5学时	讨论—点评	4~10人一组
项目五	0.5学时	讨论—点评	4~10人一组
项目六	2.0学时	讨论、活动模拟、填写考核表	4~10人一组
项目七	0.5学时	讨论—点评	4~10人一组
项目八	1.0学时	讨论—点评	4~10人一组

项目一：根据下述案例分析：本田公司根据哪些信息做出设计、生产新型汽车的决策的？从公共关系角度看，企业应调查搜集哪些信息？

本田的眼光

在现代社会中，影响企业发展的各种因素越来越多，能否及时发现和识别与组织发展相关的公众对象，意义十分重大。按照传统观念，美国的环保运动与日本的工业是没有什么关系的，因此，1975年，有几个美国环保主义者到日本去谈论汽车废气问题时，就受到了日产、丰田这些大汽车公司的冷落。但是，直到1963年才开始生产第一批汽车的本田公司，其总裁却独具慧眼，他从这些人的活动中发现了有用的信息。为此，该公司派人把这批人请到公司，热情款待，奉为上宾，并请他们给设计人员讲解环保主义者的要求以及美国国会1970年通过的净化空气法案的内容。在这一基础上，本田公司开始了新型汽车的设计，确定的设计目标要突出"减少排放"和"节省汽油"这样两个优势。在本田的新产品——主汽缸旁有一辅助汽缸的"复合可控旋涡式燃烧"汽车面世一个月后，就遇上了第一次石油危机。本田汽车凭借排废少、省汽油的优势，一举打入美国市场。

（资料来源：《中外公共关系案例分析》，大连理工大学出版社）。

项目二：每逢我国现行的法定假日（如"五一"、"十一"和"春节"等），各大商场、超市都忙着推出五花八门的促销活动，有的提供"买三百送一百"的消费券，有的开展"买一赠一"的优惠，有的开展"购物满一百抽奖"活动，有的"定时限量抢购"，等等。在接下来的假日里，请同学们以小组为单位，自行选择2~3家商场超市，认真深入地开展实地调查，在采访商家、听取顾客反馈的基础上，结合小组实地观察，运用所学知识，撰写一份调查报告，分析哪一商家的做法最具吸引力，最有创意，最有实效。

项目三：假设你是某企业的公关经理，你所在的企业生产处了一种适用于中老年人的营养保健品，试分析如何利用母亲节这个节日，通过策划公共关系活动提升企业形象，增强用户认可，促进产品销售。可主要考虑以下几个方面的策划：（1）活动主题。（2）广告标语。（3）媒介选择。（4）简要说明策划这一活动的各环节安排及注意事项。最后，撰写一份规范的公共关系活动策划书。

项目四：下述案例中策划的活动的失误之处在哪里？

长跑竞赛发生事故

1999年6月在春江市"阳歌杯"全民健身周长跑竞赛中，不幸多人中暑，两人死亡。当日上午，春江市骄阳似火，天气暴热。9时整，3 000多名运动员参加了1.5公里长的群众性长跑活动。随后，其中的350名运动员移师江滨路进行长跑竞赛。其中，中年男、女组和青年组赛程为8公里，少年组为3.6公里。由于在烈日下激烈的奔跑，有不少运动员先后出现深度不一的中暑反应。8名中暑期较严重的运动员被迅速送往市急救医疗中心抢救。伍思聪在途中中暑摔倒，头部被摔伤，待送达急救中心时，伍思聪心跳已停止。夺得中年女子组竞赛第2名的春江市第一机床厂的申桂英也因中暑不治，于次日凌晨死亡。

项目五：从公关角度分析下述案例中蒙牛在"超级女声"活动的成功经验有哪些？

来自内蒙的蒙牛乳业，2005年准备主攻新产品"酸酸乳"的销售。公司请来公关行销高手孙隽担任市场总监。

面对挑战，孙隽并未急于构思方案，他首先买下市场所有乳制品进行研究，接着分析对手和相关企业情况。经过调研，问题终于理清。其次，他开始策划，找寻最佳的切入点。经再三比较，他注意到湖南卫视"超级女声"节目，以1 400万元买下了独家赞助权。孙隽用"四个一"来贯穿该节目：一个粉红系色调、一首招牌主打歌《酸酸甜甜就是我》、一句广告词"酸酸甜甜就是我"、一位代言人张含韵，藉此来固定品牌宣传基础。在实施过程中，孙隽采取全国参与制度，并通过电台、报纸、网络、传单DM，整体包装赛事信息，花费近亿元资金配合宣传。结果，几场赛事后，"超级女声"收视率高达90%，将近四亿人收看节目。

蒙牛"酸酸乳"销售额从上年的7亿元上翻到23亿元！这场结合手机短信、互联网的超级华丽公关行销手法，捧出了数名敢秀、积极表现自我的年轻女明星，更确立了湖南卫视在全国的先驱地位；最大的赢家——蒙牛，更攀上了乳制品市场的龙头宝座。

蒙牛"酸酸乳"的成功，正是公关营销的成功。从案例中可以清晰地看到公共关系工作的四个步骤：调查、策划、实施和评估。

项目六：策划一次活动，提升班委（班级学生委员会）成员在班级同学心目中的形象与威信。活动形式自拟，策划后再班级实施，最后班级成员针对活动效果进行评价。

提升班委成员形象公共关系活动评分表

考评人		被考评人	
考评地点			
考评内容	提升班委成员形象公共关系活动		

续表

内容		分值/分
考评标准	公共关系活动方案选择的有效性	20
	选择合适的时机开展公共关系活动	20
	在模拟训练中态度认真，角色扮演到位	30
	班委成员形象得以提升，班风得以优化	20
	实训报告符合要求	10
合　计		100

注：考评满分为100分，91分以上为优秀，81~90分为良好，71~80分为中，60~70分为及格，60分一下为不及格。

项目七：从公共关系效果评估的角度分析下述案例中英国航空公司这次赔本的飞行"赚"在哪里？

1986年的一天，英国航空公司由日本东京飞往伦敦的波音747型008号定期航班，因故需要改作另一次商业飞行。经过机场人员的耐心劝解后，已经登机的190名乘客离开008号，上了另一架临时班机飞走了。可是有位名叫大竹秀子的日本小姐却执意不肯离开飞机，无奈，机场只得与英航总部取得联系，询求解决的办法。英航总部立即召来高级公共关系顾问紧急磋商，并果断地做出决定：利用这一棘手的突发事件，制造一起新闻，提高公司的知名度和美誉度。定员350人的波音747宽体客机只载着大竹秀子一位乘客从成田机场腾空而起，机上15位空中小姐，6位机组人员为大竹小姐提供了极为热情周到的服务。

经过13个小时的飞行，当008号班机在伦敦机场徐徐降落时，早已闻讯赶来的上百名英国各电视台和各报社记者蜂拥而上。英国各大小报都在显著位置报道了这一戏剧性的事件，电视台做了现场报道。这次飞行，使英航直接损失了15万美元，但英国航空公司视乘客为上帝的美名从此名扬天下。

项目八：阅读案例资料回答以下问题：

（1）结合此案例，分析公共关系的工作程序，每个工作程序的重点是什么？
（2）分析案例中所确定的公共关系的目标。
（3）此次公关活动的影响是什么？
（4）在案例中的四个程序中都是用了哪种公关调查方法？

2008年奥运会会徽发布及推广案例

一、项目背景

奥运会会徽是奥运会形象景观的核心元素，是当今世界最具价值的无形资产，因而构成奥运会市场开发和奥运会形象宣传的重要载体。因此，此次北京奥运会会徽发布活动是奥运筹备阶段具有里程碑意义的重大事件。它不仅象征着北京奥组委以全新的形象出现在世界面前，同时标志着北京奥运会筹备工作进入到一个新阶段。

会徽发布恰逢北京非典之后，是北京及全中国恢复国际形象的重要契机，也是中国人民恢复信心的重要时机，这无疑使会徽发布活动显得更加意义非凡。

二、项目调研

根据北京在举办大型活动方面取得的经验，北京奥组委多次组织国内活动创意精英，就北京奥运会会徽发布方式进行讨论。从近几届奥运会来看，2000年悉尼奥运会和2004年雅典奥运会以及2006年都灵冬奥会均针对其新会徽的推出举行了发布仪式，特别是悉尼奥运会，创造出了奥林匹克大家庭团结、庆典的良好氛围。

经过深入的研究讨论，北京奥运会会徽发布活动方式确定为采用大型推广活动的形式，将会徽形态融入恢弘的、富有中国特色的表演当中。通过电视和互联网方式向全世界进行直播，体现全国各地对北京奥运会会徽的企盼以及对奥运会筹备工作的关注与支持。

三、面临挑战

1. 高度的保密性。会徽的图案直接关系到其奥林匹克知识产权和奥运会的形象景观的保护问题，将为之后的市场开发计划和全面展开的奥运宣传奠定基础。在会徽发布之前，一旦会徽图案为公众所知，整个发布活动的效果将大打折扣，给组委会和赞助商带来巨大损失和名誉损失。

2. 大型活动的重要性和复杂性。会徽发布仪式将有包括国家领导人、国际奥委会高层官员和其他中外名流在内的共2008名贵宾、嘉宾出席。同时，参加直播和现场报道、采访的记者将超过500人，演出部分演员多达1500人。活动现场需要调动多方面人员，协调组织场地布置、现场管理、礼仪服务、交通、安保、技术保障、卫生、消防等多项事务。

3. 活动全程直播要求万无一失。会徽发布活动通过中央电视台五套节目同时直播，并向全球相关主流媒体提供公共信号直播。这要求活动在进程中分秒不差。活动组织、活动安全万无一失。

4. 天气情况直接影响到会徽发布仪式。

5. 不利的国际媒体情况。如何吸引境外媒体的关注，因为据中国举办奥运会尚有5年时间。同时前段时间境外媒体对中国非典问题的相关负面报道评论使组委会处于不利的国际媒体环境。

四、有利条件

大众对北京奥运会的巨大热情和支持；奥运会和奥林匹克品牌有很大的认知度；聘请国内外专家，从策划到执行，拥有国内顶尖团队；政府机构的大力支持；国内的媒体的高度关注。

五、项目策划

（一）项目目标

1. 面向全球展现会徽发布仪式，使会徽的形象达到最广泛的知名度。
2. 集中体现中国的悠久历史、灿烂文明和奥林匹克精神的完美融合。

3. 提升社会各界关注北京奥运的热情，在世界范围内激发公众对北京奥运会的认同和支持。

4. 树立北京奥组委形象。

5. 提升举办城市和东道国的国际知名度。

6. 为北京奥运会的市场开发工作奠定坚实基础。

(二) 目标受众

1. 公众（全国人民、海外华人、其他国际受众）。

2. 境内外媒体。

3. 奥林匹克大家庭（国际奥委会、国际单项体育组织、运动员、TOP 赞助商等）。

4. 北京奥组委的潜在合作伙伴、赞助商、供应商、特许经营商。

(三) 项目策划

聘请国内外大型活动和奥林匹克策划专家，组成核心创意国际团队与以往国内举办的产品发布会相比，北京奥运会会徽发布活动面对的对象更加广泛，既要推出北京的历史文化人文特色，又要向公众，特别是西方世界，彰显北京作为国际化都市的独有魅力和风格。

为使发布活动带给人耳目一新的感觉，吸引国内外企业界和广大公众关注的目光，同时在悬念和人们的企盼中推出新会徽，新会徽的理念阐述和活动创意策划是基础。考虑到所有推广活动都要以会徽理念为核心，而无论是对会徽理念的深入阐述，还是宣传片、宣传品的创意构思，都需要以良好的策划为基础；同时，考虑到中西方文化差异和思维方式的不同，活动形式的策划除要有国内策划精英和公关公司参与外，还要依托于国外大型活动策划专家。

1. 严格保密，保证会徽发布前的悬念。

2. 聘请专业制作公司制作实施。

3. 整合政府、社会各方有利资源，组成活动实施团队。

4. 聘请专业公关公司，确保充分的境外媒体宣传。

六、项目执行

(一) 活动准备

1. 成立核心创意国际团队和制作团队。北京奥组委组成了由著名导演张艺谋、奥林匹克作家创意策划人乔治·赫思勒、国际奥委会形象景观顾问 Brad Copeland（布雷德·科普兰德）为主体的活动创意团队，以确保发布活动整合中西方的理念，全面阐述会徽蕴含理念。

2. 成立发布活动领导小组和指挥部。会徽发布活动专门成立了发布活动领导小组和发布活动指挥部，负责组织、管理和协调会徽发布整体工作。指挥部下设贵宾接待组、新闻报道组、安保交通组、会务组、文艺演出组、电视转播组、场地组、观众组8个小组。

3. 协调北京市各委、办、局进行任务部署和分工，提前做好场地技术保障工作。

4. 多次彩排，制定详细活动脚本，程序安排精确到秒，充分做好天气变化预案。

5. 设计并制作会徽宣传片、会徽徽宝，制作会徽纪念品。

6. 设计制作全面的媒体报道手册，制订危机处理方案。

（二）媒体宣传

1. 媒体预热和报道准备。充分利用会徽评选过程中各新闻点，组织媒体宣传，保证前期关注热度。

利用多种媒体平台。组织记者撰写通讯《会徽诞生记》；请电视台提前录制专题节目。播放预告性片花；安排公关公司通过多媒体传播技术向全球媒体定向预热。

组织新华社、《人民日报》、《北京日报》资深记者、编辑成立"会徽诞生记"写作小组。在"非典"时期，小组的采访活动仍照常进行。通过不断的交流和素材的积累，"会徽诞生记"文本的结构脉络和内容重点逐步成型。为创作材料充分，写作质量上乘的通讯奠定基础。

针对境外媒体专门设计全球性的网络发布——"Pressevent.com/Beijing2008"。该网站提供了一份综合新闻夹，其中包括20多份有关北京奥运会进展情况、准备的发言、相关人员简历等资料。并且进行一次多媒体互动新闻发布会，北京奥组委执行副主席刘敬民通过数码摄像信息发出了邀请。

中央电视台、北京电视台在发布之前几日播放预告性片花，提醒公众关注。

2、发布前两周安排9次新闻发布和新闻访谈活动，激发报道热情，引起公众的期盼。7月30日下午，北京奥组委副主席蒋效愚接受了中央电视台《面对面》栏目的专访，向全国观众介绍了会徽的特色及整个评比过程；7月31日，召开了驻京境外媒体记者新闻发布会、介绍会。

徽发布仪式，并安排发布仪式总导演张艺谋接受首都主要媒体采访；8月1日，首都各媒体在显著位置发布了《奥运会徽周日亮相》的预告性消息和会徽纪念品将于4日在北京几大商场限量销售的消息。

同时，为进一步吸引各界观看8月3日晚的发布仪式，8月2日晚，特地向北京青年报提供了有关新闻素材，第二天北京青年报以《天坛2008把椅子静候2008位嘉宾》为题进行了渐进式报道；考虑北京晚报3日下午出版的这一特殊时间，2日下午特别安排新闻宣传部负责人接受北京晚报的独家专访，提前披露发布仪式的一些内容，提示公众关注当晚的电视直播。

有关会徽信息的层层披露，不断对会徽的新闻宣传进行预热加温，使全世界的媒介焦点由泛而专、由大至小，最后全部集中在了中国北京天坛祈年殿前的会徽发布现场。

通过协调、果断、完善地处理了国外某网站对会徽图样的恶意猜测性泄露和负面报道。

七、现场发布

发布仪式地点选定在中华古老文明的象征性建筑天坛祈年殿，为会徽发布搭建了一个前所未有的东方文明的背景和平台。

会徽从世纪坛经长安街运送到天坛，由邓亚萍、成龙护送会徽入场。期间通过电视直播，向全世界展示了现代化北京的风采，为发布活动做了精彩的铺垫。

全国人大常委会委员长吴邦国和国际奥委会协调委员会主席维尔布鲁根为会徽揭幕，活动提升到了国家庆典的水平。

播出国际奥委会主席罗格的电视致辞和张艺谋执导的宣传片。

诠释会徽元素和理念的文艺表演。

中央电视台和北京电视台对发布仪式进行现场交互式直播，奥组委官方网站网上直播。

仪式后，现场举行简短新闻发布会，邀请会徽设计者、评审相关人员会见媒体。

八、现场境外媒体服务要点

境外记者管理与国际接轨，最大限度调动境外媒介资源。

将境外摄影摄像记者安排在西区，使他们可以在发布仪式开始前到奥林匹克星光大道北端混合区采访入场嘉宾。CNN、路透社、美联社、美联环球电视台、法国SIPA图片社、欧洲图片社等多家境外重点媒体都在混合区获得了极有价值的采访和拍摄机会。CNN有关会徽报道中就使用了在混合区采访成龙和国际评委布莱德·科普兰德的镜头。事实证明，此安排为境外记者提供了更多报道素材，扩大了报道效果。

选派2名境外媒体摄影代表近距离拍摄揭幕过程，保证了境外记者的发稿质量。

在现场采访名额、采访场地有限的情况下，选派采访代表进行拍摄和采访并将采访到的新闻素材让大家共享的方式，是国际上重要会议和重要活动的惯例。经过多方努力，保证了美联社和路透社两位摄像记者作为境外媒体代表与中央时政记者一起近距离拍摄会徽揭幕。确保境外媒体得到高质量的会徽揭幕新闻素材。

为摄影记者特别架设2条ISDN电话线，摄影记者可以通过电话线即时传送图片。

美联社摄影记者克利戈·贝克作为境外摄影记者代表近距离拍摄到了珍贵的会徽揭幕图片，之后在现场立即通过ISDN线路传送图片，第一时间将照片传送到了美联社图片库网站，提供给全球媒体。

九、后续宣传

安排中央电视台、北京电视台各套频道在黄金时间、重点栏目于会徽发布的当晚和之后的一周全面推出采访国际奥委会协调委员会主席维尔布鲁根、奥组委副主席蒋效愚和会徽设计者、会徽评委等有关会徽的专访、专题节目。

组织平面媒体和电台进行后续新闻报道和专访，深度挖掘会徽诞生的故事。

首届奥林匹克文化节期间，在世纪坛举行会徽展，推出会徽专题论坛，加深公众对会徽的了解。

在青岛、沈阳、天津、上海等奥运会协办城市举办会徽巡展，继续扩大会徽在全国范围的影响力。

借举办一系列文化活动公开宣传会徽，推广会徽。

严密监控媒体，针对一些不属实报道（如专利注册问题）及时展开纠正性报道。

十、效果综述

2008年奥运会会徽发布仪式圆满成功，隆重、典雅、富有中国文化特色的会徽发布仪式得到了中央有关领导、北京市主要领导、国际奥委会、海内外各界人士的充分肯定和高度赞扬。

会徽发布仪式活动打破了传统晚会概念，并非一个单纯的文艺演出或会议，而是实现了现代表演艺术和庄重的发布仪式的完美结合，突出了中国传统文化、突出了隆重的仪式感，对会徽含义进行了充分的阐述。

国际奥委会官员在发布后举行的媒体见面会上称，北京奥运的会徽发布是奥运会百年历史上最出色的会徽发布。中国印·舞动的北京一夜之间深入人心。

成功的发布活动在客观上促成了宣传的成功，同时还极大地提高了北京奥组委的国际声誉，增强了全球媒体和公众对北京成功举办2008奥运会的信心和支持。

媒介的热烈反响是会徽发布活动取得空前效果最好注脚。活动当晚的电视和网络直播，使北京奥运会会徽的美丽形象，在揭开神秘面纱的激情时刻凌空出世，迅速传遍了世界的每一个角落；第二天，国内主流报纸和部分境外报纸刊登的大量报道，不仅将会徽的诞生过程公诸于世，亦通过高水平的专业阐释，将会徽深邃的含义一层一层地向受众进行了解析，使新公布的会徽内涵迅速被社会所接纳。据不完全统计：活动当天，来自中央、市属和其他国内主流媒体的近150名记者和来自35个驻京境外新闻机构的100多名记者出席了会徽发布仪式，对活动进行报道。

8月3日至4日，国内主流报纸均在头版显著位置刊发了消息并配发了图片。

境外媒体报道充分、全面，且基本上为正面或中性报道。

根据独立第三方专业媒体评估机构的报告，发布仪式后的头三天实现的报道量分别是：

8月3日，发布当天，被超过150家国际媒体争相报道，实现了270 076 351人次的媒体印象；

8月4日，被超过140家的国际媒体报道，实现了3 068 030 916人次的媒体印象；

8月5日，被超过160家的国际媒体报道，实现了11 493 766人次的媒体印象；

截止到8月10日，共实现了37亿人次的媒体印象；

全球共产生了635篇次的平面和电视报道，《金融时报》、《南华早报》、和《亚洲华尔街日报》等全球主流媒体利用头版对此次活动进行了正面详尽的报道。

全球各大主要电视台和广播电台预留的充分黄金时段反复播放现场发布的壮观场景。

宣传覆盖了5个大洲的主要国家。据第三方的媒体监测显示，跟踪到媒体报道的国家为25，但实际媒体覆盖面远远超过这些国家范围。因为总部设在一个国家的媒体能覆盖多个国家，例如，英国的《金融时报》的欧洲版覆盖全欧州的44个国家和地区；CNN亚洲频道覆盖则覆盖了更多亚洲国家；而很多网络媒体则更是覆盖全球。

会徽的成功推出，同时也为之后北京奥运会市场开发的顺利启动奠定了坚实的基础。

发布仪式第二天推出的包括衣、帽、纪念邮票、纪念邮品、纪念章、纪念币在内的会徽纪念品热销京城；市场开发计划尚未启动，国内外企业纷纷致电询问市场开发情况。

第四章
组织形象塑造与 CIS 系统

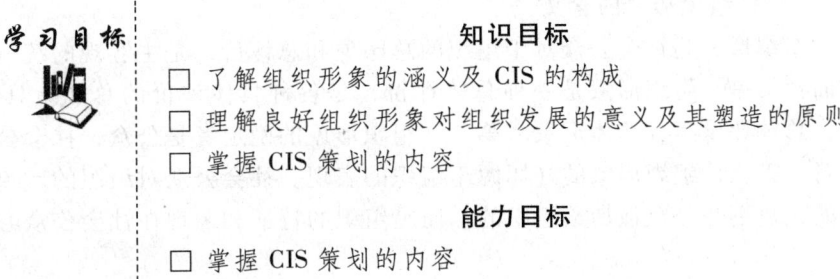

知识目标
- 了解组织形象的涵义及 CIS 的构成
- 理解良好组织形象对组织发展的意义及其塑造的原则
- 掌握 CIS 策划的内容

能力目标
- 掌握 CIS 策划的内容

 案例导入

海尔从一个濒临破产的小企业成长为声名鹊起的世界 500 强的企业,它以"真诚到永远"的企业文化赢得了大量地市场份额,它的案例被许多的学院作为经典的案例:美国的哈佛大学和南加州大学、瑞士洛桑国际管理学院、法国的欧洲管理学院、日本神户大学等七所商学院共做了 16 个案例,涉及企业兼并、财务管理、企业文化方方面面,特别是颇具权威的瑞士洛桑国际管理学院为海尔做的市场链案例已被纳入欧盟案例。

在全世界获得越来越高美誉度的海尔在成长,在壮大,在发展。是什么让它迅速成长,能够创造出今天的业绩呢?那就是对企业形象的谋划,对名牌产品的打造,对品牌形象的重视,对名牌效应的运用。靠名牌去动员和提升员工,靠名牌去综合各种生产要素,靠名牌去打开市场,靠名牌去资本运营,靠名牌形成企业形象。

分析

研究公共关系,必须研究组织形象问题,它是公共关系理论的核心概念之一,是社会组织开展公共关系活动的出发点、归宿点。无论哪一类组织开展公共关系活动的最终目标都是一样的,都是为了塑造组织良好的社会形象,争取公众的理解和支持,为组织的生存和发展创造良好的环境。

第四章

组织形象塑造与 CIS 系统

组织形象之所以引起人们的重视，关键在于它的巨大价值和巨大的作用。研究组织形象的价值和作用有助于确立它在公共关系中的战略地位。

资料来源："海尔发展史"，人民网。

第一节 组织形象塑造

一、组织形象涵义与划分

（一）组织形象的含义

组织形象是社会公众对于组织的总印象和总评价，是主客观的统一。其含义包括三个方面：第一，组织形象是一种总体评价，是各种具体评价的总和。具体评价构成局部形象，总体评价组合总体形象。第二，组织形象的确定者是公众，社会公众是组织形象的评定者。第三，组织形象的好坏源于组织的表现。社会公众对组织的印象和评价不是凭空产生的，也不是公众强加给组织的，而是组织的特征和表现在社会公众心目中的印象。

（二）组织形象的划分

1. 自我期望形象和社会实际形象。从判断角度划分，组织形象可以分为自我期望形象和社会实际形象。自我期望形象是指一个组织希望在社会公众中的形象。它往往是理想化的，但它是组织发展不可缺少的内在动力。因为这种理想往往驱动组织规范自己的行为，并促使组织开展各种有效的公共关系活动。一个组织的自我期望形象越高，自觉做出努力的可能性就越大。

社会实际社会形象是指社会公众对一个组织的真实看法和评价，是组织形象的客观存在。了解组织的实际形象是制订公共关系目标的基本依据。

2. 整体形象和特殊形象。特殊形象是指组织在某一或少数几个方面给公众留下的印象，或者组织在某些特殊公众心中形成的形象。如企业的良好服务使某些顾客形成了组织"优质服务企业"的形象，企业的某一次慈善捐款给公众留下了乐善好施、热心公益事业的形象。特殊形象对企业很重要，因为公众是不可能全方位、全面地了解组织的。组织在他们心中留下的往往就是这种特殊形象，而且某些公众就是因为组织在某些方面的独特形象而支持组织的，如歌迷之于演唱会、球迷之于球星等。因此，特殊形象是组织改善形象的突破口。

整体形象就是企业各种形象因素所形成的形象的总和，也是各种特殊形象的总和，但两者又不是简单的总和。一个比较极端的例子是：某个员工工作敬业、技术一流，人际关系也好，深得领导和同事的赞许；但不喜欢他的人们可能说，他没有个性或没有特长。对一个组织而言，就应该努力追求总体形象和特殊形象的和谐统一。

3. 外观形象和内在形象。组织的外观形象是指那些可以通过公众的感觉器官直接感觉到的组织对象，包括产品形象（如产品质量性能、外观、包装、商标、价格等）、建筑物形象、员工精神面貌、实体形象（如市场形象、技术形象、社会形象等），它是通过组织的经营作风、经营成果、经济效益和社会贡献等形象因素体现出来的。

组织的内在形象是指通过公众的抽象思维和逻辑思维而形成的观念形象，这些形象虽然看不见，但可能更接近企业形象的本质，是企业形象的最高层次。对企业而言，这种无形形象包括企业经营宗旨、经营方针、经营哲学、企业价值观、企业精神、企业信誉、企业风格、企业文化等。这些内在形象往往比外观形象有价值，如对麦当劳、可口可乐、索尼、劳斯莱斯等企业而言，他们的企业信誉等无形资产比那些机器设备和厂房要重要得多。

组织的外观形象和内在形象是统一的。组织的内在形象必然反映到组织的外在形象上，而组织的外观形象是组织内在形象的客观反映。

二、组织形象的构成要素

组织形象的构成要素主要有三个方面：

（一）组织的总体特征与风格

组织的总体特征与风格是指组织最为显著的、能代表整体情况的一些特点，是社会公众对组织及其行为概括性认识。组织的总体特征与风格分为内在总体特征与风格和外在总体特征与风格。

组织的内在总体特征与风格指组织的精神风格、组织的价值观、组织的凝聚力、办事效率和组织的实力，如组织的人才、技术、资金、企业等级等。

组织的外在特征与风格包括组织的建筑、设备、环境的美化和保护、员工的仪表、服饰、态度、办公用品、标志、厂旗、厂徽、厂歌、特有的色彩等。

组织的内在特征与风格和组织的外在特征与风格是一个范畴的两个方面。内在特征与风格是外在特征与风格的支柱和依据，它决定着外在特征与风格的价值取向比较含蓄。外在特征与风格是内在特征与风格的直接表现，很直观，易造成第一印象，使公众迅速了解组织的特色。因此，塑造组织形象时，二者不可偏废。

（二）知名度与美誉度

评价组织形象最基本的指标有两个：知名度和美誉度。知名度是一个组织被公众知晓、了解的程度。这是衡量组织"名气"大小的客观尺度。但知名度是一个中性词，没有好坏之分。

美誉度是一个组织获得公众的信任、好感、接纳和欢迎的程度。这才是评价组织社会影响好坏程度的指标。知名度和美誉度分别从量和质两个方面评价组织形象。一个组织的知名度高，其美誉度不一定高；知名度低，其美誉度不一定低。因此，一个组织要想树立良好形象，就必须同时把提高知名度和美誉度作为追求的目标。

(三) 组织形象的定位

组织形象定位是组织在社会公众中确定自身形象特定位置，这个特定位置通常是特定组织与同类组织相比较而确定的。因此，组织形象定位总是根据组织自身的特点、同类组织的情况和目标公众的情况三个要素来实施。

组织形象定位是公共关系实务或者公共关系策划的重要内容之一。一个组织选择什么样的总体特征与风格，在不同时期的知名度、美誉度要达到多高，都有一个定位才能形成组织形象。组织没有的统一的组织形象，就无法开发形象资源。而准确的组织形象定位，就为组织的成功奠定了基础。

三、现代组织良好形象的价值和作用

良好的组织形象是组织一笔宝贵的无形资产。组织形象的积累，实际表现为资产的积累。良好的组织形象之所以成为宝贵财富，主要在于它的巨大价值和作用。

(一) 组织形象的价值

良好的组织形象是一种无形的财富。所谓无形，即摸不着、看不见，但却与组织生死存亡息息相关，同时，还可以用金钱给予标价。以企业为例：品牌和企业名称是企业形象的重要载体，品牌的价值虽然不完全标明企业形象的价值，但它在一个方面肯定了企业的价值。

2015年6月16日，全球知名的品牌价值评估机构——世界品牌实验室（World Brand Lab）在其主办的"世界品牌大会"上发布了2015年（第十二届）《中国500最具价值品牌》排行榜。在这份基于财务、消费者行为和品牌强度分析而获得的中国品牌国家队阵容中，工商银行以2 615.76亿元的品牌价值荣登本年度最具价值品牌榜首。占据榜单前五名的还有国家电网（2 508.18亿元）、中国移动通信（1 862.55亿元）、华为（1 825.96亿元）、中国人寿（1 822.72亿元），这些品牌已经迈进世界级品牌阵营。2015年《中国500最具价值品牌》前10名见表4-1。

表4-1　　世界品牌实验室2015年《中国500最具价值品牌》前10名

排名	品牌名称	品牌拥有机构	品牌价值（亿元）	主营行业
1	工商银行	中国工商银行股份有限公司	2 615.76	金融
2	国家电网	国家电网公司	2 508.18	能源
3	中国移动通信	中国移动通信集团公司	1 862.55	通信服务
4	华为	华为技术有限公司	1 825.96	信息技术
5	中国人寿	中国人寿保险（集团）公司	1 822.72	金融

续表

排名	品牌名称	品牌拥有机构	品牌价值（亿元）	主营行业
6	CCTV	中国中央电视台	1 809.16	文化传媒
7	中化	中国中化集团公司	1 516.56	能源
8	海尔	海尔集团	1 475.59	家用电器
9	中国一汽	中国第一汽车集团公司	1 362.79	汽车
10	中国石油	中国石油天然气集团公司	1 352.17	石油

（二）良好组织形象的作用

在市场经济不断发展，市场日趋繁荣，竞争手段越来越巧妙的经济世界中，良好的组织形象具有无法替代的作用。组织形象之所以有巨大的价值，根本原因是它能为组织带来巨大的好处，也就是说由它的巨大作用决定的。

1. 良好组织形象可以创造消费信心。组织一旦被公众所认可、信赖，它生产的任何产品、提供的任何服务也就同样被公众认可、信赖，即可以为具有该组织名称的任何一种商品和服务创造出一种消费信心。美国的堪农毛巾公司做了一个实验：这家公司与商店合作，在自己的产品出售时一部分加上堪农商标，另一部分则不加任何商标。结果，尽管毛巾质量完全一样，但售价相同时，有商标毛巾的销售量是无商标的3倍；将有商标的毛巾提价4美分后，销售量仍为无商标毛巾的2倍。最后，将有堪农标记的毛巾提价10美分，两者销量才算拉平。由中国生产的青岛啤酒，在美国检验各项指标均高于美国的百威啤酒。但在1994年评估时青岛啤酒的品牌价值只有25.4亿元人民币，而百威啤酒为97.24亿美元。百威品牌价值为青啤的300倍，销售额为青啤的400倍。由此可见，组织的知名度越高，品牌含金量就越大，自然销售量也越大。组织形象的作用还促使我们认识到，在当今世界，物有所值的"值"，还应包含组织形象与品牌价值的因素。百威啤酒和青岛啤酒的例子就说明了这一点。

2. 良好的组织形象是组织产品在市场上无形的"通行证"。良好的组织形象在公众心里有一种延续作用，留下深刻的"烙印"，会在长时间内发生作用，长期地影响顾客的消费心理和消费行动。如果组织有了良好形象，那么组织产品就会赢得广大客户和消费者的信赖，保证销售渠道畅通，并使企业不断顺利地开拓新的市场。这种美好形象的延续作用，促使顾客产生对组织偏爱并持续地保留着消费的渴望，因而不断涌现出新的消费需求。日本家用电器在市场之所以占有很大份额，靠的就是松下、索尼、三洋、日立几个知名品牌。由于它们一开始进入中国就树立了良好的形象，所以消费者爱屋及乌，信任他们生产销售的任何一种产品。它们出了新产品，公众会很快地接纳。因为消费者信赖的不是新产品，而是生产这种产品的企业。

3. 良好的组织形象优化组织的生存环境。有人说，如果可口可乐公司遍及全世界的工厂一夜之间被大火烧光,那么,第二天的头条新闻是:各国银行巨头争先恐后地向它贷款,以尽快让它恢复生产。这是因为人们相信可口可乐"世界第一饮料"的良好形象,也是因为它有巨额的无形资产。

在现实生活中,一些知名度、美誉度甚高的企业,其社会地位都比较高,政府和主管部门器重,同行们信赖,金融企业支持,往往振臂一呼,同行响应,有关单位纷纷向它靠拢,心悦诚服地拥戴它。那些有很高信誉的企业,各种投资团体也对之充满信心,愿意慷慨解囊,合作时客户愿意预先付款,社会大众也愿意踊跃掏钱购买它的股票。这种社会的理解、信赖和支持,使企业增加了价值和分量,成了企业无形的资产和财富,为解决企业各类难题,争取更有利的外部条件提供了极大的便利。

此外,良好的组织形象还对社会公众有强大的吸引力,对内部公众有强大的凝聚力,是现代组织竞争的法宝。

正因为组织形象的巨大作用,所以,不少企业步步为营,一点一滴、辛辛苦苦地构筑良好的企业形象,创出名牌,保住名牌,以不断充实自己的竞争实力。现代企业家必须清醒地认识到企业形象在今天的企业角逐和激烈的商战中所具有的举足轻重的作用。可以说,今天的商战已转向为一场异彩纷呈的"形象战","形象战"已经成为当今商战的主要形式。因此,拿起"形象"这个市场竞争的利器已是刻不容缓。

四、现代组织形象的特征

我们在学习了组织形象的概念、价值和作用之后,再进一步研究组织形象的特征,目的在于更好地把握组织形象这个命题。

(一)组织形象具有独特性

世界万物都有自己的形象。千人一面的形象很快就会被人遗忘,风格各异的形象,就会深刻留在人们的脑海之中而经久不衰。良好的组织形象应该具有区别于其他企业的特性,也只有组织形象的个性化、独特性,才能使人们产生强烈的印象,从而提高组织的竞争能力。现代企业随着技术的不断进步,彼此之间在竞争"硬件",包括财力、人力、技术、产品等方面的差别越来越小,从这方面寻找突破口和竞争优势的难度越来越大。组织要想脱颖而出,就必须依靠塑造与众不同的良好企业形象来实现。因此,凡是良好的企业形象都有鲜明的独特性。组织形象的差别不但有利于消费者的识别,也有利于表现企业的产品服务的差别,有利于企业赢得顾客,保持信誉,击败或避开竞争对手。

(二)组织形象具有整体性

良好的组织是一笔无形资产,它的树立与传播必将为企业带来巨大的效益。但是,树立一个完美的让人难以忘却的良好形象,必须付出艰苦不懈的努力。这种努力应该是全方位的,因为组织形象具有整体性特点。组织形象的整体性包括三个方面的含义:

第一,组织形象是由组织的全部活动决定的;

第二,组织形象是由组织全部管理过程决定的;

第三,组织形象是由组织的全部成员共同塑造的。

组织形象是指企业素质、宗旨和行为在社会公众心目中的感受、印象和地位。如一个企业，其组织形象的树立体现在每一个员工的行为上，贯串于企业的每一项活动之中。在塑造组织形象过程中，必须贯彻人人关心、人人参与的方针，要求每个员工时刻都要有维护自己组织形象的进取精神。一位售货员对顾客态度恶劣，整个商场的形象在顾客心目中就被破坏了。很清楚，人们总是从一滴水看大海，从一个人的精神面貌和行为可以透视企业的精神、理念。一位住在上海新锦江大酒店的日本旅客在深夜一点钟悄悄走出客房观察，发现前厅服务员个个精神抖擞地站在服务台前。他深为触动，钦佩地说："这种敬业精神不是靠金钱能买来的。"这家酒店依靠每一位员工的努力，建立了闻名全国的服务行业形象："锦江模式。"

组织形象是由企业精神、企业文化、经营哲学、员工形象、产品形象、服务形象等多种要素组成，或者说是各种形象要素的综合，体现了整体性。这些形象要素无论哪个失误都会对组织形象的整体性产生影响。

（三）组织形象具有识别性

组织形象既是公众对组织总体的、抽象的、概括的认识和评价，又是组织现实的再现。由于组织形象的整体性和独特性，包含了形形色色的具体内容，因此组织形象必定会被公众所认识，所识别。这就形成了组织形象的识别性。无论人、事、物有多么深刻的内涵，有多么独有的特征，都可能从言、行、举、止、形、姿中被他人感受、识别。良好的组织形象也必定具有可识性和易识性。尤其组织形象若被公众迅速接受，易识性至关重要。北京世界公园每一个景点都是选自世界各地最鲜明、最突出、最有代表性的建筑和景观。因此你走进公园无须多问，便知道是哪国的景观和建筑，这就是易识性强的缘故。

（四）组织形象具有深刻性

前面已谈到，良好的组织形象实际包含了组织内在特征与风格和外在特征与风格，外在特征与风格是内在特征与风格的直接表现。塑造组织形象是一项创造美的事业。评价任何事物的美都可以从两个方面进行，一是外在美，二是内在美。对人来说，心灵美才是内在美；对于组织来说，真正的美在于组织的精神和文化。

良好的组织形象实际包含了很深刻的内涵，组织对外展示的似乎仅仅是经营状况、销售的市场占有率，服务内容，等等。其实，任何一家企业通过自身的行为或可识别的标志都展示了企业的经营作风、精神风貌以及企业风尚。良好的企业形象必然反映处其企业文化是善良高尚的，体现先进的思想，健康的感情，优秀的品德，开拓进取的精神。因此，组织形象必然是真善美的结晶，具有外美而内慧的特征。健康的企业文化是深层次的组织形象。企业文化涉及企业的各个部门，渗透在各项工作之中，它包括企业哲学、企业精神、企业民主、企业道德、企业风尚、企业目标、企业制度，以及全体员工对企业的责任感和荣誉感等。组织形象的深刻性，决定了企业形象塑造的艰巨性和长期性。

五、组织形象塑造的原则

组织形象塑造的原则是组织制定、实施组织形象战略必须遵循和贯彻的指导思想,是塑造组织形象的行为准则。

(一) 以质量为本的原则

企业组织的产品形象是树立企业良好形象的关键。除了形象独特的产品商标外,还必须靠产品过硬的质量,合理的价格,周到的服务取信于公众。当代企业之间的竞争是产品质量、价格、服务和信誉的全方位竞争。企业如果不注重产品开发,不注重产品的质量管理,不注重优质服务,即使是名牌、老牌子也会倒掉。经营者永恒的主题就是以质量取胜,以质量悦人。

(二) 视信誉为生命的原则

良好组织形象的核心指标是信誉,欲塑造良好形象的企业必须视信誉为生命。人留名,树留影,信誉比金子还宝贵。信誉好的企业和名牌商品在消费者心目中树立了牢固的美好形象。所以,真正的企业家宁可承受经济上的损失,也不会放弃企业的信誉。

信誉,是企业的生命,是无可替代的财富。企业及一切组织塑造形象,首先要坚持"信誉高于一切"的原则。当然,企业要取得信誉绝非一日之功,需要长时期地重视质量。既要有优质产品,又要有优质服务,如此,才能赢得信誉,塑造良好的组织形象。

(三) 注重全局的原则

对于一个组织来说,建立良好的组织形象是一项全方位的工作,这是由组织形象整体性特点决定的。它主要包括四个方面:一是组织形象的目标具有全面性的特点;二是组织形象涉及各方面;三是组织形象的塑造需要全体人员共同努力;四是塑造良好形象应运用多种方法。

正因为塑造良好的组织形象涉及到组织的许多方面,所以要求组织各部门必须注重全局,切忌各自为政,一定要从全局出发,制订统一的公共关系政策来协调组织内部的公共关系活动;若需要对外开展公共关系活动,组织公共关系部门应事先争取各有关部门的支持、配合,求得协调一致,以防止出现相互重复,甚至自相矛盾的做法,导致不良后果,甚至毁坏组织的整体形象。

新加坡航空公司的完善服务新加坡航空公司在国际航空业群雄角逐的激励竞争中独占鳌头,多年连续被国际民用航空组织评为优质服务第一名。新航的服务有很多独特之处,他们把西方的先进技术及管理手段与东方的殷勤待客传统有机地融合在一起,把"乘客至上"的公关思想贯穿于服务的全过程,给每一位乘客留下极为深刻的良好印象,使来自各国的乘客自然成为新航的义务宣传员,再加上通过新闻媒体做广告宣传,公司的形象就不胫而走,誉满五洲。新航的服务准则是:对所有乘客一视同仁地施以关心和礼貌,在一切微小的服务细节上给乘客留下难忘的印象,并树立公司的整体形象。这些服务准则通过每一位工作人员的良好举止体现出来。这此服务措施有:(1)订票时可得座位号,登机时对乘客以姓相称；（2）殷勤款待，乘飞机如同做客；（3）照顾乘客休息用餐，将饭店服务方式搬进机舱刊的纪念品加优待券，希望你再来光顾。以上这些及其他各项服务措施，构成新加坡航空公司充满活力的公共关系，使新航在国际航线上赢得了声誉，赢得了顾客，在激烈的国际竞争中胜人一筹。

新加坡航空公司为塑造本组织的形象，实行了完善服务的一系列措施，其突出特色在于新加坡航空公司抓住每一个细小环节来赢得顾客的信任，为塑造组织形象服务。它是以提供各种实惠的服务工作为主，在整个旅行过程中，让旅客时刻都能感受到乘务员无微不至的热情服务，使旅行生活显得丰富多彩，充满情趣。新加坡航空公司让公关意识融入每个员工的头脑，体现在每个员工的行动中，贯穿于公司的每次活动之中，这是树立企业形象的根本。

（四）注重传播的原则

一个良好的组织形象，首先来源于这个组织的行为，来源它的实力和努力。但是，仅靠这一点是不够的。良好的公共关系活动必须有有效的传播。也就是说，必须通过适当的渠道宣传自己，使本组织的形象尽可能在更多的公众心目中留下好的印象。因此，可借助于必要的传播渠道，把真实、美好的组织形象介绍给公众。

第二节 CIS 系 统

一、CIS 的含义与特性

CIS 是 "Corporate Identity System" 的英文缩写，一般译为 "企业识别系统"，或者称为企业形象战略。所谓的 CIS 系统就是一个企业为了塑造自身的形象，将企业的经营理念、经营行为、视觉形象、听觉形象以及一切可感受的形象实行统一化、标准化与规范化的科学管理体系。CIS 系统是公众辨别与评价企业的依据，是凸显组织（企业）的个性和精神，在经营和竞争中赢得公众认同的有效手段。

CIS 作为企业识别系统，是一种高级的管理系统。在公众面前和国际交往中，CIS 代表了企业文明的现代化程度，凸显了企业规范的管理和值得信赖的经营作风。所以，CIS 是企业的一种 "身份牌"。当今企业界普遍把有无导入 CIS 作为一个企业是否进入高级管理层次的判定标准之一。

二、CIS 的构成要素及策划

（一）理念识别系统（MIS）

MIS 是 CIS 运作的原动力和实施基础，是 CIS 的最高决策层次。完整的企业识别系统的建立，有赖于企业经营理念的确立。企业理念有其丰富的内容和构成要素，主要包括企业使命、经营宗旨、经营哲学、经营战略、经营方针、行为准则、企业价值观等。这些内容和要素构成了理念识别系统。例如国际商用机器公司（IBM）把"以人为核心，并向用户提供最优服务"确定为企业精神，从而把该公司的基本风貌、传统习惯、经营方针等方面的基本特色以及获得成功的基本经验画龙点睛般地概括出来了。

1. 企业理念的定位。企业理念是企业的灵魂和核心，是企业运行的依据。因此企业理念定位是否准确，不仅直接影响企业行为识别系统、视觉识别系统的开发与实施，而且最终影响企业营运成功与否。企业理念的定位可采用以下七种模式。

（1）目标导向型。采用这种定位模式，企业将其理念规定或描述为企业在经营过程中所要达到的目标和精神境界。它可分为具体目标型和抽象目标型。具体目标是指企业要达到的销售、利润或市场目标，而抽象目标往往是指企业所要达到的一种社会目标或所要实现的一种精神境界。现实中，各企业更倾向于使用抽象目标来规定企业理念。例如，日本丰田公司的"以生产大众喜爱的汽车为目标"即属具体目标型；日产公司的"创造人与汽车的明天"，以及美国杜邦公司的"为了更好地生活，制造更好的产品"即属抽象性目标型。

（2）团结凝聚型。采用这种定位模式，企业将团结奋斗作为企业理念的内涵，以特定的语言表达团结凝聚的经营作风。这种定位有利于加强全体员工的团结合作精神，促进企业内部形成和谐融洽的工作气氛，更大地发挥员工的积极性和创造性，同时还有助于获得公众的认同。例如，美国塔尔班航空公司的"亲如一家"，上海大众汽车有限公司的"十年创业，十年树人，十年奉献"等，即属此种类型。

（3）开拓创新型。采用这种定位模式，企业以拼搏、开拓、创新的团体精神和群体意识来规定和描述企业理念，目的在于激发员工的创造力和创新意识，不断开发新产品以满足市场不断升级的需求，提高企业的竞争能力。例如，日本本田公司的"用眼、用心去创造"，贝泰公司的"不断去试，不断去做"，日本住友银行的"保持传统，更有创新"等。

（4）产品质量型。采用此类定位模式，企业一般用质量第一、注重质量、注重创设名牌等含义来规定或描述企业理念，目的是以产品的高质量来树立企业的好形象。如上海英雄股份有限公司的"至尊'英雄'，卓越风范，赶超一流"，日本TDK公司的"创造——为世界文化产业做贡献，为世界的TDK而奋斗"等。

（5）技术开发型。采用此类定位模式，企业以尖端技术的开发意识来代表企业精神，着眼于企业开发新技术的观念。这种定位与前述开拓创新型较相似，不同之处在于开拓创新型立足于一种整体创新精神，渗透于企业技术、管理、生产、销售的方方面面，而技术开发型立足于产品的专业技术的开发，内涵相对要窄得多。如日本东芝公司的"速度，感度，然后是强壮"，佳能公司的"忘记了技术开发，就不配称为佳能"等。

（6）市场营销型。采用此类定位模式的企业，强调自己所服务的对象即顾客的需求，以顾客需求的满足作为自己的经营理念。如麦当劳的"顾客永远是最重要的，服务是无价的，公司是大家的"，施伯乐百货公司的"价廉物美"等。

（7）优质服务型。采用此类定位模式的企业，突出为顾客、为社会提供优质服务的意识，以"顾客至上"作为其经营理念。这种理念在许多服务性行业如零售业、餐饮业、娱乐业极为普遍。例如，美国假日饭店的"为旅客提供最经济、最方便、最令人舒畅的住宿条件"，北京西单购物中心的"热心、爱心、耐心、诚心"，北京百货大楼的"用我们的光和热去温暖每一个人，每一颗心"等。

2. 企业理念的提炼与设计。企业理念有以下几种来源：企业管理者、企业专业人员、企业一般员工，企业外部专家、社会公众等。为激发理念创意，在企业内部，可采用专家或专业人员会议法、研讨法、头脑风暴法；对一般员工可采取有奖征集法进行企业理念的设计；在企业外部可采取针对专家的德尔菲法和针对社会公众的征集法进行企业理念的设计。

在实际中，针对企业一般员工和社会公众常使用征集法，这种做法有三种优点：①通过发动所有人员的智慧，群策群力，集思广益，有可能征集到最好的企业理念；②通过征集活动可使广大员工主动参与 CIS 导入活动；③面向社会公众的征集活动本身就是一个形象传播和树立的过程。

在为企业设计 MIS 时，可采取两种方式。

（1）标语口号式。标语口号式即用简练的语言来表达企业的思想、精神，代表企业的理念体系。如日本本田公司的"用眼、用心去创造"，飞利浦公司的"让我们做得更好"，杜邦公司的"为了更好地生活，制造更好的产品"等。在这种标语口号式的企业理念设计中，还可以将品牌名称与企业理念巧妙地融为一体，如海尔集团的"海尔真诚到永远"，IBM 公司的"IBM 就是服务"等，既传播了企业理念，又展示了产品形象。

（2）组织宣言式。组织宣言式即针对企业的特点进行系统设计，将企业理念设计为主题理念、经营哲学、人才观、准则等。例如海尔集团的理念识别系统如下：①海尔理念：海尔只有创业，没有守业。②海尔目标：海尔——中国的世界名牌。③海尔原则：不能对市场说不。④海尔管理模式："OEC 管理法"，即日事日毕、日清日高。⑤海尔标准：紧盯市场创美誉。⑥海尔作风：迅速反应，马上行动。⑦用人机制理念：人人是人才。⑧售后服务理念：用户永远是对的。⑨质量工作理念：优秀的产品是优秀的人干出来的。

对已定为企业理念的创意，要给予丰富的内涵，以便在以后的理念传播和理念实施过程中有案可查。规定理念内涵首先要从字面上给予科学合理的解释，在此基础上，可通过联想与比喻使其内涵延伸，以便与树立理念的真正目的相吻合。最后，针对理念的要求，明确企业的发展战略、管理者的职责和员工的行为准则等。

（二）行为识别系统（BIS）

BIS 是 MIS 的外化和表现。如果说 MIS 是企业的"想法"，那么 BIS 则是企业的"做法"，即通过企业的经营行为、管理行为、社会公益行为等来传播企业的理念，使之得到内部员工和社会公众的认同，建立起良好的企业形象。

企业的行为包括的范围很广，它们是企业理念得到贯彻执行的重要领域，包括企业内部行为和企业市场行为两个方面。内部行为有：员工选聘行为、员工考评行为、员工培训行为、员工激励行为、员工岗位行为、领导行为、决策行为、沟通行为等。企业市场行为包括：企业创新行为、交易行为、谈判行为、履约行为、竞争行为、服务行为、广告行为、推销行为、公共关系行为等。上述各种行为只有在企业理念的指导下规范、统一并有特色，才能被公众识别、认知和接受。

1. 行为识别系统的设计。

（1）企业管理体制。企业导入BIS，规范企业行为，首先要求有一合法、科学、完善的行为主体，即企业。因而科学构建行为主体是企业导入BIS的前提。构建行为主体包括决定企业的组织形式，设计组织结构，划分部门，确定管理幅度与层次以及授权等。

（2）员工手册。这是统一员工行为的"宪法"，是高于具体操作规程的准则。全体员工应人手一份，并以其指导今后的行为。以下是某企业的员工手册目录：欢迎加入××行列。手册简介：你的新工作；××公司简介；工作性质；在××公司工作的收获；基本责任；互相沟通；工作时间；时间更改；发薪日期；试用期；辞职通知；现金政策；培训政策；制服；仪容整洁；个人卫生；福利；按工作表现付酬。

（3）各项行为制度。企业建立BIS，不能只靠铺天盖地的宣传教育，还需要制定和完善一系列具有可操作性的制度和规范。制度和规范使企业和员工的行为有章可循、规范划一，它具有一定的强制性。制度和规范的设计必须以正确的企业理念为指导，必须有助于在一种宽松的环境中准确无误、积极主动地完成自身的工作。制度和规范包括人事管理法规、行政管理法规、财务管理法规、部门工作职能、岗位责任、任职标准、质量管理标准，等等。

（4）市场营销活动。市场营销活动包括营销政策和广告活动两个方面。前者包括营销战略、营销策略和营销手册；后者指广告策划，包括主题广告语、文字广告语、广播电视广告语、广告电视创意脚本及媒介组合战略。

2. 员工培训。企业BIS的建设不是员工自发的，而是必须开展多种形式的教育培训，让全体员工知道本企业导入CIS目的、意义和背景，了解甚至参与企业识别系统的设计，熟悉并认同企业的理念，清楚地认识到企业内每一位员工都是企业形象的塑造者。通过教育培训，使员工从知识的接受到情感的内化，最终落实到行为的贯彻。

以下是麦当劳公司的BIS。为了保证麦当劳经营理念的贯彻，麦当劳有一套准则来保证员工的行为规范，即"小到洗手有程序，大到管理有手册"。

麦当劳的BIS

（1）OTM（Operation Training Manul）即营运训练手册。该手册详细说明麦当劳的政策及餐厅各项工作的程序、步骤和方法，是指导麦当劳系统运转的"圣经"。

（2）SOC（Station Operation Checklist）即岗位工作检查表。麦当劳把餐厅服务组的工作分成20多个工作段，每个工作站都有一套"SOC"，详细说明在该工作段时，应事先准备和检查的项目，操作步骤，岗位职责，岗位注意事项等。员工进入麦当劳后将逐步学习各个工作段的工作程序，表现突出的员工将会晋升为训练员，并训练新员工，训练员中表现好的就会晋升到管理组。

(3) PQG (Pocket Quall Guide) 即袖珍品质参考手册，麦当劳管理人员人手一册，手册中详细说明各种半成品接货温度、贮存温度、保鲜期、成品制作温度、制作时间、原料配比、保存期等与产品品质有关的各种数据。

(4) MDT (Management Development Training) 即管理发展手册，这是麦当劳专门为餐厅经理设计的。该手册一共四册，介绍了各种麦当劳管理方法，并配有训练课程。通过这样系统的训练，麦当劳的经营理念，行为规范就深深地渗透到每一个员工的行动之中。

（三）视觉识别系统（VIS）

视觉识别系统（VIS）是指能够被视觉识别的一切事物。包括企业标志、名称、商标、标准字、标准色、事务用品、传播媒介、交通工具、制服等。

视觉识别系统的传播力与感染力最为具体、直接，能将企业识别的基本精神差异充分表达出来，并且可以让消费者一目了然的掌握其中产生的情报讯息，轻易地达成识别、认识的目的。

企业视觉识别系统的策划，必须以企业理念识别与行为识别为依据。可以说，视觉识别是这两者的静态外化。企业导入CIS系统，仅仅开展视觉识别系统策划是远远不够的，甚至是片面和有害的。可以从视觉识别系统策划入手，再过渡到包括企业理念识别、行为识别、综合感觉识别、信息传播识别等在内的企业整体形象识别策划。

（四）CIS构成要素之间的关系

CIS构成要素之间的关系是相辅相成、互相支持的。MIS是CIS的策划面，是企业的心；BIS是CIS的执行面，是企业的手；VIS是CIS的展开面，是企业的脸。如果把CIS比作是一棵树，那么MIS就是树根，BIS就是树枝和树叶，VIS是树上的花。MIS是CIS的基础和源泉，BIS是CIS行为和保证，VIS则是CIS的外在表现。

三、实施CIS战略的原则

成功实施CIS应遵循下述几个原则：

（一）长远性原则

既为现代企业识别系统，就必然具有长期性、全局性和策略性的特征。CIS应立足当前，放眼长远。它绝非是三五年的近期规划，而是企业未来10年、20年甚至更长时间的具体发展步骤和实施策略。

（二）民族性的原则

"愈是民族的，愈是世界的。"CIS是从企业发展方向、经营方向上设计与规划自我，CIS的创意、策划、设计工作的基础应该立足于我们民族的文化传统、消费心理、审美习惯、艺术品味等等，才有可能为公众所认同，从而获得成功。

（三）个性化的原则

CIS 战略是企业为塑造完美的总体形象在企业群中实施差别化的策略，重要一点就是要求企业形象具有鲜明的个性特征和独具一格的特质，不能"千人一面"。IBM 与可口可乐就是个性成功的典范。

（四）整体性的原则

从 CIS 的三个方面来看，它们不是相互脱节的，而必须表里一致，协调统一，BIS、VIS 为 MIS 服务，外美内秀，才是值得称道的。

应该说，CIS 导入是企业追求内在美和外在美和谐统一的过程，而同时企业的 CIS 实施是一个不断运动发展的系统工程。它要求企业根据自身各个时期的不同情况加以修正、补充与创新，这样企业才有可能长久保持和发挥 CIS 的强大作用与优势。

本章小结

组织形象是社会公众对组织的总体评价。组织形象塑造则是组织通过实施组织形象战略打造良好组织形象的全过程。这一过程往往通过引入 CIS 系统来完成。CIS 即企业形象识别系统，指组织有意识，有计划地将本组织的各种特征向社会公众主动地展示与传播，使公众在竞争激烈的市场环境中对某一个特定的企业有一个标准化、差别化的印象和认识，以便更好地识别组织并留下良好的印象。其核心目的是通过企业理念识别、企业行为识别和企业视觉识别传达企业理念，树立企业形象。对于现代企业而言，通过引入 CIS 进行全方位的组织形象塑造已是一项必不可少的公共关系工作。

本章练习

思考题

1. 为什么说良好的组织形象会给组织带来巨大的利益和影响？
2. 组织形象塑造的原则是什么？
3. 什么是 CIS，它包含哪些因素？
4. CIS 塑造应遵循怎样的原则？

实训项目：

	学时分配	完成方式	分组情况
项目一	0.5 学时	讨论—点评	4~6 人一组
项目二	1 学时	讨论—填写实训考核表	4~6 人一组

续表

	学时分配	完成方式	分组情况
项目三	1.5 学时	讨论—填写实训考核表	4~6 人一组
项目四	1 学时	讨论—填写实训考核表	4~10 人一组
项目五	0.5 学时	讨论—填写实训考核表	4~10 人一组
项目六	0.5 学时	讨论—提交报告	4~10 人一组
项目七	0.5 学时	讨论—提交报告	4~10 人一组

项目一：宝洁公司（Procter & Gamble，P&G），是一家美国消费日用品生产商，也是目前全球最大的日用品公司之一。总部位于美国俄亥俄州辛辛那提，全球员工近110 000人。2008年，宝洁公司是世界上市值第6大公司，利润第14大公司，同时是财富500强中第10大最受赞誉的公司。2008年6月4日The J. M. Smucker Company和宝洁，双方签署了一项最终协议，宝洁股东将以免税换股并购方式取得Smucker约53.5%的股权。2010《财富》英文网发布了2010年《财富》世界500强企业最新排名第66位。

要求：请查找有关宝洁公司的资料，并分组讨论：良好的组织形象给宝洁公司带来了什么？

项目二：企业CIS系统分析

学生分小组选择一个知名企业，并对此企业的CIS系统进行分析，并作出PPT进行讲解。

CIS 系统分析评价表

考评人		被考评人	
考评地点			
考评内容	XX 企业 CIS 系统分析		
考评标准	内　　容		分值/分
	内容准备充分，积极参与		20
	内容分析思路清晰，比较全面，比较深入		30
	PPT 制作精美，讲解者表达流畅		20
	知识面较广，思维角度多样化		20
	实训报告符合要求		10
	合　　计		100

注：考评满分为100分，91分以上为优秀，81~90分为良好，71~80分为中，60~70分为及格。

第四章 组织形象塑造与 CIS 系统

项目三:"我爱我的家乡——城市 CIS 策划"活动

以小组为单位利用一周中空闲时间乘坐公交浏览所在城市,以及上网查找本城市的地理位置、历史文化、风土人情、城市风貌及不断发展变化的经历,根据现有的城市政治、文化、经济建设,结合自己所期待的城市形象及功能,对所在城市进行 CIS 设计。最终写出策划书。

城市形象识别系统策划评分表

考评人		被考评人	
考评地点			
考评内容	城市形象识别系统策划		
考评标准	内容	分值/分	
	前期准备工作态度认真,积极配合	20	
	分组讨论中态度积极、效率高	20	
	CIS 策划书内容的可行性较强	30	
	实训中能灵活运用各种方法与技巧	20	
	实训报告符合要求	10	
	合　计	100	

注:考评满分为100分,91分以上为优秀,81~90分为良好,71~80分为中,60~70分为及格。

项目四:织学生到学校合作企业参观,就以下内容开展工作:

1. 运用所学公共关系知识,调查了解该企业服务范围、客户资源、内部组织结构、公共关系现状;
2. 就改善该企业公共关系现状提出可行性建议并拟订一份策划案。

企业形象现状分析策划评价表

考评人		被考评人	
考评地点			
考评内容	企业形象现状分析策划		
考评标准	内容	分值/分	
	参观中态度认真,善于交流	20	
	分组讨论中态度积极、效率高	10	

续表

	内容	分值/分
考评标准	现状分析较全面、准确；策划书内容的可行性较强	40
	实训中能灵活运用各种方法与技巧	20
	实训报告符合要求	10
合　　计		100

项目五：下述案例中杜邦公司的新定位优势表现在哪里？新定位对于其21世纪新形象有什么作用？

杜邦公司21世纪新形象

杜邦公司1802年创办于美国的特拉华州。近200年不断的科技飞跃，使杜邦从创业初期的一种产品——黑色火药及36 000美元的资产发展成为如今世界上历史最悠久、业务最多元化的跨国科技企业之一，总营业额达400多亿美元，在财富全球500强大企业中名列前茅，并位居化工行业榜首。如今，杜邦及其附属机构在全球拥有92 000名员工，180余家子公司，生产设施遍布近70个国家和地区，服务于全球市场的食物与营养、健康保健、农业、服装和服饰、家居及建筑、电子和运输等领域，为提高人类的生活品质而提供科学的解决之道。但杜邦目前在人们心中仍是一家以发明伟大的原材料、生产传统化学品为主要业务的"化学公司"。而从1935年使用至今的企业口号"生产优质产品，开创美好生活"，专注的主要是杜邦的产品。为了更好地反映杜邦公司今后发展的方向，杜邦公司决定对其企业的定位进行调整，使其能反映出企业发展策略的转移以及企业形象的改变。随着21世纪的来临，科学在各个方面都日益成为人们日常生活的一部分。杜邦在科学研究方面有相当长的历史，我们的调查资料显示，杜邦是为数不多的被公众认为是具有科学实力的公司之一，而且目前杜邦正在将自己发展成为一个增长更快、知识含量更高的公司。杜邦意识到，一个能独特地表述公司精髓的新企业定位，对于加快公司发展进程极为重要。因此，杜邦公司特别邀请了四家代理公司为杜邦的新定位进行设计。各相关公司为此做了大量的市场调查，并提出了相应的建议。最后，"创造科学奇迹"这一口号脱颖而出。杜邦公司充分认识到，企业的重新定位不仅仅是一个新的企业口号或一个新的广告运动。"创造科学奇迹"这个新定位是一个长期的努力，它独特地描述了公司进一步发展的方向，是杜邦进行企业改革的一个重要部分。

项目六：下述案例中麦当劳的成功说明了什么？

麦当劳只是出售一种叫"汉堡包"食品的快餐店。然而就是这种两片小面包夹着"一块圆牛肉饼的"快餐，却风靡了全世界。当年麦当劳进入中国不久，就在中国老百姓中引起了轰动。据说，北京王府井麦当劳餐厅开业当天，就以交易次数达13 000次而打破了麦当劳各厅开业的世界纪录。如今麦当劳已成为世界上最大的快餐连锁集团。为什么经营其貌不扬的"汉堡包"能受到众多顾客的欢迎？其奥妙就在于麦当劳的成功就是CIS战略的成功。因为在麦当劳的营销过程中最能充分体现CIS的作用。首先，麦当劳确定了以品质（Q）、服务（S）、清洁（C）、价值（V）四个方面为内容的正确理念，几十年来，自始至终恪守着Q、S、C、V"的信条，并且把这种经营理念贯穿在CIS战略的所有活动识别和视觉识别之中。这是麦当劳能够成功的第一主要原因。为了保证Q、S、C、V的实施，在企业内它就建立起一套"小到洗手有程序、大到管理有手册"的工作标准，使它成为麦当劳工作系统运转的"圣经"。为树立良好的企业形象，除了出资赞助福利院、赞助运动会以外，还到公园参加美化劳动，到地铁去搞卫生等，积极参加社会公益性活动。此外还设计了具有明显识别功能的金黄色双拱门——M作为其标志以及象征祥和和友善的吉祥物——麦当劳叔叔等等。广大顾客正是通过麦当劳一系列的活动识别和视觉识别，从中领悟到麦当劳的正确理念，从而使"Q、S、C、V"的经营理念，通过良好的企业形象，像磁铁一样不断把顾客吸引进麦当劳之门。其次，麦当劳在它的连锁经营中也能充分发挥CIS战略的作用，极力使麦当劳的连锁集团能发挥其更大的威力。由于麦当劳是快餐店，因此它是以分散的、多地点化的经营为特点的。所以，作为同一类型的服务，一个重要的问题就是必须保持其质量与服务的一致性。因为只有保持一致性，才能给顾客以信心，才能增加企业的可信度，才能显示出企业的整体形象。因此，导入CIS战略对于麦当劳发展连锁经营是绝对重要的。因为CIS战略的特点就是要强调树立"独立性"和"统一性"的企业形象。由于导入了CIS战略，使分散在世界任何一个角落的麦当劳分店都与麦当劳总店保持和谐地一致，从而大大增强了麦当劳集团的整体实力。这无疑也是麦当劳成功的重要原因。

麦当劳的案例被日本人收进他们的CI专著《日本型CI战略》（台湾风堂出版社），因为麦当劳的理念、行为、视觉识别均很出色，成了日本人认同的CI典范，这说明CI与经营、管理在某种意义上是殊途同归。

项目七：阅读下述案例回答：凤凰卫视LOGO的含义以及凤凰卫视CIS策划的特点。

导入CIS打造电视媒介个性
——凤凰卫视控股有限公司CIS案例分析

现今的电视媒介市场，已经进入一个买方市场时代，俗话说，酒香不怕巷子深。到了今天这个多元选择的时代，恐怕得改成"酒香还要多广告"。套用到专业领域，就是导入CIS战略，将电视媒介企业形象广而告之，通过量身定做的CIS战略系统，打造企业的个性与美感，从而使其在市场中占有一席之地。

凤凰卫视控股有限公司近年来在电视媒介市场中异军突起，在CIS的运用方面有着许多值得借鉴之处。本文将以之作为一个案例，分析其作为一个著名的电视媒介企业，是怎样通过CIS战略，打造自己独特鲜明的企业个性，从而在群雄逐鹿的媒介市场中得以傲视群雄的。

一、MIS——企业理念识别，企业之"心"

MIS（理念识别），包括经营观念、企业文化、精神标语、方针策略等。它是CIS战略运作的原动力和实施的基础，属于企业的最高决策层次。完整的企业识别系统的建立，有赖于企业经营理念的确立。

这一点具体到媒介企业当中，就是要塑造良好的媒介形象，培育具有个性的媒介精神，尽可能强调差异，避免趋同，突出独家媒介精神，打造适合自己的媒体理念。而凤凰卫视从创立之初就提出来的"开拓新视野，创造新文化"，正是凤凰媒体理念的一个总体阐述。而凤凰这一 MIS 系统的提出，并非空穴来风，而是基于对市场现状和自身特点的深入分析。

1996 年凤凰卫视诞生之初，内地电视媒介的总体状况是：新闻节目模式化，信息渠道单一，新闻直播长期缺席；缺乏真正意义上的娱乐节目；虽然可供观众选择的电视频道不少，但是千台一面，节目雷同的现象十分严重……与之相比较，凤凰卫视具有独特优势：首先，地处经济发达、信息多元、文化交汇的国际化都市香港，具有内地媒体无法比拟的地缘优势；其次，与国际传媒巨头新闻集团的合作不仅可以获得更加丰富的新闻资源，也便于引进世界先进的新闻理念和运营模式；再次，作为一个境外媒体和商业电视台，相对于内地媒体，少了很多体制上的限制。通过分析两方面的情况，创台之初的凤凰提出了"开拓新视野，创造新文化"的 MIS 定位，将自己与内地媒体鲜明区分开来，为凤凰品牌赢得了更大的发展契机和成长空间。

当凤凰卫视这一品牌日渐深入人心之后，凤凰人继续秉承原有的媒体理念，力求为观众提供一个不同于以往内地媒体的观察世界的新视角和渠道。对于很多比较重要的，而内地媒体由于政策限制或其他原因无法进行报道的信息，凤凰卫视借助自身特有的优势给予充分报道，"9·11事件报道"和"莫斯科人质事件报道"就是两个典型的例子。而因为凤凰卫视往往以一种海外视角对新闻事件进行解读，也为观众打开了一片"新视野"。

适合自身的 MIS 定位，使得凤凰卫视在为内地观众开启一片"新视野"的同时，也终于为自己打开了一片新的天地。

二、BIS——行为识别，企业之"手"

BIS（行为识别），指企业理念统帅下企业组织及全体员工的言行和各项活动所表现出来的规范化、协调化，并区别于其他企业。BIS 是企业形象策划的动态识别形式，有别于企业名称、标志等静态识别形式。

首先来看企业组织本身的 BIS 打造，这也正是凤凰卫视多年来的一个着力点。凤凰作为一个媒介组织，从最初的"飞跃黄河"到世纪之交的"千禧之旅"、"欧洲之旅"，又到"两极之旅"以及"寻找远去的家园"（与天津电视台合作）、"穿越风沙线"、"永远的三峡"等大型文化考察活动，及至最近的"寻找郑和足迹，凤凰号下西洋"，一直都在通过持续的媒介行动策划来凸显自身富于人文精神，注重人文关怀，文化历史感深厚的媒介形象。正如凤凰卫视执行副总裁兼中文台台长王纪言在"2003 年凤凰新节目推介会"上所说的："现代的电视需要行动。在电视这么庞杂、这么多的频道之中，电视工作者一定要有自己特色的行为，才能引起观众的注意。"

其次，对于电视媒介来说，其 BIS 系统在很大程度上还通过主持人和出镜记者的形象言行来表现，成功的 BIS 系统能够为企业打造品牌效应，大大提高企业的美誉度和形象。

凤凰卫视为在节目创办过程中，自始至终注重对主持人的培养，有意识地造就明星主持人群体，有意识地创办名牌栏目，因而，对主持方式的设计也是独具匠心的。简单说来，就是注意根据主持人的性格、风格和特长，为主持人度身订造相应的节目。例如，《凤凰早班车》的主持人陈鲁豫模样亲切乖巧，由她来"说"新闻就再合适不过了，果然节目一经推出就大受欢迎。又如美伊战争中大红大紫的战地玫瑰闾丘露薇，当她作为第一个进入战区的华人记者站在巴格达的硝烟中时，观众在为之感动、震撼的同时，凤凰作为一个媒体，其专业、快速、准确的新闻形象也同时在广大受众心中确立了。及至最近别斯兰人质事件中的凤凰驻莫斯科记者卢宇光，当他在俄罗斯北奥塞梯别斯兰解救人质现场用最真实的、喘着粗气和些许颤抖的声音，给守在电视机前的全球华人观众带来颇具震撼的现场报道——"恐怖分子打伤很多人，我们正在跑……恐怖分子冲过来了？还向我们开枪"的时候，相信当时收看该节目的观众，在为现场报道的卢宇光捏把汗的同时，也对一向以"向全球华人发出自己声音"为己任的凤凰卫视，有了更深刻的信任和品牌支持。

此外，精心制作的主持人个人宣传片也是凤凰BIS运作的一大亮点。从早期为新闻节目《时事直通车》主持人吴小莉制作的个人形象宣传片："当大事发生时我存在"、"有中国人的地方就有我"到后来一系列为旗下各大名嘴量身定做的宣传推介片，这些制作精良的宣传短片使得观众在喜欢上开朗大气的吴小莉、流畅明快的陈鲁豫、幽默机智的窦文涛、亲和细腻的陈晓楠、智慧犀利的曾子墨、专业朴实的闾丘露薇……的同时，也对凤凰的企业形象留下了深刻的印象。诚然，每一位凤凰主持人都有着自己鲜明的个性标志，而他们不同的个性后面又有着深刻的"凤凰风格"——亲和力强，观众缘广，知识功底深厚，外语水平高，个性突出。

三、VIS——视觉识别，企业之"脸"

VIS（视觉识别），是人们用得比较普遍，也是人们能比较直观地感受到的，它包括企业商标（LOGO）的定位形象、定位色彩、定位字体等，其定位色彩可以在产品包装、企业建筑、员工服装、交通工具、往来信函等方面体现。具体说来，电视媒体的VI主要体现在基本要素和应用要素两个方面：其中基本要素包括台标、企业标准色等，应用要素则包括办公室、机房的外表标志和装置、装潢，采访车图案、工作服、各类证件、信封、名片等识别符号。

（一）基本要素

从某种意义上说，台标是识别电视媒体的主要标志。在电视媒体VIS系统的基本要素当中，台标的设计应该是主要着力点。一般说来，台标要有很强的象征性、艺术性和装饰性，有长期使用和反复使用的特点。而凤凰卫视的台标——当空起舞的"金凤凰"形象，可以说已经是深入人心。

从颜色来看，以往的电视台台标，几乎都以红、蓝、绿三原色为主，虽然色彩鲜明，有一定的视觉冲击力，但是太多太滥，观众容易遗忘。凤凰台的台标，突破了这些色彩的限制，大胆地运用了橙色这种对比效果极强烈的色彩，给人一种耳目一新的感觉。

再从形象看，凤凰卫视的台标，借用了彩陶上的凤鸟图形，并使用了中国特有的"喜相逢"的结构形式，反映出一种厚实的文化底蕴，而凤鸟两两相对旋转的翅膀极富动感，体现了现代媒体的特色。同时，选用凤凰的形象作为台标的主体，正寓意了其扎根中国，以传播中国文化为己任的目标，而凤凰旋转飞舞的美态，也喻示了其不断奋进的精神。可以说，这个台标一下子攫住了观众的目光，为凤凰卫视赢得了美好的第一印象。

凤凰卫视 LOGO

（二）应用要素

笔者在凤凰卫视北京节目中心实习时观察到，凤凰会馆内的各个办公室和机房的装修主色调以简洁的灰棕两色为主，而凤凰的橙色著名 LOGO 则出现在机房电脑桌面上，机房外围的玻璃墙上，甚至会议室的玻璃桌面中心也是一个磨砂质地的凤凰标志。在外出采访的时候，采访车的车身上赫然印着一个醒目 LOGO，而出去采访的工作人员都身穿印有醒目凤凰 LOGO 的白色恤衫。此外，从公司平日派送的商务礼品到近年来热销的"凤凰丛书"直至最普通的礼品纸袋，无一不是凤凰基本色（橙与红）与凤凰 LOGO 的完美设计结合。

值得注意的一个现象是，同时具有境外媒体和华人媒体双重身份的凤凰卫视，在其 VIS 系统中十分注意打中国牌、民族牌。我们知道，CIS 本身是一种差异化战略，一种突显企业与品牌个性的策略，一种远离竞争者的战略，因此作为一家国际化的特殊身份的华语媒体，凤凰选择中华民族奉为百鸟之王的凤凰作为企业标志，从而不仅凸现了民族传统，容易取得包括海外华人在内的广大华语观众的认同，在国际电视媒介市场中，也因为独特的中国特色而格外引人注目，这一 VIS 策略显然是十分聪明的。

第五章
公共关系人际交往艺术

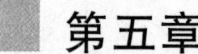

知识目标

☐ 通过本章的学习了解公共关系人际交往的心理机制特点与反应

☐ 掌握公共关系人际交往中的人际吸引和如何运用公共关系的策略来进行人际交往沟通技巧

技能目标

☐ 本章节的技能目标是通过本章学习了解基本的人际交往的技巧和策略

☐ 学会公共关系公众心理机制分析

 **案例**

　　一次,《芝加哥日报》的著名记者保尔·里奇在火车上无意间遇到当时著名的总统候选人胡佛。在包间里面对这个知名人士,如何引起胡佛的谈话兴趣让保尔感到非常棘手。对他而言,这是采访这位知名人士,获取第一手资料的最佳时机,然而时间过去大半,他却连一点东西也没有得到,这个绝好的机会眼看就要白白地浪费了。胡佛始终不愿意说话,里奇屡次谈到胡佛平时最感兴趣的话题,想把他的谈兴调动起来。可是,从胡佛的那一双机灵、暗蓝色的眼睛里,丝毫也没有透露出他感兴趣的神情来。这时的里奇遇到了一个我们大家都曾经遇到过的难题:他要使一个比他年长而且地位比他高的重要的人物对他产生一个好印象,然而,这位重要人物却对他非常冷淡甚至可以说是不以为然。在这种情形之下,里奇怎样才能让胡佛对自己感兴趣呢?

　　就在这时,里奇突然灵机一动,想到了一个非常神奇的策略。

　　里奇后来说:"正当我感到绝望的时候,老天帮了我一个忙,我无意中对一件胡佛很内行的事情，发表了一些明显是错误的见解。"这时火车正从内华达州经过。

里奇当时眺望窗外那些寂静、凄凉的荒地和远处烟雾缭绕的群山，说道："嘿！没想到这个地方还在用锄头和铲子人工垦殖呢。"胡佛立刻就接着说："近代先进的机械方法早就已经取代了那些旧式的、无目的垦殖了……"于是，他差不多整整聊了一个小时有关开矿的话题……他越谈越有兴致，以至于后来他的话题还涉及石油、航空邮递，以及其他别的问题。

当时的胡佛差不多是全世界最重要的人物之一，他是以共和国总统候选人的身份，到巴罗·阿尔妥去参加宣传大会的。在他的专车里，不知有多少重要的客人都在期望着能有机会与他谈话，希望能够引起他的注意。然而，他却与一个素不相识的青年兴致勃勃地聊了差不多两个小时。

这番谈话使胡佛对这个小伙子有了很深的印象。里奇并不是以表现自己如何机灵去获得这次机会的。他所采用的方法，恰恰完全相反，他以表现自己的孤陋寡闻，使胡佛有一个指正他的机会，于是在无形中达到了他的目的。

资料来源：（美）E.T.韦伯，《人际交往中的心理学常识》，新世界出版社2009年版。

第一节 人际交往的心理机制与反应

美国联合碳化物53层的总部大楼盖好了，公司领导人正在考虑如何向社会介绍它。一天，有人在大楼的一个房间里发现一大群鸽子，本来只消打开窗户即可解决问题，然而公司的公共关系顾问得知后，不让打开窗户，而是打电话通知动物保护委员会，请他们派人来捉。当动物保护委员会来人之后，公司又通知了新闻界，于是电视台、电台、报纸对这一事件作了详细的报道。随着"鸽子事件"新闻报道的发出，公司新的总部大楼以及公司的领导人也随之家喻户晓。

情感既是扩大和发展公共关系网络的重要内容，也是扩大和发展公共关系网络的动力。通过交往，培养组织公共关系人员与公众之间的感情，使之成为朋友，用融洽的感情去维系和推动公共关系的发展。美国联合碳化物总公司就是利用了这个"鸽子事件"引起了公众的关注，获得了公众的认同。

各种形式的公共关系活动都存在感情的问题，但公共关系人际交往的情感色彩更浓厚。公关交往大都是通过沟通进入"情感"的层次，是根据对方情绪色彩的变化调整沟通的内容、方式和方法，促进交往向规定的公共关系目标接近。

心理学认为人的任何活动都是有目的和有动机的。人际交往作为社会组织良性运转的重要条件之一，也必须有进行这种活动的心理动机和基础。社会心理学家从不同的方面对人类交往的心理机制进行了分析。

第五章 公共关系人际交往艺术

一、人际交往的动机理论

(一) 社会交换论

社会交换理论是由美国心理学家霍曼斯提出来的。他认为:人的社会交往是受经济原则支配的,是一种社会交换过程。在这一过程中,每个人的行为都只是想付出最小的代价而追求最大的利益。并且这种交换不仅是物质的交换,而且是诸如赞赏、荣誉、声望等非物质商品的交换,交换是人们交往与互动的基础。如果人们在交往中没有交换,不公平,双方或一方没有收益,这种关系就很难维持下去。

在交换理论看来,人们的行为有多种选择,每个人都会对此进行相当客观的算计,以选择那些能产生最大收益的行为。但由于人们都追求最大收益,实际上这就造成了每个人的收支平衡,即公平交换。人的行为也就是一个社会交换过程。公关人员的人际交往正是在希望得到回报或支持的明确目的支配下而与公众发生的"交换关系"。这种交换关系的准则是"互利互惠"。它表明,人们之间的交往都包含着回报的期待。这种回报,可能是即时的,也可能是日后的;既可能是物质的,也可能是精神的。正是这种对报答的期待,决定着人们最初的奉献。互惠决定着当事人之间的平等关系。

(二) 自我呈现论

自我呈现理论是由社会学家戈夫曼提出来的。他认为,交往是一种社会互动的过程,而任何社会互动的关键在于参加者借助自己的言行向他人呈现自我,这种呈现往往是强调自身众多属性中的某些有利于自我形象的属性,而隐蔽其他属性。任何人都可能采取许多方式(有些是无意识的)试图加深别人对自己的印象。自我呈现论着重强调通过呈现自我,对他人施加影响,控制他人的行为,尤其是控制他人对待自己的方式。这实际上是通过对他人施加压力,为自身树立某种形象,从而达到控制他人行为目的的交往。

自我呈现论明确地表明了公关交往的又一动机,任何公关交往都是社会组织为了树立良好形象以便控制他人、影响他人而进行的。在这种活动中,公关人员总是怀着某种目的来积极开展活动,并向他人传递有利于树立自我形象的信息的。这也表明,公关交往是社会组织扩大其社会影响的一种有效手段。

(三) 社会实在论

菲斯汀格用社会实在论的观点解释了人们的交往动机。他认为:当人对自己的态度、意见以至行为正确与否的判断无确定标准时,就会采取现实主义的立场和观点,即将周围其他人的态度、意见或行动作为暂时性的判断标准,以使自己与周围人能保持一致。此时,人际交往有助于促使人们的认知协调和保持心理上的平衡。事实上,当社会群体内的态度与意见、行为出现不一致时,除了容易导致群体活动产生盲目性外,由于社会实在性受到威胁,群体内便产生了要求保持一致性的压力。为了保持和发展有效的群体活动,就必须在群体中开展人际交往,以使群体活动协调和有秩序。这也表明了进行群体内部交往和公众群体之间交往的必要性。

二、人际交往过程的心理分析理论

公关交往同一般人际交往一样,不仅有复杂的动机原因,而且有复杂的心理过程。对于人们交往过程中的心理状态,心理学也作了不同的分析。

(一)归因心理

归因,是人们对他人或自己的所作所为进行分析,指示其性质或推论其原因的过程,也就是对他人或自己行为的原因加以解释和推测的过程。如"他为什么要这么做"、"自己为什么要这么做"等。一旦人们了解了原因,就可以对其言行加以预测,从而对自己的环境和行为实行控制。

海德认为人的行为都是有原因的。这种原因或来自外部环境,或决定于主观条件。他认为,如果推测个人或群体行为的原因是来自外界条件、社会舆论,就称之为情境归因;如果判断个人或群体行为的原因是个人本身的特点(如兴趣、信仰、态度、性格),则称之为个人倾向归因。

归因是人类自然、自发的心理定势。人类生存环境极其复杂,行为活动也变化多样。面对规律的缺乏,人们会感到无助而恐惧。于是,寻找原因和规律就成了人们消除心理恐惧的手段。在公关交往过程中,心理归因直接影响着人的交往过程。公关人员可能经常会推测:"为什么公众会产生这样的行为反应?"公众也会问:"该团体干这种活动的目的何在?"因而在交往中,相互的窥测心理参与始终,从而就使交往成了一项复杂的过程。当然,归因有助于把握规律,但有时也会有归因的误差。公关人员要掌握好归因推测,以便把握交往艺术,克服交往障碍。

(二)角色心理

角色是指人们在特定的社会群体中占有的适当位置以及被该社会群体所规定了的行为模式。

角色扮演遵循着社会对角色合理行为的期待与认知。这就是说,在交往中,人们往往是按一个人的角色规范要求他(或她)在角色范围内活动。对此,戈夫曼提出了"戏剧理论"。他认为,人类交往的主要特点是"印象管理",即如何表现自己,使得人们能按自己的愿望看待我们,许多印象的潜在目的使外表显得和蔼可亲。

作为团体象征的公关人员,在交往中处于相对主动的地位,对公众的心理期待格外强烈。公关人员如果了解了自己的角色规范和公众对自己的角色心理期待,就会从容、自信地行动;反之,则会感到心理紧张失调。

(三)象征作用

人的一切行为都是象征性的,人类的相互作用就是以有意义的象征符号为基础而进行的行为过程。人类共同的心理法则与文化背景,使人们对交往中行为、符号象征的情感、思想有明确的让步,并进而在对象征的共同理解的基础上进行交往。例如,交往过程中的微笑象征着高兴和接受,表明交谈的愉快;交谈时频频看表、呵欠连天则象征着对交往不感兴趣。准确、及时、有效地把握人们行为的象征意义，是实现成功的人际交往的有效手段。同时，人类行为的象征性还具有民族性、地域性和约定俗成性等特征。比如：白色服饰在西方用于婚礼，象征纯洁，而在中国则用于丧葬表示肃穆；手势中的"V"形在西方表示胜利，而在中国有些地方则是对对方的嘲弄。这要求公关人员对之有广泛的了解和把握。

事实上，非言语的象征作用已在交往中起着越来越重要的作用。测验表明，人们交往中言语与非言语的表达概率为35%与65%，它弥补了"词不达意"和"言犹尽，意无穷"的缺陷，如交往中的空间距离、姿态、身势、手势、表情等均有一定的象征作用，都需公关人员准确地把握与利用。

三、交往中的人际倾向理论

人际交往动力及人际交往过程的分析，都涉及人际交往与人际关系的基本倾向。人际倾向理论主要有下列几种。

（一）"修兹理论"

社会心理学家修兹认为，人们的交往动机在于本能的乐群与习惯的个性差异。特定的交往动机转化为行为，继而定型为习惯，最终演变成个性特征。于是，它成了支配人们交往的基本倾向。在他看来，人际倾向可分为三类：

1. 包容型。希望与人来往、结交，有与别人建立并维持和谐关系的欲望，其行为表现是交往、沟通、参与等；反之，包容要求低的人则表现为孤立、退缩、排斥、疏远等。
2. 控制（支配）型。在权力基础上与别人建立并维持良好关系的欲望，表现为运用权力、权威、超越、控制、支配等；反之，则是追逐他人，受人支配或抗拒权威。
3. 感情型。在感情基础上与人建立并维持良好关系的欲望，表现为喜爱、亲密、同情、热情等。事实上，以情感为主的交往贯穿人的一生，有三个高潮期：婴幼儿的恋母期；少男少女的青春期；垂暮之年的孤独期。

（二）"霍尼理论"

美国人本主义心理学家霍尼根据个体与他人的关系，将人际倾向分为三类：

1. 逊顺型。朝向他人的人，交往中关心的问题是："他喜欢我吗？"
2. 进取型。对抗他人的人，总是窥视对方的力量，关心他人对自己的用处。
3. 分离型。疏离他人的人，总想躲避他人的交往与干扰。

在霍尼看来，逊顺型的人多从事社会工作、医务、教育工作，进取型的人从事商业、金融、法律工作，分离型的人多从事艺术、科研工作等。

四、交往情境下的心理反应

人际交往的对象是相关的他人或团体，结果是彼此间的影响。社会心理学把相关的他人与团体叫做"主观环境"，又称情境。反过来说，个人与团体一旦处在一定的情境之中，人必然要受到情境这样或那样的影响，作出相应的行为反应。社会心理学又把这种行

为称为"情境行为"。由于人们交往时所处的情境不同,而所作出的反应行为也不相同。交往情境下的心理反应行为主要有下面几种:

(一)"他人在场"或"观众在场"的情境

20世纪20年代,美国社会心理学家F.阿尔波特通过实验证明,个人从事某项工作时,若有同事在场,则要比他单独进行这项工作做得好。阿尔波特把这种现象叫作"社会促进"。随后,许多心理学实验研究也获得了同样的证据而且进一步证明,别人在场,无论是作为同事,还是作为观众,对于简单的工作任务的完成都具有促进作用。但是,此后不久又有新的实验发现,观众在场,减低了个人的工作绩效,因为观众在场带来抑制作用,心理学家把这称作"社会干扰"。最后,心理学的实验终于找到了观众在场对个人的影响是促进还是干扰的三个因素:第一,个人从事某项活动的熟练程度。若一个人娴熟地掌握了某种技能以后,比如学会弹吉他、讲外语,观众在场对他的表现技能具有促进的作用;若一个人还未熟练掌握某项技能,观众在场则是一种干扰。第二,在场观众的态度的作用。是评头论足还是落落大方,所产生的影响也不尽相同。若观众持怀疑、苛求的态度,就会引起当事人的紧张和不快;反之,则使当事人平静、轻松。第三,当事人的自我评价,当事人面对在场观众,若担心失败而烦躁不安,就不能顺利从事某项活动;如果当事人自信心较强,能把注意力集中在从事的这项活动上,他对观众在场就不觉得是干扰,反而认为是一种促进。

(二)角色交往的情境

每个人在社会中都占有一定的位置,担当一定的角色,与他人发生相应的角色关系。角色关系在交往过程中,往往会决定着谁对谁具有较大的影响作用。比如一个工作人员,上级对其批评,即使态度有些粗暴,也可能敢怒而不敢言,如果有怨气也不会当面发泄。然而这样的工作人员对机构的更高一级领导倒是可能敢提意见的。为什么会出现这种不正常的心理活动呢?原因在于对角色关系和角色交往的情境缺乏正确的理解,个人的心理与行为完全被角色交往情境所左右。这种受角色关系所制约的行为反应,被称为角色效应或身份效应。

(三)亲密交往的情境

在小群体范围内,人们的相互交往会产生或亲或疏的心理关系。良好的亲近的心理关系是双方对交往的结果比较满意,并对双方以后的交往具有一种特殊的影响力。社会心理学研究发现,一个人对于自己所喜欢的人,较少持有批评的态度,往往乐意接纳他的意见;而对自己不喜欢的人,往往对他的观点与提供的信息,不由自主地表示怀疑或否定。

社会心理学的"平衡理论"对亲密的交往情境所具有的特殊影响力作出了解释。平衡理论认为,个人不仅趋向于与交往情境保持平衡状态,而且趋向于自身心理状态的平衡。个人与他人形成了亲近关系,就会成为他继续与之交往的情境;为维护亲近关系,保持与之交往情境的平衡,使自己的心理处于平衡状态,就要接受交往对象的意见,与之保持一致,否则就打破了平衡。比如,甲与乙关系亲密,而乙对丙持肯定态度,甲虽然对丙不太了解甚至没有交往，但在亲密交往的情境作用下，很快地对丙持肯定态度；同样若乙对丙持否定态度，甲也会很容易地对丙持否定态度。

（四）人际间称呼和行为的情境

在交往过程中，一个人对另一个人的称呼和言行举止，反映了他的内在态度。这对一个人来说，乃是影响他行为反应的情境。如果你待人热情、诚恳，就会引起他人的好感，并作出相应的回报；同样，如果你待人粗暴、冷漠，就会引起他人的恶感和相应的行为反应。这种在一定的人际称呼和行为的情境下作出的反应性行为，被称作"人际行为模式"。

人际行为模式在社会生活的各个方面广泛地存在着。比如称呼，它是人际关系的简短的语言表述，一方对另一方的亲切称呼，反映了双方心理的接近和关心、爱护。若一方对另一方的行为表现是同情、支持，则另一方会作出信任、友善的行为反应。

第二节 公关交往中的人际吸引

20世纪50年代，有一次，周恩来和一位美国记者谈话时，记者看到总理办公室里有一支派克钢笔，便带着几分讽刺，得意地发问："总理阁下也迷信我国的钢笔吗？"周恩来听了风趣地说："这是一位朝鲜朋友送给我的。这位朋友对我说：'这是美军在板门店投降签字仪式上用过的，你留下作个纪念吧！'我觉得这支钢笔的来历很有意义，就留下了贵国的这支钢笔。"美国记者的脸一直红到了耳根。美国前国务卿基辛格对周恩来总理的气度风采和杰出才能产生了由衷的敬佩，他说："每当我看见周总理的时候，我就无法不感到我是从蛮荒中走来的人。"

周总理是一位非常有人格魅力的人。任何人都喜欢接近有吸引力的人，而不愿意接近没有吸引力甚至乏味的人。一个有吸引力的人，必定受到众多的人的喜爱和尊敬甚至令人产生崇拜之情。公关交往中的人际吸引就是需要借用这种手段去达到促进交往增进感情的目的。

公关本质上是通过人去实施的，通过人际交往进行的信息传播更是公关的运作手段。然而在现实生活中，人们的交际距离不可能是相等的。我们或许是喜欢一些人并接近他们；不喜欢甚至讨厌一些人并疏远甚至敌视他们。这里的"喜欢"、"不喜欢"、"讨厌"等感情和"接近"、"疏远"、"敌视"等行为实质上都是人际吸引的问题。人们的社会沟通取决于人们的交际距离，而人们的交际距离又源于人际吸引，因此，讨论公关中的人际交往问题首先必须讨论人际吸引问题。

那么什么是人际吸引呢？所谓人际吸引就是指在人际交往中引起双方的好感、缩短双方的交际距离并延续双方交往时间的那些主客观因素。人际关系的结构受许多心理因素所制约，人际关系的心理原因是复杂的，它既有认知成分，也有情绪和行为的成分，其中情绪成分即对人的喜爱或不喜爱，表现为人际吸引。它是在人际交往中比亲近更深一层的亲和行为。相互间的吸引程度是人际关系的主要特征。不同层次的人际关系反映了人和人之间相互吸引的程度，心理上的距离越近，反映人们相互之间越吸引；心理距离越疏远，则反映双方越缺乏吸引力。

一、增进人际吸引的因素

在现实生活中，人们彼此间会不会产生人际吸引，产生何种程度的人际吸引，这要受很多因素的影响和制约。

（一）接近因素

空间上的距离越小双方越接近，则往往容易引为知己，尤其在交往的早期阶段更是如此。因为相互接近使相互接触的机会多，相互之间更容易熟悉对方。在中小学生排定座位后，同座的学生多半能相互吸引，街坊邻居也是如此。随着交往的深入，人们在某一方面或某些方面的相似，会对相互吸引的产生发挥越来越大的作用。我们在选择交往对象、发展人际关系时，一般都会选择具相近似的人。所谓"物以类聚，人以群分"，都说明了人际吸引中相近因素的作用很大。这里所说的相近，包括社会生活方面的相近、生理方面的相近和心理方面的相近等。如果交际双方在这些方面相近，他们就容易交往和沟通，就容易找到共同的话题，也就容易相互理解和支持等等，于是，他们之间互相都对对方产生一种吸引力。

（二）相悦因素

大凡人们都有这样的体验：喜欢能给自己带来愉悦或奖赏的人，讨厌那些给自己带来不快或惩罚的人；也喜欢那些同意自己或对自己有好感的人，而不喜欢不同意或反对自己的人。这些现象的存在，正说明了人际吸引中相悦因素的影响。这是因为在人际交往中，双方的相悦可以增强心理上的接近感和相容感，减少心理上的摩擦和冲突。

（三）互补因素

所谓互补，是指交往双方的需要与期待正好成为互补关系日时，就容易产生彼此间的相互吸引。互补有两大类，一类是需要互补。人的基本需要可分五个层次，但是，个人在特定条件下的具体需要，在特定时期里的优势需要不尽相同。这种不同，在某些条件下可以互补，成为相互吸引的一种因素，因而也可以成为某种关系得以建立的基础。另一类就是交往双方作风和性格上的互补。一方对待另一方的方式或态度，并不影响另一方个人的心愿处世行事，甚至有助于他实现自己的愿望。许多社会理学家认为，这种互补对人际关系的稳定和深度有很大的影响，但性格、作风上的互补有一个前提条件，那就是他们的基本价值观应该相一致。

也许人们会有疑问，那么接近因素和互补因素不是相互矛盾的吗？其实并非如此，这两种因素在不同的情况下各自发挥自己的作用，有时二者是一致的。一般说来，社会角色及人的需求相同时，人们更重视接近因素，而社会角色及人的需求不同时，人们更重视互补因素。

（四）诱发因素

一个人初次与他人接触时表现得谈吐不凡、举止从容、风度优雅大方、衣着得体，就会给他人留下良好印象，促使其产生交往的兴趣，从而结成良好关系。这种谈吐、举止、风度、衣着就日导致吸引的刺激因素，加速吸引。这便是诱发因素所起的作用。诱发因素可分为两种，即自然诱发和蓄意诱发。自然诱发是指对象接受的刺激为对方无意中产生或流露的。如听到某人的言论，感受到对方的优良品格，而产生欲与之结交的强烈愿望。而有意识地设置某些刺激因素，以期引起交往对象的注意与兴趣，从而对其产生吸引力，即为蓄意诱发。

（五）能力与特长

个人在能力与特长方面如果比较突出，与众不同，其本身就有一种吸引力，使他人对之发生钦佩感并欣赏其才能，愿意与他接近。E. 阿朗逊等人的研究表明，一个看起来很有才华的人，如果表现出一点小小的过错，或暴露出一些个人的弱点，反而会使一般人更喜欢接近他；一个表现得完美无缺、十全十美的人，倒会使人感到高不可攀，望而却步，自认为自身太差而不敢与他交往。研究还表明，有些小缺点而才能卓越的人对两种人缺乏吸引力。一种是能力差而自尊心低的人，他们对能力高超者有崇拜，并可能产生晕轮效应，即认为理想人物总是十全十美、白璧无瑕的，不应该有那种可以克服的缺点；另一种是能力强而自尊心强的人，他们对于才能出众而连一点缺点也不能克服的人感到失望，认为这种人不值得自己崇拜。

（六）仪表风度

个人的长相、穿着、仪态、风度等，都会影响人们彼此间的吸引，尤其在第一次见面时，由于第一印象的作用，仪表因素占重要地位。但是社会交往的时间越长，仪表因素的作用越小，吸引力就会从外在的仪表逐渐转入人们内在的道德品质。许多青年男女"一见钟情"而草率结合，就是被外在的仪表吸引所致。但时间一长，当发现对方某些不尽如人意的短处后，仪表因素就越来越不起作用了。英国前首相撒切尔夫人十分注意自己的仪表风度，人们评论说，撒切尔夫人雍容而又不过度华贵，庄重但不显老相，内心是"铁女人"而谈吐却温良柔和。她从头发样式到衣服颜色乃至珍珠链下系的一个轻松的蝴蝶结，都经过精心设计，既保持女性魅力，又雍容大度。撒切尔夫人连任三届首相，与她的仪表、风度有一定关系。

此外，开朗的性格也是人际吸引的一个因素，一个待人热情的人比冷淡的人较有吸引力。个人如果能对别人表示出的热情做出同样反应的话，也会具有吸引力。C·奥尔波特（1961年）研究了一群陌生人首次集会时的人际吸引力。发现个人的内在属性如幽默、涵养、礼貌等因素是主要的吸引力因素；其次是外表的特点如体形、服装等也是吸引力的依据；第三是个人所表现出的特殊行为，如新奇的令人喜爱的动作等也能增加吸引力；最后是地位和角色也能引起他人的倾慕与尊敬,增加吸引力。

二、阻碍人际吸引的个性特征

社会心理学家指出,有些个性特征会阻碍人与人之间的吸引,不利于促进人们的团结与协作。

1. 不尊重别人的人格,对他人缺乏感情,不关心他人的悲欢情绪,甚至把别人作为自己使唤的工具,这种人会阻碍人际吸引。

2. 自我中心主义强的人,只关心自己的利益和兴趣,忽视他人的处境和利益,这种人只能与人建立一般的人际关系,缺乏吸引力。

3. 对人不真诚,只关心自己,不顾别人的利益和需要,采取一切手段处处想获得自己的利益和好处,并以此为前提和他人交往,这就会破坏人际关系,缺乏吸引力。

4. 过分服从并取悦别人的人,过分惧怕权威而又不关心部下的人,都会破坏人际关系,也毫无吸引力可言。

5. 过分依赖他人而又丧失自尊心的人,缺少吸引力。

6. 妒忌心强的人,缺少吸引力。

7. 怀有敌对情绪与猜疑性格的人,怀有偏激情绪的人,往往容易与他人的关系陷入僵局,缺乏吸引力。

8. 过分自卑、缺乏自信心的人,对人际关系过于敏感的人,对他人批评过分的人以及完成工作任务后过分自夸的人等,都缺乏吸引力。

9. 情绪孤立,不喜欢与人交往的人,缺乏吸引力。

10. 怀有偏见、固执,不愿接受他人规劝的人,过分使用防御机能的人,报复性强的人等,都缺乏吸引力。

11. 好高骛远地提出过高要求、过高目标,苛求他人的人,缺乏吸引力。

三、人际吸引中的自我暴露

自我暴露的意思是向别人讲心里话,坦率地表白自己,陈述自己,推销自己。许多心理学家认为,使得真实的自我让至少一个重要的他人知道和了解,具有这种能力的人在心理上是健康的,是自我实现的个性所必需的。但是,太少的自我暴露和太多的自我暴露会引起对环境适应方面的一系列问题。一个从不自我暴露的人不可能与其他人建立密切的和有意义的关系。但是,习惯于喋喋不休地向他人谈论自己的人,也会被他人看作是不好适应的、只顾自己的自我中心主义者和病态的人。心理学家认为,理想的模式是对少数亲密的朋友作较多的自我暴露,而对于其他人作中等程度的暴露。作为经常与公众打交道的公关人员,必须注意人际吸引中的自我暴露问题,因为自我暴露的过度与不当都将影响公关人员自身形象与所代表组织的形象。

对自我暴露在人际关系中的原因和结果,人们已了解较多。心理学的研究指出,自我暴露的决定因素既与个人有关又与社会有关,包括种族、文化以及构成个体情景等诸因素。

（一）回报与自我暴露

当人们与自我暴露水平较高的个体交往时，也有可能进行较多的自我暴露。我们往往会回报或模仿其他人所欣赏的自我暴露水平。回报发生在现实生活的广泛范围中，最为大家所熟知的就是婚姻关系，在婚姻关系中可以看到妻子和丈夫自我暴露水平具有良好的一致性。

社会心理学的研究告诉我们，人际关系由低水平的自我暴露和低水平的信任开始。当一个人开始自我暴露时，这便是信任关系建立的标志。而对方以同样的自我暴露水平作出反应，成为接受信任的标志。这种自我暴露的往复交换，直到双方达到满意的水平为止。任何再进一步的自我暴露会引起对方的不舒服感。对方会退缩到原来关系中的恰当水平。

（二）喜欢和自我暴露

喜欢和自我暴露是紧密地连在一起的。在某些研究中，当问女性被试者们喜欢谁时，她们常常指出是愿意向她们作自我暴露的个体。而且不论是在一般水平的交往，还是在较深水平的交往中，都存在自我暴露和满意的高度相关。

那么，我们是不是总喜欢对我们自我暴露的人呢？答案是：不一定。心理学家发现过分亲昵的暴露会引起对方的焦虑。对方是女子时更是如此。研究表明，自我暴露中的"回报"原则决定着喜欢。我们最喜欢那些和我们自我暴露有着相同水平的人。如果某人的自我暴露比我们暴露自己时更亲密和详细，我们会因为害怕过早地进入亲密关系，而考虑及时刹车。

某些心理学家还发现，喜欢与自我暴露之间的联系还有性别差异。许多研究表明，只有对女性被试者来说，喜欢和自我暴露才有联系。对于男性被试者来说，他们所喜欢的人与对方所作自我暴露的水平没有关系。同样，在研究中也没有发现男性被试者自我暴露对喜欢有什么影响。

（三）社会赞同与自我暴露

自我暴露对社会赞同是相当敏感的。获得对方赞同时，我们的自我暴露就增多，对方表示不置可否或冷淡时，我们的自我暴露就显著地减少。经济学家泰勒等人（1969年）曾训练助手对他们谈话的对象提供持续的正的奖励，持续的负的反馈，或奖励与负反馈相混合的反应。正如所预期的，收到持续正的赞同或者在谈话过程中助手的社会赞同逐渐增加的被试者，变得乐意以亲密的暴露的方式谈及他们自己。

（四）非语言行为和自我暴露

其他的非语言行为在选择恰当的自我暴露和人际亲密关系水平方面也起着重要的指导作用。这些行为之一是目光接触。埃尔斯沃思和罗斯（Ellsworth and Ross）在1972年所作的研究中涉及3个人。谈话者以亲密的语气对同一性别的倾听者交谈，同时，一位观察者从单向玻璃背后记录谈话者的亲密水平。主试给一半被试者以指导语。指导语告诉他们在谈话期间保持高水平的目光接触。其余一半被试者被告知说，在谈话期间只保持少量的目光接触。这样的相互交往之后，3个人都来评定谈话者的自我暴露水平。

结果表明，女子与男子有着明显的差别。对于女子来讲，所有3位参与者都同意，在高度目光接触条件下，谈话者比较亲密。对于男子来讲，倾听者和观察者认为在高度目光接触条件下，男性谈话者实际上较不亲密。但男子谈话者不同意，他认为在高度目光接触条件下比较亲密。为什么会有不一致的意见产生呢？我们看看高度目光接触条件下的情况。对男性谈话者来说，情景中最明显的特征自然是倾听者的频繁的目光接触。谈话者可能会感到不自在，因为，来自于先前完全陌生的男子，这种高度目光接触，对于人际交往是不恰当的。因而，谈话者用减少自我暴露的方法去降低谈话的亲密水平。但是，倾听者在整个谈话过程中继续维持高度目光接触。他认为，大概我的谈话影响了倾听者，那么我的自我暴露引起倾听者的兴趣，它是恰当的。这样，谈话者是以谈话对倾听者的影响来判断自己的自我暴露水平的。相反，倾听者和观察者是根据谈话者的实际行为作判断的。由于他们用以判断的信息来源不同，导致他们对谈话者的亲密水平得出了不同的结论。

为什么目光接触对自我暴露情景中的男女有着差异？为什么女性被试者面对另一女性被试者的频繁目光接触会增加她的亲密水平，而男性被试者对男性被试者却不会呢？人们认为这种差异主要在于文化规范的不同。这种规范指的就是先前不熟悉的男子对男子、女子对女子互相面对面的交往，什么东西是恰当的和可接受的，这种规范影响了男子和女子的社会化过程。

（五）自我暴露的速度

阿特曼和泰勒认为，自我暴露仅仅在精心对待暴露速度的条件下才会引起喜欢。那么，我们往往也会喜欢他人。自我暴露在开始比较缓慢，并且具有"试探"的性质。在对方这种自我暴露也以同等的自我暴露水平作回报后再进行进一步的自我暴露，如此，则对方不会感到惊讶，避免了令人尴尬情形的出现，使交往顺利地进行下去。如果一开始就对不熟悉的人作大量的自我暴露，试图加快亲密关系发展的速度，反而会令对方产生焦虑和怀疑，并采取心理上的自卫方式如退缩，加大了双方的心理距离。并且，一旦发生这种情况，要作弥补则需更多的努力和更长的时间。总之，一种亲密关系的建立是比较缓慢的，需要时间，主要是依靠信任和共同在一起时的体验。所以，在人际交往中人们应小心谨慎发展亲密关系，在进行自我暴露时，千方百计使对方及自己谨慎从事，并觉得这种相处令人愉快和能加深彼此的了解。

第三节 公关交往中的人际沟通策略

一次，王光英去香港创办实业公司，刚下飞机就被一位女记者拦住问："请问王先生此次来香港投资带了多少钱?"王光英笑着回答:"对女士不问年龄,对先生不问钱数,小姐,你说对吗?"在场的记者的轰然大笑中,王光英拒绝了这一棘手的问题。如果换一种说法:"这是商业机密,无可奉告。"或者说:"女士,这种问题是不该问的"则显得既没有风度,又让对方难堪。

人际交往的语言策略需要既要尊重对方,又要把握语言技巧婉转表达,既要掌握对方心理,又要合乎情理。所以,掌握公关交往中的人际沟通策略非常重要。公关人员作为从事交往的"社交家",就必须掌握一定技巧,把握好成功地进行公关交往的心理策略。具体来说,可运用的策略有下列几种。

一、把握交往的最佳时机

要成功地进行交往,必须首先选择最佳交往时机。根据交往时的心理状态与当时的团体气氛,最佳交往时机可以有如下几种:

(一) 交往对象出现心理不平衡状态时

美国社会心理学家费斯汀格认为,人的意识系统即由认识元素构成的评价系统,如果认知元素(思想、观点)之间出现了不协调,就会处于心理状态的不平衡之中,就会感到紧张、不安,出现激烈的心理斗争。由于人的心理功能是避免或消除紧张、不快,趋向轻松喜悦的平衡状态,只要外界有新的认知元素对之进行刺激,使旧的认知元素间的不协调消失,个人就会转变观点和态度,进而达到心理状态的平衡。

费斯汀格的这一观点对公关行为或管理行为的启发在于交往过程中,交往双方一旦出现认识、思想或观点不协调一致时,就会处于心理状态的不平衡,其外部表现为紧张、不安、出现激烈的思想斗争等。这时,作为成熟的公关人员,就应及时抓住时机,对其进行思想和认知方面的刺激,使之恢复心理状态的平衡,也使自己的预期目标在不知不觉中被对方接受。

(二) 团体中表现了集体荣誉感时

一旦团体或社会组织受到了奖励、表彰或产生了良好的社会效益和经济效益时,就会出现集体荣誉感,集体成员会在这种良好的气氛中受到鼓舞。同时,这种气氛也对团体中中间层次的成员或其他不关心集体的成员也会产生一种无形的心理压力。它虽然不具有强制性,但对这些人来说,这时公关人员应单时开展内部公关活动来团结全体成员。利用这一时机进行交往所取得的效果可以超过行政命令,取得意料不到的收获。

(三) 个人或团体的欢愉情绪涌现时

当组织或团体处于欢愉气氛或个人流露出欢乐喜悦情绪时,也能达到交往的目的。因为人在心情舒畅或气氛欢乐时,对他人的防御心理就会减弱,最易激发其助人的行为,同时不加设防地接受对方的观点。实验证明,在喜庆的日子里,即使是"老生常谈"也会产生作用;反之,在气氛沉闷或心情不舒畅时,最难于接受别人的求助,人的抵触情绪也最大，因而这时最好不要进行有目的的交往，否则只会是自讨没趣，并影响以后的正常交往。

二、充分利用语言魅力

美国国务卿鲍威尔曾经谈过成功的说话秘诀："急事慢慢说，大事想清楚再说，做不到的事不乱说，小事幽默地说，没把握的事小心说，伤害人的事坚决不说，没有发生的事不要胡说，别人的事谨慎地说，自己的事情想怎么说就怎么说，现在的事做了再说，未来的事未来再说"。

公关人际交往的成功，还在于公关人员能充分恰当地使用交往符号。最常用的交往符号有两类：一类是语言符号，另一类是包括身姿、手势等在内的非语言符号。由于人类的语言极其丰富而深刻，因而语言使用得当就会给人留下深刻而美好的印象，产生吸引人或感染人的独特魅力。

语言魅力主要表现在语言能给人以诚挚感和幽默感。诚挚主要是指语言能给人以信赖感。这一点对公关人员来说尤为重要。因为公关人员与公众接触时往往没有任何彼此信任的背景，很多情况下都是"初次见面"，因而语言稍有不妥，就会使对方的心理屏障加强，诚挚的语言却可以赢得公众的信任，达到良好的交往目的。语言的幽默往往可以调节交往气氛，回避尴尬，从而使公众在轻松愉快的气氛中达到与自己良好沟通与合作的目的。

此外，公关交往中，使用委婉的语言也是一种用坦诚开放的沟通来对待别人的方式。委婉有三个方面的内容：一是尊重他人的感受，不作无谓的伤害；二是信赖对方，意识到他人的感受，并给予适当的重视；三是不去利用他人，占别人的便宜，而是给人以关怀和体贴。使用委婉语言有以下一些技巧：

1. 对一些容易引起敏感和激动的事情，要使用委婉语言，以避免不必要的心理刺激；
2. 说话要注意分寸和场合，避免语言粗鲁；
3. 不要触动对方心灵上的伤疤，不要伤害对方的自尊心；
4. 不用命令强制性的字眼说话。

在1980年的美国总统竞选中，里根在底特律对选民们说："我昨天夜里做了一个梦，梦见卡特夫走过来问我为什么抢他的工作。我对他说：'我不想抢你的工作，只是想当美国总统'。"这种幽默巧妙的对对方传递希望谅解的信息，缓解彼此的紧张和隔阂，并且也表现了里根的从容风度。幽默运用一定要适时、适地、适人，不能不看对象，不分场合，不把握时机。

总之，交往中借助委婉的语言可以使双方的关系更和谐、亲密。

三、强化非语言文化的功能

尽管语言文化有无穷的魅力，但在许多场合，非语言行为却比语言行为更具效力。尤其是当话题涉及人的感情时，姿态、手势、面部表情等都能起重要作用。心理学家奥，梅热普提出了以下公式：沟通效力＝38%的语调＋55%的表情＋7%的语言，这就说明了语调、表情等非语言成分在文化中的作用。

语调、音质、音符及语言中停顿、速度快慢、附加干咳等都能强化信息的语义任务，具有强调、迷惑、引诱等功能。如"谢谢"一词，以感动的、喃喃的口气说出，表示真诚的谢意，而冷冷地、缓慢地吐出每一个字则表示轻蔑或不耐烦。手势、面部表情和体姿等在交往中发挥的作用更大。如动态的皱眉、微笑、抚摸，或静态的站立、倚靠、坐姿以及眼镜、口红、发型等附加物，能达到"此处无声胜有声"的效果。

四、造成形式上的主动

人际交往是以对方为前提的情景性行为反应过程。为了实施自己的计划，就必须造成双方心理上的接纳与相容，以造成良好的交往定势。比如社会上各种迎来送往的礼节、谈话中的题外话的引入、讨论共同关心的问题等，都是为了确定相互的认可关系，以有利于交往的顺利进行。

当然，公关交往的心理策略很多，公关人员可在实践中去摸索和把握。

五、设计最佳交往空间

空间环境是人际交往的具体场所，它对人际交往经常有着非常微妙的影响。最佳交往空间的设计一般要考虑以下几点：

（一）交往空间的运用

在实际交往中有意识地利用空间，让空间"说话"，将有利于交往的顺利进行。

1. 利用空间的大小。空间大可以给人以尊重或敬畏的感觉。宽阔的大厅，可以使人肃然起敬。国外的政府首脑办公室、企业的董事长或总经理的办公室都很大，就是为了这个目的。当然也不是说越大越好，有一定程度就可。

2. 利用空间方位远近。交往中"疏则远，亲则近"。这是人际交往中的一种惯常的现象。宴会上，离主人较近的桌子常是亲席位，离主人较远的是疏席位。因此，如果你主办宴会，千万别忘了到其他席位上去祝酒，打个招呼，表明你对所有的客人都同样欢迎、同样尊重。如果你是单位的负责人，你不妨经常到离你较远的办公室（或部门）去走走，以密切与下属的关系。

3. 利用空间方位的内外。"内外有别"，这是人人皆知的。邀请或允许他人进入自己的空间，比如家庭、房间，无疑表明了你与他的关系和你对他的态度。一般未得允许不得擅自闯入自他人的个人空间。别人若与你交谈，地点是选在办公室则说明关系一般属于是正式的，带有官方性质；选在家里，即为非正式的，属私人的交往，关系比较密切，谈话气氛要较前者轻松。如果你去看望某人，他在办公室外，或家门口与你谈话，而不邀请你进去，不管他口头上怎么说，他是利用空间内外之别向你发出了信息："不欢迎你"、"我正忙着"、"你不是自己人"等。

上述种种事实表明：在人际交往中，要重视并尊重个人空间，可利用空间的大小和方位之远近、内外，根据具体需要，巧妙地处理人际关系。

（二）设施的安置方式

一般的交往空间里皆有各种设施，而设施的安放位置对不同的交往对象具有不同的影响。比如会议室的座位安排的不同方式，使交往者的身体之间产生相应的角度。进而影响交往者的交往频率和亲近性行为。通常是，两人相对而坐，交往频率高，亲近表示也多；并排而坐的交往频率就不如相对而坐，所以团体内严肃的公务性会议、报告、政治学习、业务培训等都采用教室型的座位排列方式，为的是减少相互间的交往次数和避免交叉性交往。而联谊会、订货会等则采取围桌而坐的方式，为的是提高交往频率，增多亲近表示和交叉交往的机会。

（三）交往环境的气氛

人们进入交往场所，首先对空间的布置留下深刻的印象：空间布置得整洁、美观，就会形成一种良好的气氛，使人感到舒适，这些对交往的效果会产生较大的影响。因为环境及其形成的交往背景，和交往对象构成人的知觉场。背景与对象作用，背景的变化影响着人们对交往对象的知觉。

影响交往环境气氛的因素除了物质的以外，还有精神的，如权威人士、知名人士到场，交往空间的气氛顿时会发生变化，更会显示交往的重要性。因此，这时的交往也更易于成功。总之，交往环境所形成的良好的气氛能突出交往的主题，对人际交往能产生最佳的影响。

六、尊重对方

在人际交往中，以自己的心态设身处地为对方着想，给予他足够的尊重与关心，是建立和谐人际关系的基本条件。承认对方的存在，尊重对方的人格，绝不能存有运用手腕玩弄欺骗对方的心理。对于公众而言，一旦切实体会到来自他人的尊重，则会心甘情愿地与之合作。当然在实际的交往中，尤其是公关新人常常遇到这样的问题，即并非每个人都能自然地、不露痕迹地表达对对方的尊重与关心。因此，掌握如何自然地表达心意的心理技巧，可促使对方敞开心扉，促进交往的深入。这些技巧包括：多以对方为话题，容易打动他；自然地暴露自己的缺点可以拉近双方的距离；避开关于对方的耳熟能详的好评，赞美其新的闪光点等等。总之，真心以待才能创造出良好的交往氛围。

七、学会倾听

在公关交往过程中，我们应该细心倾听公众的陈述，并作出相应的行为反应。尤其是当公众前来请求社会组织给予帮助、协商解决与社会组织有关的各种问题时，更应如此。事实证明，学会倾听是一个十分有效的交往策略，它将对公众心理产生极大的影响。因为只有认真倾听、充分弄清问题的实质后，才能寻求解决问题的方法。一般地讲，公众陈述的开始阶段，公关人员最好是先倾听而不要指导，先顺应而不要阻止，先理解而不要去纠正，做一个优秀的听众，保持沉默，同时还要显露出聚精会神的神态，借助表现注意力集中的身体语言，传达这样的信息，即正在全神贯注于公众的谈话。倾听公众的陈述时，不能仅仅局限于缄默不语，这样容易陷入尴尬的境地。在聆听的过程中，公关人员要给予积极的互动反应，如邀请公众继续谈下去，顺应性地提出有关的问题，流露出关心公众的情感，简述公众的谈话内容，向公众提供些有助于解决问题的信息，与公众商讨解决问题的方法等，帮助公众消除疑虑，给公众以同情、安慰、支持、赞许、幽默以及诊断、建议，这样，就有利于形成和谐的交往环境，使社会组织与公众之间的交往在相互信任的融洽环境中不断发展。

美国南北战争时期。有一段时间林肯陷入过困境，非常苦闷。一天，他找来一位好朋友，面对好朋友，他一倾诉就是几个小时，说完之后，他没有倾听老友的意见和看法，就和他握手告别，忙其他政务去了。他这位老友非常理解，对感到不解的林肯身边的工作人员说："他找我来，就是要一吐为快，在倾诉中他已经明白该如何做了"。

本章总结

社会组织在进行形象塑造和管理活动中，在协调内外公众关系活动中，做的最大量的工作是与人的交往，是与各种各样的、代表着不同个体利益的、不同组织利益的、不同社会利益的公众个体的交往，是面对面的交往。与普通的人际交往不同的是，这种交往是有目的的，是公共关系人员按照组织的目的和要求，通过在各方面体现出自我的公共关系素养，施展自己的才能，从而为组织扩建和发展公共关系网络，为组织培养一个良好的人际关系网络。所以，掌握一定的人际沟通交往的技巧非常有必要。

思考题：

1. 人际交往的动机理论有哪些？
2. 人际交往的心理分析理论有哪些？
3. 人际交往中的心理倾向理论有哪些？
4. 增进人际吸引的因素是什么？
5. 阻碍人际吸引的特征有哪些？
6. 自我暴露都包含哪些分类？
7. 公关交往中的人际沟通策略有哪些？
8. 人际交往中空间因素影响？
9. 人际交往中的尊重对方具体体现在什么地方？

实训项目：

	学时分配	完成方式	分组情况
项目一	0.5学时	讨论—点评	4~6人一组
项目二	0.5学时	讨论—点评	4~6人一组
项目三	0.5学时	讨论—点评	4~6人一组

项目一：请同学们讨论在他们身边中哪些行为和言论是受人欢迎的哪些是令人讨厌的。

项目二：请大家分组按照假设的情景环境讨论下如何利用人际沟通中的有利因素进行沟通？

项目三：请大家分组讨论。以你与他人交往的某次过程为例，分析理解人际交往中的动机理论、心理分析理论和人际倾向理论。

第六章
公共关系专题活动

学习目标

知识目标
- 通过本章学习，了解公共关系专题活动的含义、特征、原则和类型
- 熟悉公共关系专题活动的特点和策划基本程序以及需要注意的问题
- 掌握开展公共关系活动的基本方法

技能目标
- 要求学生培养策划新闻发布会、展览、赞助、庆典、参观访问以及联谊活动等公共关系策划的能力，能有针对性的进行公共关系专题活动策划书和实施方案

案例

2015年8月27日，随着夜幕的降临，一艘承载了法国著名酒品牌马爹利300年历史的邮轮从上海黄浦江畔起航，揭开了马爹利300年庆典派对的神秘面纱。绚丽梦幻的数字影像，充满未来感的点缀，激情热力的电子音乐，穿越时空的现场表演让全场嘉宾尽情地沉浸其中。城中派对达人、时尚精英一同汇聚，在外滩美景环绕下享受极致感官震撼的派对新体验。开启"马爹利300年"之门，映入眼帘的是一个光影艺术与美食美酒的奢华盛宴。因创立全球首个感官餐厅"Ultraviolet by Paul Pairet"而蜚声全球的法国名厨保罗·佩雷（Paul Pairet）用光影艺术和惟妙述说呈现了一场由美食品鉴，巧匠之艺融汇而成的多元感官之旅，致敬马爹利干邑的法式生活艺术精髓，以及历经3个世纪的传世之艺。宾客们在甲板上欣赏美景，身穿法国宫廷装的舞者们穿行其间，古典优雅与现代时尚，人与美景，交相辉映。嘉宾们品尝着杯中醇香干邑，眺望外滩风景，言谈举止之间，

显露深谙社交礼仪的优雅之道。庆典现场，马爹利干邑酿造工坊让宾客们踏上寻访至臻佳酿的真实旅程。晚宴临近尾声，所有宾客有幸赏鉴马爹利300周年大师限量版，遵循马爹利走访18个葡萄庄园，甄选18种珍稀"生命之水"精心调配，并只在拥有300年树龄的橡木桶中醇化而来，如此珍稀佳酿全球仅有300瓶。杯中佳酿，流淌于唇齿之间，沁入心扉。亲临体验，感受非凡！

资料来源："邂逅马爹利三百年传世之艺"，风尚中国网2005年9月。

第一节 编制专题公关活动计划

走过一定岁月的企业，通常会把公司的周年庆典活动搞成一次大型公共关系活动，乃至看成是公司一次品牌塑造机会、企业形象提升机会和内外部资源的优化和培养契机，因此庆典在举办城市、地点选择、时间确定、嘉宾甄选、庆典内容和庆典方式等方面就有很多内涵值得探讨。什么样的形式与内容才能与"中国惠普20周年"相得益彰？怎样才能把一次员工内部联欢活动，变成树立企业品牌、建立公众信任、赢得社会信赖的舞台？在反复比较权衡了很多方案之后，惠普中国区公共关系部最后选择了CCTV的"同一首歌"，这从一个特定角度表现了"惠普科技，成就梦想"的品牌理念。

中国惠普20周年纪念活动，可以说是企业周年庆典的优秀标本。这个活动主要包括两个内容：庆典当天下午在北京奥林匹克中心与CCTV金牌栏目"同一首歌"联合举行"同一首歌走进惠普"，以及晚上在人民大会堂举行的客户答谢晚宴。前者欢快热烈，群情飞扬，星光灿烂，充分表现了一家高科技企业经久不衰的创新激情；后者端庄隆重，格调高雅，冠盖云集，中国最有影响力的高科技企业的产业地位跃然而起。

由惠普公司这次公关活动可以看出，一次成功的策划需要考虑到非常多的细节。这就需要掌握了解专业公共关系活动策划的方法和内容。

有公共关系专家形象的指出：优秀的公共关系工作＝正确的公共关系意识＋科学的公共关系活动。这说明在扎实的公共关系工作基础上，还要在公共关系思想的指导下，通过计划、实施有效的公共关系活动，为组织营造一种"天时、地利、人和"的发展环境。公共关系专题活动因主题突出、影响面广、效果突出等特点成为公共关系的重要的有机组成部分。常见的专题公关活动有开业典礼、展览会及记者招待会、交际舞会、对外开放参观、游览、赞助活动以及宴请等。

一、编制专题活动的原则

策划原则是策划人员在策划过程中用于观察问题、分析问题、解决问题的准则。它可以说是策划的价值观念。一个成功的个案的策划，要遵循一定的原则。

(一) 社会性原则

任何公众活动都是存在于社会、受社会因素制约、又反过来影响社会的。作为策划活动的组织机构，无一不受到社会环境的制约。所以，策划首先应遵循的原则就是社会性的原则。社会性的原则，即大型活动要符合社会综合因素的要求，包括：

1. 政策的要求。城市规定不准放鞭炮，那么一般情况下这个城市活动的策划则不能使用放鞭炮的形式。
2. 社会热点要求。这个时候社会的热点话题是讲环保，如果依势造势，顺应潮流，再创环保活动新方式，光是策划的起点就成功了一半。
3. 传统习惯的要求。策划大型活动，适应传统习惯的要求也是不容忽视的。
4. 伦理道德的要求。假如大型活动与社会公共伦理道德标准大相径庭，很难有成功可言。

总之，社会性的要求是很广泛的，包括社会制度、社会文化、人文关系，等等，适者生存也就是这一原则最好的注脚。

(二) 科学性的原则

这里所说的科学性，包含两重意义：一是策划要符和科学的原则；二是策划时要充分应用理代科学技术的成就。现代策划被视为一项知识密集、技术密集、人才密集的高新技术产业。现代策划正是运用多学科的专业知识，去观察社会、研究社会，从而策划出适应社会发展潮流的多种多样、多姿多彩的社会活动的。科学性原则要求策划者充分运用现代的科学技术成就，包括自然科学和社会科学的研究成果，运用现代科学思维方法、技术、设备，策划和实施社会大型活动。现代科学发展至今，已经是多学科相互渗透，被称为边缘科学的学科就是这种相互渗透的产物。现在很多自然科学的成果，已被迅速地应用到社会科学领域里来。现代科技产品，如大屏幕电视广告、投影机、幻灯机，先进的摄录器材、印刷技术等，大量应用于社会科学领域。比如，电脑在公共关系调查的应用已相当普遍；三维电脑的诞生，给公关业、广告业带来了极大的进步。许多科研新产品，更是现代策划和大型公众活动必不可少的道具，如现代通讯工具和通讯设备。现代策划，要反映出时代气息，要展现高格调，离不开自然科学成果的应用。

(三) 实效性原则

随着社会日益商品化的发展，讲求实效，是在人们的头脑中已逐步形成的一种新观念。对于大型活动而言，讲求实效具有更重要的意义。我们已经注意到高额投资是大型活动的特点之一。投入了当然希望产出，这是所有大型活动决策者都必然关注的问题。企业营销性的活动固然讲求投入产出，投资者会计算投入了多少市场费用，增加了多少销售额，这是不言而喻的。即使是社会性的活动，也讲求其投入的实效，如电信局的电话升位的宣传活动，电信局必然有要求，在投入了定量的宣传资金后，希望在一定的时间内，让全市市民家喻户晓，让所有与该城市有联系的人和机构都知道本地电话升位的事，从而不影响正常的通讯活动。即使是从事社会工作的宣传部门，宣传文明礼貌的活动，同样需要讲求传播效果，争取取得更大的传播力，这也是一种产出。

在策划过程中，策划者往往着意追求形式美和创新性，而容易忽略实效性。这不奇怪，其实它们本来就是一组矛盾，当这一组矛盾解决之时就是策划成功之时。在策划过程中，不同的时期可以有不同的侧重点，前期应当侧重形式创新，后期则侧重实效，这样既不泯灭创新的意念，又可以做到讲求实效。

总之，大型公众活动的策划，不但从宏观的角度看，要十分重视其实效性，而且从微观的角度，即每个具体的项目上，也应精打细算，讲求实效。

（四）创新性与可操作性相结合的原则

如同写文章一样，千篇一律是大型公众活动策划的大忌。只有具备创新性才能使公众活动策划具有生命力。创新性就是提出创造性的主意，就是说每次策划，必须是一次创造性的劳动，其结果，应该是产生与众不同特色的主意。

值得注意的是创新性固然重要，但是一个有新意的策划方案，可能会受到诸多因素的制约而难以实施，所以策划必须既要有创新性，又要有可操作性，这样才能功德圆满。试想有这么一个活动，地点在市中心，策划者要运用名人效应而邀请高官出任主礼嘉宾，嘉宾出场式要隆而重之，创造新意，与开幕式同时间用直升机将主礼嘉宾送至典礼现场。这个创意可谓新颖。但市中心有没有一个既可用于隆重典礼而又能使直升机安全着陆的场地？假如没有就缺乏可操作性。

在许多场合中，原则性与灵活性是可以互相交融的，如果你能在原则性和灵活性之间寻找到一个平衡点，则一定会有出色的创造。

二、专题活动计划编制

专题公关活动应有详尽的计划。公关人员在编制专题公关活动计划时，要考虑周全，反复修改。

（一）明确举办专题活动的目的

通过公关人员独具匠心的公共关系专题策划活动可以使公关日常工作高潮迭起，为企业创造有利的公共关系时机。策划公共关系专题活动主要为了达到以下目的：

1. 制造新闻。所谓制造新闻，是指在坚持真实性的前提下，举办具有新闻价值的活动，吸引新闻界和社会公众的注意，争取被报道的机会。吸引新闻媒体和社会公众的注意，以扩大企业的社会影响，提高企业的知名度。公共关系专题活动一般都有明确的主题，独特设计的活动内容，因而会成为新闻媒体和社会公众关注的"热点"。当然也可以主动与新闻媒体联系，使新闻媒体的参与成为整个活动的组成内容之一。

2. 为促销服务。通过公共关系专题活动，淡化推销的色彩，使社会公众从感情上接受一种新产品、新服务，制造有利的营销气氛，从而为进一步的销售活动开拓道路。

3. 增强好感。利用社会传统的重大节日或企业自身富有意义的纪念日，举办公关专题活动，可以表达企业对社会公众的善意，改变企业的社会舆论和关系环境，改善企业内部的人际关系。

4. 联络感情。通过策划和举办公关专题活动，与社会各界广泛联络交往，为组织广结善缘。

5. 挽回影响。当企业形象受到损害时，需要运用多种手段加以纠正，通过巧妙的设计和有效的工作，改善公众原有的印象，使受到损害的企业形象得以恢复。

（二）确定活动日期

活动日期的选择一般较为灵活（固定的纪念日除外）。但公关人员应尽快将日期和时间确定下来，以便有足够的时间进行具体安排，并将其列入组织计划中去。

选择日期时，应尽量避免与其他活动发生冲突。各种主要的社会活动时间一般都不能挤占。公关人员虽不能完全避免与其他社会活动相冲突，但至少不应与主要社会活动相冲突。另外，某些活动的公众数还受季节的影响。

日期一旦选定，就要通知有关人士。可能的话，应写信给冲突的对方，这样可避免双方日后产生隔阂。

（三）各种设施保证

首先要选择适当的地点。在多数情况下，公关人员必须考虑公众分布情况、活动性质、活动经费以及可行性等因素。

选择地点时还应考虑停车场远近，酒店服务员态度，厨师的烹饪技术，甚至连酒店的建筑特征都得考虑到。邀请投资人赴宴时，应选择一家豪华饭店，而邀请红十字会或某些基金会等慈善机构时，则应选中等饭店，不应到太豪华的饭店去。

公关人员应当亲自去察看某个酒店的设施条件，从中发现酒店在哪些方面做得还不够，或不能如约提供服务。进行这种"侦察性"工作时，最好不要暴露自己的身份。你可以在酒店里要一间房子，看其服务质量如何，饭菜价格是否合理。此外，再注意一下娱乐设施如游泳池、保龄球场等，看附近有无商店，观察服务员的待客举止，并在繁忙之时要一杯饮料，看其是否能按时服务。城市里所有公共场所，从饭店、旅游胜地到剧院；从豪华商店、理发店到高尔夫球场，公关主管都应当亲临体验，然后再坐下来，客观地评价各处的利弊，最后做出决策。

活动经办人应向公司最高决策人呈送一份报告，列出各个地点的有利与不利之处，并提出参考意见。地点最后选在哪里，取决于最高决策者。

选择地点如同布置舞台，既要有气氛，又要给演员的演出添加效果。所选的地点应使公众对公司产生好感，并达到公众预期的目标。公关人员应同设施的有关负责人密切配合，互通信息。一些大的宾馆礼堂和集会中心，一般都有专门人员协助经办人搞活动，如安排会议室，帮助确定活动的开始与结束时间，提供所使用的各种设备等。

（四）通知参加者

与活动有关的人士，如公司经理、地方官员等，都应及时通过电话或邮件方式通知到。一般应在活动举办前4~6周通知；较远的、中转时间长的、较重大的活动，需要再提前一些。总之，不能等到举办活动的前一两周才开始通知。

涉及全社会成员都要参加的活动，可通过适当的大众媒介发出邀请。但最好的办法还是逐个地寄信邀请。如果活动是每月定期举办，则提前一周通知即可。

大众传播媒介虽然不能取代单独邀请，但它却面向公众，又能起广告宣传的作用，因此不失为一种很好的方式。一般地，公司应选用同一种媒介作广告和进行公告通知。

（五）安排日程

1. 截止日程的安排。只有具体安排好活动的截止日期，计划才能算完整。某项专题活动的时间由此前溯60天或更早。

一个日期栏下要记载好几件事，因此，截止日程表要设计得大一点。设计者通常为每个日期留15厘米~20厘米宽的地方，而且往往习惯于将日程表贴在墙上。

若无特殊情况，就应按日程表的安排执行。忽视其中任何一件事都是极大的失职，都会打乱原有计划。能够做到有条不紊地按计划行事，工作就会顺利许多。

日程表格式稍加变换后，就可送给助手。因此，日程表特别适合于管理之用。

在日程表里，主要记载诸如设施保障、人员安排、节目主持人的特色、节目内容的组织和印发以及发送请贴等活动事项。

2. 公众宣传日程。除节目内容和日期的安排外，许多公司同时也进行公众宣传方面的日程安排。

公众宣传日程应与截止日程相配合，并且应适合所选传播媒介的特点。总之，不要忘了是在搞一项专题活动，每件事都应毫无遗漏地考虑到。

（六）费用预算

举办专题活动要有费用，在举办活动时，无不考虑成本问题。计划人应计划如何用有限的资金支出各项费用，估计可能发生的各种支出，以呈报上级批准。

一切可能的费用都应估计到。只有靠丰富的经验，才能做好预算。要同举办过此类活动的人进行商议，或亲临旅馆、饭店、礼堂、展览馆等地，向服务人员请教。他们的预计要准确得多。

有些活动如奠基仪式和开业典礼的费用，是由承办单位支付的。但即使如此，也需要预先估算一下费用。

第二节 新闻发布会

新闻发布会，又称记者招待会，是社会组织直接向新闻界发布有关企业信息、解释组织重大新闻而举办的活动。是组织直接与新闻界进行沟通，并通过新闻界实现与社会公众达成沟通目的的一种积极宣传形式。从某种意义上来说，新闻界对社会舆论有着无与伦比的影响力,因此,与新闻界直接进行沟通的记者招待会就显得非常重要。因而应当研究与记者招待会相关的事项,以便能较好地开展这一公共关系活动,达成与新闻界和社会公众良好沟通的目的。它一般具有以下特点:

1. 形式比较正规、隆重,规格比较高。
2. 记者可以根据自己感兴趣的方面或所着重的角度进行提问,更深入地发掘消息。
3. 在深度上和广度上比其他新闻发布方式更具优越性。
4. 比其他新闻发布方式占用记者和组织者更多的时间。
5. 所耗成本比较高。
6. 对发言人和主持人的要求很高,需要机智、敏感、反应迅速,比如:我国外交部的几位新闻发言人在代表中国政府对中外新闻记者发布消息时,面对种种各样的提问都能应付自若,充分展示了中国政府对外交人员的良好形象。

为了达到成功举办记者招待会的目的,组织需要研究以下问题:

一、举办记者招待会的理由和时机

一般而言,当组织遇到新产品的开发和推广、经营管理方针的改变、组织决策者或最高管理层人员的更换,以及危机事件的发生等等,需要向社会公众和新闻界作解释的问题时,都要及时举办记者招待会。而在举办某一具体的记者招待会之前,还需要对以下两点再加以确认:

(一) 是否具有恰当的理由

恰当的理由,主要是指记者招待会上发布的信息,是否具有专门召集记者前来予以报道的新闻价值。

(二) 是否是恰当的时机

恰当的时机,主要是指举办记者招待会的时间,是否是发布组织有关信息的最佳时机。

二、记者招待会的准备工作

(一) 挑选主持人和发言人

记者招待会一般先由主持人介绍组织的简要情况和召开记者招待会的原因,然后由发言人详细发言。为使其介绍的情况具有权威性,发言人应由组织的主要负责人担任。而主持人一般则由公共关系部的负责人担任。主持人在记者招待会冷场时,要善于激发和引导记者提问,而在记者竞相提问时,则要维持好会场秩序;同时,主持人要把握记者的提问范围,既能使记者深入提问,又避免离题太远;最后,主持人还要控制发言人的讲话时间和掌握记者招待会的时间,不要使时间过长。

（二）准备发言人的发言提纲和相关材料

应组织专门的班子负责起草发言提纲和整理相关的材料，事先归纳出所发布新闻的要点和背景，再整理为详细的文字材料，并在开会前打印好分发给出席的记者。发言提纲和相关材料的编写要系统、简洁，要注意用事实说话，不要出现错别字。最后，在各类材料中还要注意保密问题。

（三）布置会场

为使开会的环境优美，就需要做到：室内气温、灯光适宜，座位舒适，会场安静。同时，还要尽力创造一个平等、和谐的会场氛围。

（四）邀请有关记者

在邀请有关记者时，要特别注意，与组织有密切联系的新闻机构的记者不能遗漏，并适当邀请一些著名的新闻机构的记者参加。邀请时，一般是先函告开会时间、地点，然后，在开会前的一两天，再去电话邀请。如果有未被邀请而来参加会议的记者，也要热情接待，提供适当的方便。

（五）预算会议所需费用

根据新闻发布会的规格和规模做出可行的经费预算。费用项目一般有：场租、会场布置、印刷品、茶点、礼品、文书用品音响器材、邮费、电话费、交通费等。需要用餐时还应加上餐费。

三、记者招待会的注意事项

（一）平等对待新闻记者

在记者招待会中，要平等对待新闻记者，要注意不要因为记者所属新闻机构的大小或与企业关系的亲疏而歧视记者或阻止记者提问，以免造成不良影响。

（二）与企业的宣传口径保持一致

记者招待会要发布哪些消息，某一消息公开到何种程度等等，都应有统一认识和统一安排，并与组织的宣传口径保持一致。否则，就会引起记者反感，造成社会公众对组织的误解。

（三）检查招待会的各项准备情况

最好的检查办法，就是事先按记者招待会的程序演习一遍，以发现准备工作中的不足并加以改进。记者招待会的程序是：主持人宣布开始，介绍发言人及出席的企业其他有关人员、新闻单位等；然后，由发言人发布新闻、详细介绍情况；最后是记者提问，发言人逐一解答。

（四）做好招待会的记录和会后工作

开会时，要进行到会记者的签到登记。同时，还应有专人负责记录记者的提问和发言人的回答，并归入专门的档案，以便于准备以后的记者招待会和检查记者招待会的效果。此外，散会时要注意维持秩序，做到有条不紊。

四、检测记者招待会的效果

记者招待会结束之后，组织还需要检测其效果是否达到预期目的。为此，要做好下列工作：

第一，搜集各到会记者在报刊、电台和电视台所发的稿件，进行归类，并与组织所做的招待会记录进行对照分析，检查是否有由于失误所造成的宣传偏差，若有应立即设法采取补救措施。

第二，对照与会记者的名单，看是否每个到会记者都发了稿，这可作为以后再开记者招待会时考虑邀请记者的重要参考。

第三，会后追踪调查到会记者对记者招待会准备和组织工作的反应，检查在给记者提供方便上是否存在欠缺，以不断提高记者招待会的工作质量。

第三节 商品展览活动

20世纪50年代初，美国奇异电气公司策划了一项大规模的列车巡回展出的公关计划，活动取名为"让美国的快车增加电力"，首次运用当时最新式的流线型列车，列车内共布置有2 000多种电器、电器的生产制造流程和技术表演，共巡回30 000多英里，遍访全美国各工业中心，产生了巨大的影响。

商品展览活动日益显示出它在现代市场营销和公关工作中的重要作用，它不仅是组织有效开拓市场的重要途径，也是推销自身形象，扩大社会影响的积极举措，而且还是直接了解公众需求和意见的重要渠道。正因为如此，商品展览活动越来越受到了重视。

一、了解商品展览的特点

商品展览活动是指社会组织通过参加或举办展览会而推展本组织的商品和有关成果的一种专题活动类型。它以边展边销、以展促销为主要表现形式，是一种典型的营销公关活动。

商品展览活动的特点主要表现在以下几个方面：

(一) 展览活动是一种复合型传播方式

展览活动利用实物、图片、文字、音像、示范、表演、演说、销售、服务等多种传播手段，突出主题，渲染气氛，传播信息，形成了综合性的传播能力，这是其他传播方式所无法比拟的。首先，展览活动有实物，能使公众直观地了解商品，利用眼、耳、鼻、舌、身等感官形成较完整的感性认识。其次，展览活动有示范、表演，能使大众从中获得对商品的功能、使用效果的进一步认识，形成对商品的整体印象。再次，通过展览活动的解说、服务，使公众能了解到组织者的特点、商品形象和企业形象。

(二) 展览活动具有双向沟通功能

展览活动不仅能塑造和推销商品形象和企业形象，而且还能获得形象改造的线索和依据。在展览活动中，组织者能够直接调查征询公众对商品、服务的意见和建议，了解本组织商品、服务在公众心目中的地位，了解竞争对手的长处和短处，与公众形成信息和情感的双向交流。

(三) 展览活动是具有新闻价值的公关活动

公关活动的主要目的之一就是传播信息，而新闻媒介就是十分有效的传播媒介。当然，并不是所有的公关活动都能借助新闻媒介来传播的，只有具有一定新闻价值的公关活动才会引起新闻界的注意和重视。展览活动是一种有主题、有影响的大型活动，因而具有一定的新闻价值，往往会成为新闻界的追踪对象。

二、商品展览活动的种类

根据商品展览活动的主题需要及客观条件来选择合适的展览类型，是商品展览活动策划的重要内容之一。商品展览活动的类型主要有：

(一) 按展览的地点分为露天展览和室内展览

露天展览气氛热闹，可容公众多，会场布置简单，所花费用较少，但受天气影响大，一般为大型展览活动所选用。室内展览气氛较为隆重，且不受天气等外界因素的影响，但所容公众有限，展览设施、会场布置的要求较高，所需费用较大，一般为中、小型展览活动选用。如果当地具有大型的专门展览设施和场所，大型展览活动亦可选用室内形式。当然也有室内、露天兼而有之的展览活动，这要视不同展品的需要而定。

(二) 按展览的内容分为综合展览和专项展览

综合展览的商品类型较多，一般又称为横向展览活动。它往往是在需要全面介绍一个国家、一个地区、一个系统或一个单位的经济发展水平和生产经营状况时选用。例如，广州商品交易会就属于这种类型的展览活动。专项展览的商品类型较少，它往往是在需要介绍同一单位的商品生产经营状况或同类商品的区域生产经营状况时选用。例如，自行车展览，羊毛衫精品展览都属于这种类型。一般来讲，综合展览活动的展览条件要求较高，设计、组织难度较大；专项展览活动的举办则较为简便。

（三）按展览的规模分为大型、中型、小型、微型展览

大型展览活动一般由一个地区或一个系统举办，参加人员、参展品种都较多，它既可是综合展览，也可是专项展览，其组织难度较大。中型展览活动一般是由大型企业或中小型企业联合举办的，如大型批发企业的展览订货会就属于这种类型。小型展览活动一般由单个企业或柜组举办，主要是应时应季商品的展览，灵活性强，组织简便。微型展览活动规模极小，有的只需一个展台或一个橱窗，在这种情况下，为引人注目，要注意考虑展品的艺术设计。

（四）按展览的性质分为贸易展览和宣传展览

贸易展览是一种通过展示商品而进行的直接促销活动。宣传展览只要求达到与公众沟通的目的，没有直接的商业目的，不进行直接的贸易活动。

宣传性展览的公关特性十分明显，它具有交际和间接促销的作用。例如，北京王府井大街的王府饭店举办周末食品博览会，在当时萧条的旅馆行业独树一帜。每逢周末，客人可以免费来到这儿品尝王府饭店的各种美味佳肴，同时还可以欣赏时装模特的表演和丰富多彩的文艺节目。这项活动对宾客产生了极大的吸引力。素以建筑豪华、食品精美、服务上乘而知名的王府饭店，在客人们心目中的形象愈来愈好。

（五）按展览方式分为静态展览和动态展览

静态展览是指固定在某一地点的展览。动态展览指的是利用交通工具而开展的展览活动。

三、展览会的组织和准备

组织在举办展览会时，应针对下列方面进行组织和准备工作：

1. 明确展览会的主题思想。要举办展览会，首先要明确其主题思想，然后围绕主题思想把所有的实物、图表、照片及文字等有机地组合起来，才能作到提纲挈领；否则，就会造成展品和版面结构的混乱，观众看后也不知所云，也就达不到宣传的效果。

2. 指定展览会展版主编。主题思想明确后，就要指定一名展版主编。该展版主编首先要确定展览各分部的编辑，然后负责提出展览的整体构思、设计会标和展览的主题画、撰写前言和结束语，以及注意总体布局和各分部之间的衔接。

3. 收集资料。各分部编辑根据展览的总体构思去搜集实物和有关资料，撰写展览脚本，然后提交给设计室。由设计师画出展版小样及展品排列方式后，送交美术和摄影组。最后由美术师依照展版小样的要求进行书写、绘制和放大。

4. 制作版面和编写解说词。由制作组负责版面上文字和图表的制作、图版的裱贴和版面的加工美化；由专人负责解说词的编写，解说词要具体、生动而精炼。

5. 培训解说人员。对展览解说员进行适当训练，使其正确流畅地讲解展览内容。

6. 与新闻界保持联系。在举办展览会之前，应先通告新闻界关于展览会的时间、地

点、内容和规模等。在展览会期间，则要及时向新闻界提供有关的资料，并争取广播、电视和报刊记者的采访，以此来扩大宣传，提高企业的声望。

7. 通告参观者。除通过向新闻界宣传以吸引社会公众之外，还要直接与有关的社会机构、社会团体联系，通告他们。对特殊公众应提前发出邀请。

8. 其他配套宣传措施。组织还应事先安排一些与展览会相关的会议和有关企业的宣传材料，以壮大展览会的声势，扩大展览会的影响，达到举办展览会的目的。

四、展览会的注意事项

通过展览会的形式进行宣传主要有两种情况：一是组织自己举办展览会；二是组织参加由别人组织的展览会。不论什么情况，要想充分利用展览会，达到宣传目的，就需要从三个方面注意有关的重要事项：

（一）举办展览会的注意事项

展览会，是一种综合性的立体式宣传方式，要办好它，需要注意很多事项。

1. 弄清参观者的类型。要想达到良好的宣传效果，需要有针对性地准备展览会的内容，以吸引参观者。而这要以弄清参观者的类型为前提和基础。

2. 选择良好的展览地点。良好展览地点的主要体现在：交通方便、好找；周围环境与展览会的主题协调；展览所需的辅助设施容易配备和安置。

3. 合理配置展品。合理配置展品，要求展版、实物与解说词之间的配置，既不能重复，又不能脱节。总之，展品的配置要有利于突出展览会的主题。

（二）参加展览会的注意事项

要参加由别人组织的展览会，则更需注意。因为现在每年世界各地举办的各类展览会不下数千场，但其中不乏效果不佳者。因此，在决定参加一个展示会之前，一定要进行详细调查和评估。在调查和评估时，下列几点须特别注意：

1. 展览会的历史。一般而言，历史悠久的展览会出问题的可能性较小，相反，首次举办的展览会出问题的机率较高。

2. 展览会主办单位的信誉。主办单位的信誉与展览会的效果关系最大，若主办单位的信誉较高，则展览会的效果较为有保障。而对主办单位信誉的认定，则须通过评估其以往所举办展览会的效果来做决定。

3. 展览会的专业性。此即看展览会是否符合产品或服务的专业性要求。因为，专业性的展览会能吸引真正有兴趣的社会公众前来参观，也较能满足他们的需要。

4. 展览会的地点。针对某一些特定地区需要的产品，适时适地的参加当地展览会，效果将会更好。

5. 参加展览会的收费。展览会的收费是否合理，也是必须考虑的主要问题之一。有些展览会收费甚高，但宣传却很少，效果当然不好。因此，对于参加展览会的费用是否值得，应依据成本—收益原则进行详细评估。

在对上述问题有了肯定性结果之后，即可做出参展决定；反之，则不参加。在选定适当的展览会后,还应注意参加展览的准备工作和展品的规划与安排。

(三)展览会期间的注意事项

在展览会期间,为了达到参展的目的,需要注意下列事项:

1. 了解参观者的需要。参观展览会的人,大多数只是看看而已,并无具体安排,有一部分是来进行社交活动的,只有很少一部分才是很有实力的参观者。所以,组织必须有能力尽快判断出参观者是否有心和有实力购买。而要了解和做出判断,就要实现与参观者的良好沟通,这就应尽量让他们多谈他们的组织,让他们有机会说明其兴趣和需要。对此,组织则应悉心倾听,勿对参观者盘问个不停。

2. 尊重参观者。在观众参观展览时,不要用"雷达式"的目光在过道上扫描,眼睛盯着参观者会给他们留下不好的印象,让他们认为还没有走近你的展台,就在审查其资格了。对此,应首先进行简单的自我介绍,然后问:您需要什么样的产品、什么使您对我们的产品或服务感兴趣等等之类的问题。

五、展览会效果的测定

在对已经举办或参加过的展览会进行效果检测时,可以利用的手段主要有:

第一,设计与展览会相关的知识测验题,以有奖问答的方式,吸引参观者回答,借以了解参观者对展览会的态度和意见。

第二,设置观众留言簿或召集观众进行座谈,以便于参观者表达其对展览会的意见。

第三,在展览会后的一段时间内,对参观者进行追踪调查,以了解展览会的长期影响。

在通过上述手段了解到参观者对展览会的各种反应之后,还应当组织专门力量进行整理、归类和分析,并对照展览会的组织和准备工作进行检查,以发现其中的不足,从而为以后的展览会取得更佳的效果奠定基础。

第四节　纪念庆典活动

纪念庆典活动是社会组织根据其本身及其所处社会环境中有关的重大事件、纪念日、节日等所举办的各种仪式、庆典和纪念活动的总称。纪念庆典活动是现代公关工作中很受重视的活动类型之一。这种活动多由组织领导亲自主持,公关人员具体承办,组织各有关部门共同参与,邀请相关社会公众参加,是一种内、外公关作用兼具的公关专题活动。

一、纪念庆典活动的类型

现代组织的纪念庆典活动是多种多样的。一般来说,大致可以分为以下几种类型:

（一）节庆活动

节庆活动即利用盛大节日而开展的公关活动。各国、各民族、各地区的节庆名目繁多，大致可以分为官方节日和民间传统节日两大类。官方节日又有世界性及国家性节日之分，如元旦节、妇女节、劳动节、青年节、护士节、儿童节、建党节、建军节、教师节、国庆节等。民间传统节日则有中外之分。外国的节日，如欧美国家的圣诞节、感恩节、复活节、狂欢节、情人节、母亲节等；中国民间传统节日如春节、元宵节、清明节、端午节、中秋节、重阳节等。节庆日是开展公关活动的极好时机，各种重要的节日都可以策划开展相应的公关活动。

另外，还有很多地方根据各自地理文化环境、习俗、民间传统、土特产、民族等特点举办具有浓郁地方特色的特殊节庆活动，如哈尔滨冰雪节，北京地坛庙会，山东潍坊风筝节，浙江慈溪、余姚的杨梅节，云南西双版纳傣族泼水节，广东荔枝节，湖南桃源桃花节，四川龙舟节等，这些节庆活动本身就具有公关活动的性质，现代企业不仅可以积极参与，不露痕迹地开展公关活动，还可以借之进行公关活动。

（二）纪念活动

纪念活动即利用社会上或本行业、本组织各种具有重要纪念意义的周年纪念日开展公关活动。属于社会的有：领袖人物、英雄模范人物、以及著名的学者、科学家、发明家、著作家等的诞辰或逝世纪念日；重大科技发明纪念日；历史上重要事件发生纪念日；本行业重要事件纪念日。属于本企业的主要有：周年纪念活动，一般逢五逢十着重搞，五十年、百年则大庆，还有重要建筑物竣工纪念、重要活动开展周年回顾纪念等。这类活动每个现代组织都可以开展，它对于树立组织的良好形象，使社会公众熟悉以至支持本组织会带来特殊的作用，是一种有效的公关广告。

（三）典礼仪式

可用于公关专题活动的重要典礼仪式很多，如奠基典礼、落成典礼、开业典礼、开幕典礼、周年庆典、签字仪式、颁奖仪式、捐赠仪式、就职仪式、授勋仪式等。具有"里程碑"意义的事项，也可以举行庆祝仪式。

（四）其他活动

除上述各类活动之外，还可以利用社会上相关部门开展的活动，如电影节、艺术节、戒烟日、植树日、爱鸟周、儿童年、和平年、家庭年、质量效益年等，还有本部门本系统内部设立的有关活动日，如消费日、优质服务日等，有针对性地开展一些纪念庆祝活动，加强与公众的联系，以提高组织的知名度和美誉度。

二、纪念庆典活动的筹划

纪念庆典活动是现代组织藉以经常举行的公关专题活动。这类活动既可以单一地举行，也可以辅以诸如开放参观、文化娱乐、联谊会议、商品展销、社会赞助等来进行，构成一种综合性更强的公关活动形式。如何使这类活动办得有声有色,引起社会公众广泛的注意,是需要策划人颇费一番心思的。在策划这类活动时,一般应在以下几方面动脑筋、下工夫:

(一) 确定纪念庆典活动的主题

每次纪念庆典活动都有确定的名目,这便是举办纪念庆典活动的缘由、目的。光有形式上的主题还不够,还必须根据组织的需要和公众的需要进行精心设计,选择适合于形式主题的实际内容来巧妙地开展公关活动,这样才能显示开展纪念庆典活动的目的和作用,才能收到应有的效果。例如,广州花园酒店和广州市妇联联合举办的"母亲节征文比赛和表彰模范母亲"活动就是典型的一例。它的主题即宣传花园酒店如同模范母亲操持的家,活动从头到尾都经过精心设计、周密计划,以其新颖独特的内容和丰富多彩的形式牢牢吸引了公众的兴趣。

(二) 选择纪念庆典活动的形式

在内容主题确定以后,还必须择定反映和表现本主题的有关活动项目和活动形式。活动形式要多选择几种方案,优中选优,富有特色。例如,开业庆典可选择的形式有:开放参观、商品展销、成就展览、联谊舞会、招待酒会、表彰会、新闻发布会、消费者座谈会等。这么多的活动项目与活动形式,需要策划人员根据实际情况进行选择,以求良好的效果。

(三) 安排纪念庆典活动的程序及工作任务

作为公关活动的纪念庆典活动一般都较盛大,要做到有条不紊、忙而不乱,首先应成立一个专门机构以指挥和协调各项工作的开展;其次是安排纪念庆典活动的程序。单一的典礼程序一般为:主持人宣布典礼开始;宣读重要来宾名单;剪彩或授旗、授勋;来宾致辞等。程序最好能事先印制好,在宾客到来之前,分发到每个座位上,也可签到时一同分发。

一般来讲,进行纪念庆典活动的具体内容不是单一的,因而各种活动内容的次序安排尤为重要,否则会出现忙乱不堪、顾此失彼、相互冲突的局面。尤其是重点活动的安排要使活动有明显的高潮,做到井然有序,相互配合,重点明确,注重高潮。再次是按纪念庆典活动程序的要求确定具体工作任务,要妥善安排各项接待事宜,确定专人负责顾客的签到、接待,剪彩,放鞭炮,摄影、录像、录音以及布置环境、道路、场地、照明、音响,纪念品的订制与发放等细节,并印好工作任务安排表,发放给有关人员,作为协调各种具体工作的依据。

(四) 精心拟定邀请宾客名单并发出请柬

纪念庆典活动需邀请宾客光临。邀请的宾客不仅要考虑有关单位和左邻右舍,特别的纪念庆典活动最好邀请一些社会名流和新闻界人士参加。有关领袖人物、英雄模范人物以及著名的学者、科学家、发明家、著作家等的诞辰与逝世纪念活动,可考虑邀请其后裔参加。在宾客名单中，还要考虑政府有关部门负责人、社区负责人、社团代表、新闻记者、员工代表及其他公众代表。拟定名单后，要将请柬于举行活动前72小时内送到出席人手中，如系函寄，特别的宾客还有必要采用打电话等办法进行双重邀请。

（五）确定主要发言代表及亮相人物

纪念庆典活动，发言代表必不可少。发言代表包括本组织代表和来宾代表等。发言代表须具有一定的代表性，或应有一定的社会地位。本企业发言代表的发言稿事先要拟定好。重要活动要将发言稿提前印发给与会者。需要来宾发言则要提前联系，让来宾事先作好准备，并在活动之前逐一落实。参与剪彩的主方代表应是本企业负责人，客方人员应约请地位较高和有一定名望的知名人士。

（六）安排纪念庆典活动的辅助活动

纪念庆典活动的辅助活动，也即助兴活动的安排，公关人员可以从两方面考虑：

1. 制造气氛的辅助活动。它是为了活跃纪念庆典活动气氛而安排的辅助性活动，如敲锣打鼓、挥舞彩旗、舞龙、舞狮、燃放鞭炮、合唱歌曲、播放音乐、呼喊口号、张贴标语等，以造成热烈欢快的气氛。每段辅助活动插曲都要在别具匠心上下功夫，如设计醒目的口号，既要令人耳目一新，又要便于传播和记忆，可以大大强化宣传的效果。

2. 增进情谊的辅助性活动，如茶话会，招待餐，恳谈会，参观活动，招待演出，招待电影，联谊舞会，赠送纪念品等。这些辅助性活动由本组织员工组织和参与，以培养其当家作主精神和职业自豪感，增强亲和力。

（七）举办纪念庆典活动的具体实施

事先要布置好会场，确定要登上主席台或站在第一排的主要宾客名单，并有明确醒目的名卡。在主要宾客站立的地方应铺上地毯，以示庄严。接待人员应在活动开始前5分钟引导主宾进入既定区域。主席台座位顺序以正中间为首位，分左右两边依次类推，妥善地安排好一般宾客座次。若是筹办签字仪式，则应摆好签字者的桌椅，安排好签字仪式的座次顺序。

在实施过程中，要安排专人负责总调度工作，各项工作按计划展开，各负其责。不够周到的地方要灵活应变，妥善处理，保证活动的顺利进行。在实施活动中要做好新闻报道工作，协助记者搞好采访，向记者提供有关资料。若记者未能亲临，则要充分利用自己的条件和设备代为录音录像，写出新闻稿，提供给新闻媒介播发，以扩大纪念庆典活动的影响面。

在这里，有一点要特别注意，那就是在追求"新"、"奇"、"特"时，不能忽视了公众的心理承受能力，不能引起公众的反感，否则将会事与愿违。比如，日本某公司因名气小，而扬言用飞机在富士山撒东西，让富士山变成一片美丽的颜色。可是富士山是日本的民族象征，于是，这家公司的做法受到了强烈的抨击。后来公司只好借取消计划的名义向社会发告知性新闻，虽然知名度上去了，但美誉度却极差。又如报纸上曾经登过这样一件事：某公司为追求轰动效应，决定于某月某日的某点某分在某城市的上空抛撒人民币，该公司还在各大报刊上大张旗鼓地刊登广告。广告登出后，广大市民对该公司即将采取的这种做法极为不满，纷纷写信向有关部门表示抗议，最后，该公司策划的这一专题活动被有关部门"枪毙"。这些事例给我们这样的启示：新、奇、特必须是广大公众能够接受的，否则，只会适得其反。所以公关人员在策划纪念庆典活动时，一定要开动脑筋，群策群力，在创新上下功夫，别出心裁，力求达到既开展了一次有声有色的纪念庆典活动，又巧妙地达到了利用纪念庆典活动促销的目的，甚至还可借纪念庆典之机，开拓纪念品市场。

第五节 赞助活动

2013年，英菲尼迪凭借赞助湖南卫视亲子类真人秀《爸爸去哪儿》节目而变得家喻户晓，成为当年品牌赞助中最知名的案例。因此，2014年，英菲尼迪选择继续赞助《爸爸去哪儿》第二季，在第二季的节目赞助中，英菲尼迪投入很多精力研究广告植入的细节，以保证节目质量水准，同时又能扩大品牌知名度。通过围绕赞助《爸爸去哪儿》第二季展开的一系列线上、线下的传播活动，英菲尼迪的品牌知名度也得到大幅提升。围绕节目赞助展开的"敢爱亲情季"，是英菲尼迪迄今为止跨越领域最多、体验最丰富的体验式营销活动。其中两大主打项目——"敢爱爸爸夏令营"和"重走爸爸路"一经推出，就凭借其富有互动性、教育性、娱乐性的体验方式赢得了消费者的一致欢迎。因此英菲尼迪通过对此次赞助的公关传播，再次成为行业和公众最关注的焦点，既能持续塑造"最感性的豪华汽车品牌"形象，扩大品牌知名度，又能持续推广旗下"明星家庭座驾"，促进销量。

所谓赞助，是指由一个或两个以上的组织出资而由另一个或两个以上的组织去从事某一活动，出资企业通过该活动，达到宣传自己，建立期望形象的目的。通过赞助来参与社会活动，可以把组织与社会公众紧密联系起来，使广大社会公众在参加社会活动的同时，潜移默化地接受了企业的各种信息，增进对企业的了解和支持。同时，赞助还可以引起新闻界的注意，提高组织的知名度和美誉度。

一、赞助的作用

赞助的作用，是赞助各种社会活动的直接动因。具体来讲，赞助有以下作用：

1. 增强广告的说服力和影响力。通过赞助来做广告，能够增强广告的说服力和影响力。之所以能够这样，是因为通过赞助来做广告有两个特点：

其一是垄断性。通过对某一活动的赞助来做广告，可以垄断在此活动过程中某种产品或服务的广告，而使竞争产品无法在此活动中进行广告宣传，从而使企业产品广告的影响力大增。

其二是隐蔽性。一些组织由于其所生产的产品不能直接利用广告进行宣传和推销，他们往往就通过赞助社会活动的方式来做广告,从而达到宣传和推销产品的目的。

2. 使组织经营管理的方针政策易于被社会公众所接受。通过赞助社会活动来宣传和协助贯彻执行组织经营管理的方针政策,使社会公众在各种社会活动中潜移默化地接受组织的有关信息,也就为社会公众理解和接受组织的各项方针政策奠定了基础。

3. 培养组织与特定社会公众的良好感情。根据组织目标市场的特性,选择特定的社会活动作为其赞助项目,通过对特定社会活动的赞助,加强与特定社会公众的联系和交流,达到培养与特定社会公众良好感情的目的。例如,有许多公司经常赞助少年儿童喜爱的活动,以此培养他们对公司的好感;而可口可乐公司则多赞助青年人喜欢的各种活动,以此来争取青年人对公司及其产品的喜爱。

4. 塑造企业的良好形象。组织经营管理的目的,是为了获取收益,而对社会活动或社会公益事业的赞助,则是以奉献自身利益为前提。两者表面上似乎相互抵触,但实际上并不矛盾。通常,正是通过对社会活动或社会公益事业的赞助,表示组织对社会公益事业的关心,体现作为社会成员的社会责任感,从而塑造企业的良好形象,并因此而赢得更大的收益,达到"名利双收"的效果。

二、赞助活动的基本原则

社会组织无论是主动选择赞助对象,还是接到赞助请求时去考虑是否赞助,都应当遵循以下基本原则:

(一)社会效益原则

赞助活动要着眼于社会效应,即赞助对象和赞助项目具有较强的社会意义和社会影响,具有良好可靠的社会背景和社会信誉。如社会救灾、希望工程、残疾人福利等。

(二)传播效益原则

赞助活动直接提供了资金或物质,因此必须讲究传播效果,所赞助的项目和对象应该有利于扩大本组织的知名度和美誉度,同时要调查和分析社会公众和新闻界是否关注、程度如何等。

(三)合乎实力原则

社会组织无论开展什么形式的赞助活动,都应当量力而行,不要超过自己的承受能力。赞助经费的支出也要留有余地,以备意外之用。

(四)合理合法原则

赞助者和赞助对象都应符合法律道德,符合社会利益和公众利益,坚持原则,严格按条件办理,杜绝人情赞助、人情广告等不正之风。

三、赞助的类型

在组织的赞助项目中,常见的类型主要有以下几种:

1. 赞助体育活动。赞助体育活动，是赞助中最常见，也是最成功的形式。体育，也就因此而成为企业最愿意赞助的项目。我国广东的健力宝，就是以赞助中国体育事业，并随着中国体育事业的蒸蒸日上而蜚声海内外的。日本电气公司通过对戴维斯杯网球赛的赞助更是受益匪浅。

2. 赞助文化艺术事业。赞助文化艺术事业，也是现实生活中常见的赞助项目之一。美国的普洛特与碱宝公司，最初是一家以经营肥皂为主的公司。由于公司经常出资赞助拍摄爱情与家庭生活的电视剧，而使这类电视剧被美国观众称为"肥皂剧"。由此可见该公司在文化艺术界的影响力之大。

3. 赞助壮举和探险。由于壮举和探险往往在一段时间内会成为社会公众和新闻界关注的中心和焦点，因而，赞助壮举和探险很容易使赞助者在此时间之内也成为社会公众和新闻界关注的中心和焦点，有利于赞助者提高知名度和美誉度。这样，赞助壮举和探险，也就成为国内外许多擅长以制造新闻来进行宣传的企业喜欢赞助的项目之一。

4. 赞助社会慈善和福利事业。赞助社会慈善和福利事业，是表示企业对社会公益事业的关心，体现作为社会成员的社会责任感，从而塑造良好形象，并因此而赢得更大的收益，达到"名利双收"效果的有效途径。例如，西方许多企业经常捐资社会慈善事业，资助成立诸如弱智儿童教育基金会等机构；我国许多企业纷纷向"希望工程"捐款，以救助失学儿童等等。

5. 赞助各种竞赛活动和展览会。由于各种竞赛活动和展览会，常常成为社会公众和新闻界的关心焦点和新闻热点，通过对各种竞赛活动和展览会的赞助，确实给组织带来良好的效果。如长虹电器股份有限公司赞助的"长虹杯"全国大学生辩论赛，就使长虹电器股份有限公司随着辩论赛的紧张进行，通过电视向全国的转播而声名远扬。

6. 赞助教育、科学研究和出版事业。现在，参与赞助的组织越来越多，赞助的范围也就随之扩大，有不少企业开始对教育、科学研究和出版事业进行赞助，以支持其发展。如IBM公司对超级计算机的研究进行赞助，我国也有企业在高等院校设立科研基金、奖学基金和教材出版基金，对一些国家重要的基础科研项目、学习优秀和科研成就突出的人才进行奖励，以及对有学术价值的教材和科研成果的出版给予资助。

四、赞助实施的步骤

社会组织的赞助，有主动和被动之别。不论是主动赞助还是被动赞助，为加强对赞助的管理，达到宣传和提高组织知名度与美誉度的目的，需要按照一定的步骤来实施其赞助。一般而言，企业实施赞助的具体步骤如下：

1. 成立专门负责赞助的机构。每次赞助活动都要有它的目的。赞助活动的目的一般有以下几种：

（1）追求新闻效应，扩大社会影响；
（2）增强广告效果，提高经济效益；
（3）联络公众感情，改善社会关系；
（4）提高社会效益，树立良好形象。

为充分发挥赞助的作用，达到目的，首先应成立专门负责赞助的机构，如赞助委员会或赞助审查小组，具体负责处理与赞助有关的所有事宜。

2. 确定赞助政策和赞助方向。专门负责赞助的机构应从组织经营管理的方针政策入手，分析组织的公共关系政策和目标，然后根据组织面临的具体环境及其变化发展趋势，确定其赞助政策和赞助方向。

3. 制订赞助计划。在确定了赞助政策和赞助方向之后，就需要将之具体化，也即制订长期和短期赞助计划，以便于指导具体的赞助活动。赞助计划的内容一般应包括：赞助宗旨和赞助形式，赞助项目的性质和赞助对象的范围，以及赞助的年度预算等。

4. 审核和评定具体的赞助项目。专门负责赞助的机构应根据企业的赞助政策、赞助方向和赞助计划，对具体的赞助项目进行审查，以保证企业与社会同时受益。在审查中，为防止各种赞助活动互不关联，偏离赞助政策和赞助方向，专门负责赞助的机构还要依据成本——效益分析原则，对拟赞助的项目进行详细的分析研究，并结合赞助的年度计划进行逐项审核评定，以估测拟赞助项目的可行性，确定赞助的具体方式和费用，以及赞助的时机等。

5. 赞助项目的实施。在完成以上工作的基础上，还应派出专门的公共关系人员，负责具体赞助项目的实施。在具体的赞助活动中，企业的公共关系人员要充分利用赞助活动所提供的所有机会，扩大组织的影响。

6. 赞助效果的测定。每次赞助活动完成之后，都要对赞助的效果进行测定。对赞助效果的测定，要求将赞助的具体实施情况和赞助之后社会公众与新闻界的反应，与赞助计划中的目标逐项对照，以检查赞助计划的完成情况，分析赞助成败的原因，并形成文字报告，归档储存，为以后的赞助活动的实施提供研究资料。

五、赞助应注意的问题

在赞助审查及其实施过程中，为达到赞助的目的，需要注意以下问题：

1. 不要盲目赞助。不要盲目赞助社会活动，尤其是一些"找上门"的和所谓的热点活动。应该注意选择一些所谓的冷门活动进行赞助，并力争通过赞助使之成为吸引社会公众和新闻界注意的热点。

2. 提高赞助的效率。本组织可以出面把其他组织的资金集中起来，建立一个基金会，并将基金会交由一个非营利的信托机构管理。这样，不仅可以少花钱多办事，提高赞助的效率，而且参加这个基金会的各个企业可以用集团方式赞助一些它们也许不愿单独赞助的，或比较敏感的社会活动。

3. 充分利用赞助活动所提供的机会。赞助后，要尽量利用赞助的活动去宣传。因为，所赞助活动的主办人有许多事情要做，他们只能给赞助者提供机会，而怎样利用机会则是赞助者自己的事。

4. 考虑到参与赞助活动新闻媒介的数量和质量。参与赞助活动新闻媒介的数量和质量，不仅从某种程度上显示了赞助活动的规模和档次，还直接关系到赞助的效果，从而对组织的宣传效果有着很大的影响。

5. 严格控制赞助的预算。必须严格控制赞助的预算，不得超过赞助专门机构批准的赞助预算，以防止预算失控。

第六节

其他专题活动

一、文艺演出

1. 选定节目。节目选定要考虑客人的兴趣，也要考虑活动的目的、经费等。
2. 发出邀请。提前向客人发出请柬；发邀请时，要考虑场地的容纳量。
3. 座位安排。看节目的座位，一般根据客人的身份事先做出安排。看文艺节目一般以第七、八排座位为最佳，看电影则以第十五排前后为最佳。
4. 准备说明书。各种文艺节目，应备有说明书，提前提供给客人。
5. 入席与退席。专场演出，可安排一般观众先入座，主宾席客人在开演前由专人陪同入场。演出结束，全场起立向演员鼓掌致敬，一般观众待贵宾退场后再离去。

二、交际舞会

交际舞会是一种社交活动。通过举办交际舞会，可加强组织与公众间的友好关系和感情联络。公关人员在举办交际舞会时应注意：

1. 被邀请男女客人在人数上要大体相等。对已婚者，一般均邀请夫妇。若是企业内部舞会，可根据人员状况，邀请其他单位人员参加。
2. 较正式的舞会要发请柬。请柬上要写明舞会起止时间，客人可在其间任意到场、离场。
3. 舞会场地要宽敞。邀请总人数要与场地相应，过多会显得拥挤，太少又会造成冷场。这是主办人要特别注意的。
4. 舞池地板要上蜡，保持光滑。舞厅内可用彩灯装饰，把握光线明暗，光线要柔和，不要过强。最好安排乐队伴奏。组织舞会者应在场地、灯饰、舞曲等方面为跳舞的客人们创造热烈气氛。
5. 如有必要和条件，可准备饮料和点心，以便客人随时饮食。

三、对外开放参观

为了更好地与目标公众相互沟通，可开展对外开放参观活动，邀请目标公众如社区公众、新闻记者等到本企业参观。在组织参观活动时，一般应注意以下问题：

1. 明确目的主题。对外参观活动的目的一般有几种：提高知名度，展示自己的优良工作环境，让更多的公众了解并宣传自己；如某烤鸭店，将自己的生产车间向消费者开放，使消费者可以看到烤鸭制作的全过程，从而对产品质量深信不疑。
2. 成立机构和安排程序。如果要把参观活动办得尽善尽美，最好成立一个由组织领导人、公共关系人员、行政业务和人事部门人员组成的专门机构，明确分工，紧密配合。程序的安排也很重要，几点钟开始，一次接待多少人，由什么人出面接待和陪同，参观以前除了发放宣传资料是否还需要先看录相、幻灯或电脑资料，在什么地方设立路标，有无休息的地方和茶水饮料，是否合影留念，纪念品如何发放，等等，都需要精心安排。

3. 安排时间和路线开放参观的时间。最好能安排在组织的一些具有特殊意义的日子，如开业典礼、周年纪念节日之前等。应尽量避开假期和节日期间，并且要考虑季节和气候因素。要留有足够的时间做准备工作，较大规模的参观开放活动需3到6个月的准备时间，更大规模的或极为特殊的参观活动则需要更多时间。参观路线应提前划分好，防止参观者超越参观范围而出现意外事故或不必要的麻烦，也为了防止组织的秘密泄露和保证工作秩序的正常进行。如：日本一代表团参观浙江一个花雕酒厂，由于保密措施不严格，使日本人学会了生产工艺，从而使日本生产的花雕酒代替我国的花雕酒，占领了台湾市场。

4. 准备宣传工作。参观前，可准备好简明易懂的说明书发给参观者，或放映电影、录像、幻灯。进行介绍之后，由向导陪同参观者按事先安排的参观线路参观。要使参观活动产生持久效果，不妨向参观者赠送一份有纪念性的小册子。

5. 做好接待服务工作。

四、参观游览

组织客人参观游览，是公关人员经常性的工作。组织参观游览应注意下列几点：

1. 选定项目。根据来访者的目的、性质、兴趣和当地的实际可能，选择有针对性、客人感兴趣的项目参观游览。当不能满足客人的指定项目时，应做出适当的解释。

2. 安排布置。事先安排好参观游览的路线，预定起止时间。

3. 陪同。外宾参观时，一般由身份相当的人员陪同，接待单位也应有相应的人员出面，并根据需要安排解说员或导游人员。

4. 介绍情况。向来宾介绍情况要符合实际，数字要确切，可事先发给书面材料。

5. 摄影。通常可以参观的地方都允许摄影，不准摄影的场所应树立标志，并向来宾做出解释。

6. 食宿交通。组织参观游览要考虑用餐的时间、地点，若需住宿则事先预订好房间，注意车辆检查和交通安全。

五、宴请活动

为庆祝纪念日、表彰庆功、答谢合作者支持等事由，公关人员常常要组织宴请活动，这是一项十分繁杂的工作，需要公关人员认真对待。

宴请有许多类型。正式宴会规格较高，要排座次，席间要致辞、祝酒。便宴较随便，可以不排座次，不作正式讲话。冷餐会以冷食为主，也可用热菜，主人宾客可自由活动，自取食物，自由入座。酒会以招待酒水为主，略备小吃，不设座椅，仅设小桌，可以随便走动，形式活泼，便于广泛接触交谈。茶会是请客人品茶交谈，设茶几、座椅，不排座次，对茶叶、茶具要有所讲究。

组织宴请应注意以下事项：

（一）确定目的、名义、范围和形式

1. 宴请的目的可以是庆祝纪念日、工作交流、答谢等。
2. 宴请可以企业名义发邀请，也可以个人名义发邀请。
3. 宴请范围即邀请哪些方面人士出席，要根据宴请性质、主客身份对等、惯例习俗等多方面因素而定。
4. 宴请形式要根据活动目的、邀请对象及经费情况而定。人数少、规格高的以正式宴会为宜；人数多则以冷餐会或酒会为宜。

（二）确定宴请时间、地点

1. 宴请应选择对主客双方都合适的时间，最好事先征询主宾意见。
2. 宴请地点要按活动性质、规模大小、宴请形式及实际可能而定。

（三）发出邀请

各种宴请一般均发请柬。请柬一般要提前 1～2 周发出。需要安排座次的宴请，往往事先要求被邀请人答复能否出席。

（四）订菜

酒、菜应根据形式和规格选择安排，应考虑主宾的喜好和禁忌。

（五）安排桌次席位

正式宴请一般均安排桌次和席位。也可只排主桌席位；其他只排桌次，自由入座。无论采取哪种办法，都要事先通知出席人，使其心中有数，现场还要有人引导。

（六）实施宴请程序

主人一般在门口迎接客人。视宴会重要程度，还可有其他主要人员陪同主人排列成行迎宾。主宾到达后，由主人陪同进入休息厅与其他客人见面。主人陪主宾进入宴会厅，全体人员落座，宴会便开始。上菜一般先上冷盘，再上热菜，最后上甜食、水果等。如有正式讲话，我国习惯在上热菜之后、甜食之前进行。

本章总结

公关专题活动是组织为塑造自身形象围绕某一公共关系主题，有计划、有步骤地组织目标公众参与的集体行动，是组织与公众沟通的有效途径。公关专题活动有鲜明的目的性，以公共关系主题传播为目的。因此，掌握基本的公共关系专题活动策划的基本技巧能够书写公关策划书是本章节对学生的基本要求，也体现了对本课程的理解。

思考题：

1. 编制公关策划的步骤是什么？
2. 新闻发布会召开的作用。
3. 新闻发布会筹备需要注意的问题有哪些？
4. 商品展览会筹备的内容。
5. 商品展览会筹备应注意的问题。
6. 庆典活动的筹备有哪些步骤？
7. 庆典活动筹备应注意哪些问题？
8. 赞助活动的步骤是什么？
9. 赞助活动时应注意的问题。
10. 文艺演出活动筹备需要注意的问题。
11. 交际舞会活动筹备中应注意的问题。
12. 对外开放活动筹备的步骤。
13. 参观游览活动应注意的问题。
14. 宴请活动组织中应注意的问题。

实训项目：

	学时分配	完成方式	分组情况
项目一	0.5 学时	讨论—点评	4~6 人一组
项目二	2 学时	讨论—筹备—模拟—点评	4~6 人一组
项目三	1 学时	讨论—筹备—模拟—点评	4~6 人一组
项目四	0.5 学时	讨论—筹备—点评	4~6 人一组
项目五	0.5 学时	讨论—点评	4~6 人一组

项目一： 将各位同学分组，老师给与大家一个任务背景，大家分组讨论，制定出一份公关活动策划书。

策划书要求有以下部分：公关活动目标、公关活动目标公众、公关活动主题、公关活动传播渠道、公关活动具体安排（时间、地点、人员、事件、设备）、公关活动经费等。

项目二：

实训项目：模拟新闻发布会。

背景：大白兔奶糖被媒体爆出含有甲醛，一时间新闻媒体纷纷报道，在消费者中引起了恐慌。为此，大白兔奶糖需要及时召开新闻发布会来处理该事件。

实训目的：通过此情景模拟来掌握新闻发布会的基本方法和步骤。

参加者：将同学分成组。每组 4~6 人。每组分工任务，例如新闻组、筹备组、发言组、媒体组等。

实训过程：分工做新闻发布会的筹备和布置，并组织进行模拟新闻发布会现场。最后教师进行点评。

项目三：同学们分组为某个产品共同策划一次商品展览活动吧。

项目四：以你所在院校的校庆为主题，分成小组，撰写一份 5 000 字左右的校庆公共关系策划方案。

要求：

（1）紧密结合院校发展成长的背景资料，策划方案操作性强。

（2）充分利用公共关系专题活动的多种形式（赞助、展览、开放参观、新闻发布会、庆典、联谊等）。

（3）语言通顺、逻辑性强、条理清楚、传播效果好。

项目五：2010 年世界杯足球赛在南非举行，英利成为赞助世界杯的第一个中国企业和第一个可再生能源企业，在全球范围内进行了一次大规模营销活动。世界杯是一项在全球备受关注的体育赛事，作为第一个成为世界杯全球官方赞助商的中国企业，利用世界杯这一全球化的舞台展示自己的品牌，让英利这一品牌在中国深入人心；作为赞助世界杯的第一个可再生能源企业，通过世界杯营销使得英利成为全球太阳能产业的代表性品牌；与其他世界一流品牌同时登场，在全球树立良好的品牌形象。请评价这次公关赞助活动。

第七章 公共关系危机管理

学习目标

知识目标
- 通过本章的学习，能认识到危机是不可避免的，因此组织危机的防范是必然的
- 认识到危机预控的重要性，掌握危机处理的"三部曲"
- 正视谣言在危机中的"杀伤力"，充分重视传媒关系在危机管理中的作用

技能目标
- 能分析所在组织的危机类型
- 能协助所在组织做好危机公关的预防与预控工作
- 能协助所在组织积极应对危机，在危机处理中为组织出谋献策，尤其是能帮助组织处理好与媒体之间的关系

案例

饿了，网上订餐！这样时尚的吃饭就餐方式已经成为了大多数白领们的选择。

记者随机挑选了三家小餐厅进行暗访，餐厅招牌上均印有"饿了么"的标志。

记者首先走进一家主营黄焖鸡米饭的餐厅。餐厅内放着三张桌子，屋子里摆放着"饿了么"和"美团"等网络订餐宣传海报。按规定，营业执照、餐饮许可证、从业人员健康证等都要张贴在店铺醒目位置，但记者在这里却没有看到。

该店后厨大概七八平方米，黑黑的灶台上杂乱地摆放着调料和炊具，一名女子在厨房内炒菜，其间不时看看手机。10分钟后，记者点的两份黄焖鸡米饭就已经做好打包。厨师从裤兜里掏钱找零，随后又返回厨房继续炒菜。

第七章 公共关系危机管理

从庆丰包子"蟑螂门"到杭州小学的"营养午餐"再到如今的"饿了么"卫生事件，食品卫生事件层出不穷。

舆情监测系统监测到的相关报道：

标题			来源
订餐2，会是下一个团购吗	〖详情〗	〖饿了么〗	和讯网
暗访网上订餐饿了么后厨卫生条件堪忧	〖详情〗	〖饿了么〗	光明网一卫生
起底饿了么订餐后厨	〖详情〗	〖饿了么〗	新财富
暗访网上订餐"饿了么"后厨：公厕污水横流 碗筷放地…	〖详情〗	〖饿了么〗	今晚网天津
订餐别加了便利减了健康	〖详情〗	〖饿了么〗	新浪新闻
媒体曝光"饿了么"后厨脏乱差	〖详情〗	〖饿了么〗〖相似信息 12条〗	中新网财经
暗访网上订餐"饿了么"后厨小作坊卫生条件堪忧	〖详情〗	〖饿了么〗〖相似信息 17条〗	中国青年网
暗访网上订餐"饿了么"后厨 卫生条件堪忧	〖详情〗	〖饿了么〗〖相似信息 52条〗	百度贴吧
订餐别加了便利减健康	〖详情〗	〖饿了么〗	枞阳新闻网
媒体暗访某外卖后厨 紧挨公厕污水横流（高清组图）	〖详情〗	〖饿了么〗	人民网贵州

记者调查中发现，网络订餐平台在商家介绍一栏，本应由商家提供详细地址和证照扫描件，但实际上却没有。虽然有的商家上传了营业执照，但点开仔细查看就会发现，要么是别人家的营业执照，与实际经营地址和店名不符，要么干脆是外省市的营业执照扫描件。

2015年11月6日，记者将暗访到的情况反映给北京市海淀区食品药品监督管理局。11月9日上午，执法人员突击检查了水磨社区。

经检查确认，记者此前暗访发现的近50家大小餐厅，均属无证照经营。检查中发现大量"饿了么"订单信息及送餐车辆，基于此，海淀区食药监局除对涉事的餐厅依法处理外，还对提供服务的平台——"饿了么"进行约谈，责令其立即关停水磨社区的违规商户。

9日晚，"饿了么"网络平台已将涉事的餐厅网店关停。初步统计，在水磨社区共有36家餐厅接入了"饿了么"平台提供订餐服务，目前已全部关闭。记者通过APP已经无法搜索到之前暗访过的餐厅。

相关网友评论大概分为三类：

一类："饿了么"对店家资格的审核不严，负有监管审核不严的责任。

二类："饿了么"只是一个订餐平台，而政府有关部门的监管不力、不作为和"黑心"商家负有更大的责任。

三类：外面的小店食品卫生一直如此，还是去值得信赖的饭店用餐，平时尽量少在外面吃最好自己做。

舆情评论：问题出现后再讨论是谁的责任已经意义不大，现在的食品安全问题绝对不仅仅是某个"黑心"商家就能造成的，一方面是部分店家"唯利是图"只关心利益，从不会想到消费者食用后对身体的不良影响，这也就是生活中一些商家自己生产什么食品就从来不吃什么食品现象产生的原因。另一方面是政府职能部门的监管不力，执法不严造成的，还有就是部分电商只求迅速扩大市场而对平台上的商家审核不严，缺乏责任感和对消费者负责的态度。

食品卫生问题一而再再而三的产生，需要各方努力才能从根本上解决。

资料来源："起底'饿了么'后厨"，搜狐新闻 2015 年 11 月 10 日。

第一节　公共关系危机概述

在当今市场竞争日趋激烈和信息传播空前迅速的时代，组织不可避免地面临着各种危机的挑战。危机处理或应付意外事件是公共关系中最新的项目，也是它的最富有挑战性的工作。组织处理危机时，要从平时预防的工作做起，在灾难事件到来之前，公关人员要有危机预见和危机应变的准备，并能采取措施使大量的潜伏危机在爆发之前就得以遏止；一旦发生了某种意想不到的或不可抗拒的危机，公关人员就要全力以赴，配合其他管理部门在尽量短的时间里使危机得以有效处理；在危机过后，公关人员还要担负起重建企业形象的工作，使企业重新获得公众的信任和支持。

一、危机的涵义

组织危机是组织运营过程中的一段不稳定的时间和不稳定的状态。组织危机经常表现为由于某些突发事件严重影响组织生产经营活动的正常进行，使组织形象受到严重损害，甚至影响到企业的生存。

当然，突发事件只是起到危机的导火索的作用，它本身并不是危机产生的原因。例如，厂房坍塌造成一家公司的人员伤亡和设备损坏，但是造成坍塌事件的原因则不是坍塌本身，而是厂房年久失修，加上安全措施不善，以及某位主管的失职造成的。又如，一家公司由于不能及时得到贷款，使生产经营受到严重影响，追究这一信贷危机的原因，可能与今年以来银行的紧缩政策有关，但更主要的是由于公司连续几年经营成绩不佳，加上近来公司的销售贷款不能收回，造成公司资金周转失灵，如此困难关头，又出现于公司不利的新闻传播，使金融机构失去对公司的信任，显然，造成这种危机的原因已长期存在，突发事件只是使危机得以迅速爆发的原因。从这一分析来看，企业危机包括企业问题潜伏尚未爆发时的情形和发生一些突发事件使危机显现化的情形。根据美国危机处理专家菲克（Steven Fink）所做的总结，企业危机常会有下列征兆：

第一，企业遭遇的问题日益严重；

第二，受到新闻界和政府的密切监督；

第三，影响企业的正常营运；

第四，危害企业及企业主管的良好形象；

第五，最后影响到企业的生存。

假如组织中出现了这种急剧恶化的情势，就必须立即采取措施，控制危机的扩大和蔓延，使局势逐步缓和下来，最后解决危机。也即对于公共关系主体而言，危机公关实际上就是组织在处理危机时所采取的一切手段和策略，是指用来解决组织因外部客观环境或内部主观因素给组织机构带来的各种不利影响，避免损失或是将损失控制在最低限度，及时挽回组织声誉，重新建立起新的形象和信誉的公关工作。

二、危机的种类

社会组织常常遭遇到以下几种危机：

（一）灾变危机

灾变危机是指由于自然灾害和不可抗拒的社会灾乱所造成的企业危机。例如受洪水、雷电侵袭或因战争因素使企业的正常营运受到影响而引发的危机。这种灾变性危机主要危害到企业经营的实力，而对企业声誉影响不大。

（二）信誉危机

信誉危机是指企业信誉和企业形象受到严重损害的危机。这种危机往往是由于企业不能履行合同或产品质量低劣，危害消费者利益所造成的。它不仅使企业失去众多客户的信任，而且因舆论产生的不利影响会使企业失去更多公众的信任和支持，结果使企业生存岌岌可危。

（三）经营决策危机

这一危机多是由于企业领导决策失误或管理不当造成的。美国汽车界在20世纪70年代石油危机的冲击下，未能抓住时机开发小型汽车，而继续生产大型豪华车，因而受到日本小汽车竞争的巨大打击。错误的经营决策使美国的克莱斯勒、福特等著名汽车公司遭受了一场严峻的经营危机。经营危机多是由于长期隐藏着经营决策上的失误，经过较长一段潜伏期后爆发的，若不立即做出决定性的变革，将会使生产经营严重恶化，最后使企业失去生存的可能。

（四）信贷危机

信贷危机也称信用危机，主要是指企业失去金融机构的信任，无法得到必要的周转资金，致使企业生产经营活动无法进行而导致的危机。我国近年来发生的企业间长期拖欠贷款，已使许多企业甚至银行的资金周转发生困难，严重影响到国民经济的正常运行因而也形成了一种特殊形式的信贷危机。企业信贷危机多是一种次生性危机，往往是继经营危机或商誉危机之后爆发的。

（五）素质危机

素质危机是指企业素质过低，竞争力极差，无论人员素质、设备素质或管理水平在同行业中均属下乘，企业在新技术引进、新产品开发和市场竞争形势下一筹莫展，处于被动状态，路子越走越窄，最后或被兼并或另谋他路。我国一些中小企业和乡镇企业多发生这种危机。

（六）形象危机

形象危机多是指企业内部发生丑闻而使企业形象受到严重损害的危机。例如，企业被指控有贿赂国家工作人员、偷税漏税、倒买倒卖等违法行为；或者企业领导被揭露出有贪污、安插亲信、挥霍浪费等问题，而使企业形象遭受到严重损坏。企业形象危机是本质危机，若不采取重大改变，危机是难以渡过的。

除上述六种危机以外，企业还会发生人事危机（如在中小企业中，关键人物的死亡可能危及这些企业的生存）、环境危机（如企业有意、无意地污染了环境，引起新闻界和政府的追查，致使企业面临严重危机）、政策性危机（如国家价格政策的调整使一部分企业受原材料价格的大幅度提高的冲击而使企业生产经营难以维持）等类型的危机。一般情况下，各种危机是相互关联的，一种危机发生后，会引发另一种危机。因此，对企业来说，一旦发生意想不到的危机，应立即遏止危机，使之不会蔓延引发其他的危机。

尽管如此，许多严重的危机爆发后会带来不少后遗症。

三、危机公关工作的意义

危机中进行公共关系，这是公共关系的一种特殊表现形态，是组织的公共关系水平的综合显示。危机公共关系在整个组织公共关系中有着举足轻重的地位。具体说来，危机公关的意义主要表现在以下几个方面：

第一，有效的危机公关有助于预防不期望的事情发生。危机公共关系的主要内容之一就是要积极主动的对各种不利的因素采取预防措施，防患于未然。它要求组织及其成员时刻提高警觉性，善于发现问题，将危机扼杀在萌芽状态，有助于组织的良好运作。

第二，危机公关是组织维护和重建自身形象的客观要求。危机事件的发生会使组织形象遭到巨大破坏，危机公共关系通过采取有效的补救措施解决当前危机，从而使组织整体形象得以维护。同时，组织在危机中呈现的态度构成了组织的"危机形象"。组织通过危机公关，不仅可以化危为安，还可以巧借危机，树立组织知错能改、勇于承担责任的良好形象，从而增加组织的知名度。

第三，危机公关有助于增强组织成员的公关意识，提高组织的整体公关水平。危机公关并不是单一的公关传播过程，它是传播、策划、事务的同时并存，需要运用各种具体有效的公关技巧，因而是对公关人员的综合能力、基本素质和公关专业水平的全方位检验。这种检验又使公关人员发现自身的不足，促使其提高公关能力和技巧，从而推动组织的公关水平不断得到提高。

第二节

危机公共关系预控

建立危机预测制度是防患于未然的一项重要措施。其主要内容包括成立危机处理小组、进行模拟危机训练、建立有效的危机联系网络等。

一、成立危机处理小组

发达国家成立危机处理小组的成功经验，是顺利处理危机、协调各方面关系的组织保障。危机处理小组的成员一般是由组织决策者、公关主管以及安全、工程、后勤、人力资源等部门负责人组成，其职责是平时定期检查危机问题管理计划，预测变化趋势，修改完善应急措施，一旦有情况即站到危机处理第一线。

（一）挑选危机处理小组成员

在一场危机或模拟危机中，会出现各种各样的领导风格。虽然富有"人情味"、积极投入型的经理一般是危机处理小组最有效的领导，但他的这种风格有时也可能妨碍紧急情况下做出果断的决策。小组成员应由职位相对较高的公司经理或其他专业负责人员组成。这些人员要经过仔细挑选，应考虑其个人素质和才能，例如，视野宽阔、处事冷静、决策迅速、表述清楚，他们个人在组织中的地位、身份以及他们对组织和组织所在行业所处环境的了解程度。小组领导要认识到各成员不同的风格及价值，并将他们有机地组合在一起，在危机中发挥最大的功效。

危机处理小组成员常见的风格有：

1. "点子"型。即一些富有创造性的人员，他们不断提出新建议、新点子。有些建议也许不着边际，但有些可能确有长处。关键在于由领导去粗取精，滤取可行建议，舍弃其他，而又不打击这类人员参与的积极性。

2. 沟通型。这类人员协助进行小组内外的信息传播沟通工作，他们不一定是小组领导。

3. "厄运经销商"型。这属于"魔鬼辩护人"，他们对人们提出的每一个建议和解决问题的方法都提出异议。

4. 记录型。这是一些工作有条不紊的人，其所做的记录和日记都保存完好，他们所充当的角色要比做决策人舒服。当然，这也属一种重要角色。

5. 人道主义型。这是一类以人为导向的工作者，他们解决问题的方法总是倾向于人性的一面。在危机紧急情况下，他们属高瞻远瞩之人。

(二) 危机处理小组的作用

企业的危机处理小组主要发挥以下几方面作用:
1. 全面、清晰地对各种危机情况进行预测。
2. 为处理危机制定有关的策略和步骤。
3. 监督有关方针和步骤的正确实施。
4. 在危机实际发生时,对全面工作做指导和咨询。

通常自然物质或金融财务方面的危机要比意识形态或政治方面的危机容易分类或容易预测。意识形态的危机,例如对雀巢公司产品的抵制最终导致了人们对多国公司在全球行为的质疑;或是政治导向的危机,例如由于对英国银行业实施"意外收入税"政策而引起的危机,虽然它们是逐渐显现的,但其灾难性严重。

危机处理小组成功的秘诀在于认识外部公众决策过程的特性。要分清敌友,了解他们的观点和决策对组织的运营行为可能造成的冲击。组织应追踪一些团体或个人(无论是欧共体、国家政府、政治活动家、公务人员,还是地方政府、环境保护主义者等)的观点和态度,然后根据其对组织影响的程度进行排队,并为处理有关存在的问题拟定方案。

二、对危机的预测

分析组织可能发生的危机形态,密切监测危机发生的征兆。危机预测的内容包括:本企业可能会发生哪些危机,危机的性质及规模,它对各方面可能带来哪些影响。分析包括:这些可能发生的危机原因是什么,按轻重缓急加以分类:A 类,最可能出现的危机,例如质量问题、客户关系等;B 类,有一定可能性,但不常出现的,例如违约、失窃、失火等;C 类,较少发生的危机,例如地震、洪水等天灾。通过预测分析,对危机管理做到心中有数。

三、制定应急措施

根据可能发生的不同类型的危机制定一整套危机管理计划,明确怎样防止危机爆发,一旦危机爆发应如何立即做出针对性反应措施。可将计划措施印制成危机管理手册,在各个环节确定适当人选,教育全体员工和各环节负责人熟悉管理手册与职责,做到招之即来,来之能战,战之能胜。

四、进行模拟危机训练

模拟危机训练对提高企业实际处理危机的应变能力和工作水平具有积极的作用。这种"模拟训练"主要采用案例学习和案例分析的形式,即应有专人收集报刊上有关危机处理的案例资料,进行归纳整理,定期组织有关人员讨论学习。另外,还可聘请专家传授危机处理的方法与技巧,或在专家指导下进行模拟危机训练。

五、确定企业发言人

由发言人及时以恰当的方式代表企业发布信息,阻止谣言流传,维护形象。关于危机期间新闻发言人的资格和要求,国外危机管理专家曾提出以下原则,值得我们借鉴:

1. 必须受过专业训练。
2. 尽可能向媒体提供充分的信息。即使不是很了解重大事故的始末，发言人也可以向记者提供有用的背景资料，这有助于获得记者的好感。
3. 应尽早确定和媒介相处的策略，并通知所有的企业或组织高层领导。
4. 面对媒体，社会组织应当尽量争取各种可能的帮助，以处理好各种问题和多方面关系。
5. 应及早掌握整个事件情况。只有这样，才能设定时间表，以便一一答复记者的提问。
6. 充分运用事先准备的资料。面对媒体记者的时候，应灵活运用地图、照片、表格等辅助资料说明事件发生的情形。
7. 遵守对媒体做过的所有承诺。若如果答应在30分钟以内提供给记者某份资料，那就应当全力办到，否则不要轻易作出任何承诺。
8. 获得信息后应尽快告诉媒体，即使是片段的信息也好。
9. 掌握各种传递信息的方式。

六、建立处理危机联络网

根据可能发生的危机，与处理危机的有关单位建立联系，形成网络，以便危机出现后能及时有效地合作。这些单位包括：新闻媒介、医院、公安消防部门、邻近驻军、相关科研机构、保险公司、兄弟单位等。事先使他们了解可能出现的危机，以及寻求可能的帮助等。特别要注重平常的新闻联络工作，与新闻媒介保持良好的沟通关系。

第三节

危机公关处理

发生在许多企业身上的危机事件，使得很多人、很多的部门卷入进去，造成了巨大的经济的、心理的、政治的以及各种的社会影响。在这样一场危机中，对于置身于以及其他暂时置身事外的企业而言，现在需要做的，是趁着危机还没蔓延到自己身上，尽快启动企业全面自检工作，一旦发现问题即刻整改。

同时，企业还应密切监测相关信息的走向，在防御潜在危险的同时，把握为企业树立正面形象的机会。

实践证明，具备危机应变计划的组织，一般能较成功地处理各种危机。应变计划能够赋予危机处理人以信心，这种信心有助于在紧急关头下达正确的决定。社会组织的决策者和公共关系人员，应当掌握一般的处理危机的方法和技巧，以便无论发生什么紧急情况都能依循这一方法来处理。

一、危机处理的一般程序

当危机爆发后，处理人员或处理小组可按以下程序（或步骤）处理危机：

（一）辨识危机

一般危机爆发总是由某个突发事件引起的。例如，意外火灾造成某工厂严重的灾害危机；油轮失事造成某公司严重的环境污染危机；药品或食品中毒事件使制药或食品公司面临严重的危机。这些突发事件直接造成了一场场危机。但是，我们要问，什么样的或什么程度的突发事件才造成企业危机呢？根据上节我们谈过的几种征兆，可以辨识一种事件是否导致了危机：

- 如果这一事件不加处理任其发展，会不会越来越严重？
- 这一事件是否引起了新闻界和政府主管部门的注目？
- 这一事件是否影响了组织正常的营运？
- 是否损伤形象，或使公众对组织丧失信任？

如果辨认出某一事件引起了危机，就要勇于接受危机这一事实，而不要自欺欺人。事实上，只有正视危机才能及时处理危机。辨识危机后，要迅速成立有专人负责的危机处理小组，或将早已成立的危机应变小组改组成危机处理小组，具体着手危机处理的各项工作。

危机处理小组的第一个任务是辨识危机影响的范围和危机影响的公众，以及估计事件可能对公众舆论和企业造成的后果。这一工作对下个一步骤的行动具有重要意义。

（二）控制危机

危机爆发之后，并不会慢慢自行消失，相反，它会恶化扩大开来，并且迅速蔓延到其他危机上。因此，危机处理人员一旦认清某种危机后，必须先遏止危机的扩大，同时隔离危机，使其不影响别的事物。这个紧急控制危机的策略如同消防人员救火一样，不容迟疑。1982年美国芝加哥地区发现有人因服用泰利诺胶囊而中毒死亡，生产这一药品的娇生公司在认清这一事实后所做的第一项明智决定就是电传通知各分销站停止销售此类药品，以阻止中毒事件继续发生。迅速控制住危机，为下一步危机调查和解决危机打下了基础。要有效地控制危机，危机处理负责人和其他人员（例如危机处理小组的成员）应当暂时放下原来的工作（交给他人代理），专心一意地应付危机，千万不要让其他毫无关系的事分散精力。

（三）危机调查

在控制危机时，情况紧急，不易对危机作深入调查，以免贻误时机。而在灾难得到遏阻，危机得到控制后，就要立即开展对危机范围、原因和后果的全面调查。娇生公司经过调查和搜集有关资料发现，泰利诺胶囊中毒并非生产线上的事故，而是有人将泰利诺胶囊外壳换成含有氰化物的胶囊外壳，包装好，再放到芝加哥地区的七家药房和食品店的货架上面，致使7人服用后惨死。这完全是一起人为的破坏事件。但是中毒事件已传遍全美，无人再敢买该公司的产品，公司声誉也一落千丈。危机调查是做出危机处理决策的重要前提，因此这一工作非得认真仔细不可，必要时，必须寻找有关技术专家和政府有关部门的帮助。

（四）处理危机

处理危机包括决策和行动两个方面。决策就是要在危机调查的基础上制定正确的危机对策。一般危机决策要在危机处理小组成员共同商议的基础上产生。如遇到不同的决策方案，要仔细比较各方案的优缺点，然后选择最接近成功解决危机的目标的方案。决策方案做出后，就要迅速地加以实施，切不可"议而不行"，或考虑过多，迟迟不敢行动。优柔寡断，其结果会贻误时机，使危机愈加深重。1980年，美国偷袭伊朗营救被扣人质行动的失败，被认为与卡特总统的优柔寡断有直接关系。作为成功的例证，娇生公司在处理危机时遵循了"决策正确，行动果断"的原则，他们一面迅速查清原因，不断向社会公布真相；一面搜集舆论反应，改进包装。改进后的特殊包装一经打开，就留有不能抹去的痕迹，使人无法偷换内装药物，同时，还大规模免费发放样品，使顾客产生安全感，逐渐恢复信任，终于使危机平息。

二、危机中的传播

现实生活中，对危机的处理要比上述四个过程复杂、严峻得多，其中原因之一是危机处理还须解决好危机传播问题。危机的发生和演变并不是孤立和封闭式的，而是与外界环境息息相关的。危机事件发生后，经过新闻媒体的报道和渲染，会引起公众的强烈反应。公众的反应和强大的舆论压力反过来可能加速或减缓企业的危机。因此，作为危机处理人，特别是公关人员，应该注意控制对危机信息的传播，要有能力影响大众对已经发生或正在发生的事件的初步或者全部的看法。

控制危机传播，并不是如过去航空公司的愚蠢做法那样，在发生坠机事件后，机场人员立即带着一桶白漆冲到出事地点，赶在新闻记者出现前，把航空公司的名称涂掉。这种试图掩盖或歪曲危机事件真相的做法经证明是无助于危机处理的，相反会使危机更深重。因此，所谓的控制危机传播，实际上是要保证危机信息传播的流畅和信息的正确。同时，也是为了争取公司对危机的解释能力，要让大众了解公司的声明和公司正在进行的危机处理的进展。

那么，怎样控制危机传播有助于配合危机处理呢？

（一）向新闻界和公众开放信息传播的通道

为了让公众立即了解危机的事态和公司正尽责地处理危机，应该把必要的信息公诸于众。一般情况下，在一场灾难事件后，会出现各种谣传、猜疑和争论，这些经常会歪曲事实，给组织造成更为不利的影响，因此，在发生危机后公关人员要迅速与新闻界取得联系和沟通，要尽量搜集资料，并向公众传递必要的信息。这里须牢记，在与新闻界沟通时要诚实。如果不能做到这一点，新闻界会认为你不是一个可靠的消息来源，你说什么他们都会存疑，这样，你就会失去控制信息传播的机会。另外，假如平时公共关系做得好，与当地新闻机构建立了良好的关系，那就比较容易将可靠的消息交新闻媒体发出。

（二）确立公司发言人

发言人最好由危机应变小组在事前确定，也可以临时委派。发言人的人选视危机性质和严重而异。有关经营方面的重大危机可由总经理担任，技术方面的危机让总工程师担任为好，而主要系外部公众的原因导致的危机可由公关部经理出任。当然，发言人也不限于一位，由两人或三人分管某一方面的发言，也是一种合适的方式。但是，有一点须明确：一个受委派的发言人应成为所有正式信息的唯一来源。整个危机处理小组的信息要全部汇向指定的发言人，发言人要完全了解和明白发布的信息。

（三）建立一个新闻站

来到紧急事故现场采访的记者应被指定到一个安全的新闻站，在那里得知危机发生的情况和危机处理的进展。新闻站中应备有一定数量的通讯设备（如电话、打字机等），以便给新闻记者的通讯提供方便。

（四）控制新闻的走向

要做好这项工作，须记住以下几点：

1. 公司发言人在发布消息或声明时，要在尽力维护组织形象下说明真相。要用积极的方式发表正面的声明，不要处于被动，只顾对新闻记者提出的问题进行辩解或辟谣。公司的发言人应该设法将负面的消息转变为正面的新闻，至少也要把负面的消息冲淡才行。例如，有一个雇用1 000个员工的公司，因为经济不景气，被迫削减200人，遇上这种情况，新闻媒体如果仅报道公司无情地遣散200人，那将产生十分不利的影响。但是如果公司发言人先向新闻媒体说明，公司已尽一切努力想维持这200人的工作，现在被迫遣散200人的目的，在于维持其他800人的工作，然后补充说明，本公司已拨出100万元用于这200人的遣散费，公司还要为他们寻找新工作提供帮助，那么，将会取得公众的理解。

2. 把握透露消息的时机。例如，在管理人员未通知家属前，遇难者的姓名不要向新闻界透露，公司尚未付诸实施的危机处理计划也不要轻易透露。

3. 不要作推测性的结论。完全根据调查事实和统计资料来说明问题，作推测性的结论会使公司陷入被动。

4. 纠正错误信息。新闻媒体除公司本身外还有其他如警察、消防部门、现场目击者等信息来源。公司发言人应当注意其中的一些错误信息，并提供事实真相。

5. 控制摄影者。同一个图像可以有不同的解说，所以要格外警惕可能歪曲事实的摄影者。

（五）注意一些特殊的发言

在许多情况下，公司发言人要通过记者会、新闻稿、接受访问等方式向社会大众提供危机处理信息。但是，公司还须对一些至关重要的公众提供特殊的发言，它包括：

1. 职工。不管他们是危机事件的目击者，还是从新闻报道中获悉危机发生的，公司都要设法在危机爆发后的 24 小时内,告诉他们事情的真相,并且告诉他们公司已着手调查处理,希望他们保持镇静和信心,配合公司克服危机。

2. 客户。要向客户再三保证,局势已得到控制,订购的货物一定会准时(或迟一周)送达。另外,必须设法说明他们保持对本公司的信心。

3. 股东。要向股东说明危机处理的进展,告诉他们:公司一定能控制住危机,绝不辜负他们的信任,在彻底解决危机之前,他们会定期得到通报。

4. 政府主管和社区的领袖。除向他们通报危机和危机处理情况外,要努力争取他们的谅解和支持。

5. 保险公司、律师。适时向他们通报危机和危机处理情况。

6. 受害人亲属。应尽可能派遣公司最高级的主管,亲自慰问受害人的亲属。

危机传播控制的目的,在于使公众获得真实的信息,同时,也是为了获得公众的谅解和信任。公司发言人不仅要制定周全的危机传播控制计划,而且要有高超的胆略和技巧来与新闻界沟通。例如,在举行记者会时,发言人面对记者们的炮轰时,必须能控制住记者会场,取得使记者们心服口服的效果。

三、组织形象的重建

对于公关人员来说,危机解决后,下一步的工作,就是重新建立在公众心目中的形象。危机对于任何组织都是异常严峻的考验,有时,危机对一些素质良好的组织并无太大的损坏,反而帮助它树立良好的形象,这是因为灾难事件给组织提供了一个向公众展示其高超的应变计划和处理技巧的机会。但是,对大多数经历危机的组织来说,不管是否有能力解决危机,其形象都不同程度地受到了损害。正如形象的建立是一项长期的努力,组织形象的损害也是一种潜在的长期的损失,其不利影响会在今后企业的生产经营活动中日益显现出来。因此,在危机过后,公关人员应该在如何重建企业形象上多下功夫。公关人员应该牢牢记住:只有当企业的形象重新得到建立,企业才谈得上真正转"危"为"安"。

(一)重建企业形象的目标

概括地说,危机后重建企业形象包括四个方面的目标:使死者家属得到最大的安慰和谅解;使怀疑者重新成为忠诚的合作者;使利益受损者重新获得作为支持者的信心;吸引新的支持者。

具体地说,不同组织根据自己的特殊情况,选择形象重建的重点。如,煤炭公司在经历一场瓦斯爆炸的灾难后,特别应当在内部职工中做好沟通和交流工作,而对一家发生信用危机的股份公司来说,其形象重建的目标首先是争取银行等金融机构以及在危机期间利益受到损失的股东的信任和支持,其次才是想方设法吸引新的支持者。只有使形象获得重建,企业才能真正转危为安。

(二)重建形象的途径

组织重建包括改善组织经营、体改组织的社会责任等各个方面的努力。这里仅从公共关系的角度探讨重建组织和外部两种途径。

1. 建立有效的沟通。许多企业在发生了劳企纠纷之后才认识到要搞好企业与职工的关系。其实，在企业内部建立有效的沟通，不仅是预防而且是建立企业形象，使职工与企业建立起一种忠诚合作关系形成强大凝聚力的重要前提。那么，如何才能建立一种有效的沟通呢？这就是创造一种新的劳企交流的战略。这一战略有四个要点：

第一，企业要积极安排交流活动，以形成企业与职工之间的上情下达、下情上达的双向交流。交流包括出版物和面对面的交谈。有最高管理部门参加的面对面的交流，是企业与职工沟通和交流的最好办法，它使最高领导人有机会详细阐明企业的发展目标和为此所做的种种努力，同时也使职工能将他们的反映和意见准确无误地传递给企业决策者。

第二，企业须将劳资交流制度化，以强调企业与职工的相互依赖关系。企业要以条文形式，告诉他们企业已做出了在新的环境中生存发展的计划、告诉他们企业希望职工们参与决策过程；告诉他们有了他们的帮助，企业就有前途；告诉他们乌云正在散去，已经看到了光明。

第三，企业要特别做好与中层管理人员的沟通工作。经理或厂长必须定期召开会议，告诉部门领导关于公司和行业的最新发展，这将提高部门领导的信任感和效率，以及增加他们在与职工交流时的发言能量。

第四，企业在与职工交流时必须做到诚实和坦率。企业要想得到它的职工的信任就必须推心置腹、相互谅解。这样，即使企业遇到一些困难，而不得不牺牲工人们的利益时，也会获得职工们的理解、信任和支持。

2. 建立向公众传递信息的通道。危机过后，组织一般都碰到一个难题，那些素与本公司交往甚密的公司、银行变得冷淡和怀疑。这种情形说明，企业必须借助公共关系工作来消除怀疑者的顾虑，以重建企业的信誉和服务。那么，公关人员如何进行这一工作呢？这就是要利用信息去影响舆论，通过舆论的力量来消除企业的阴影，重新获得公众的信任。可借鉴的具体做法如下：

第一，组织应与那些平时与自己息息相关的公众——消费者、供应商、经销商、股东、经济分析家、新闻媒介、法院和调解团体——保持信息联系，告诉他们危机后企业的进展，在进行与公众的沟通联系时，务必坦诚，要将企业的有利因素和面临的困难如实告诉他们，以争取他们的同情和支持。

第二，组织要不失时机地将生产经营或其他方面取得的成绩报道给社会大众和企业职工，以创造一种耳目一新的印象。当然，要建立一种信息传播的通道，必须一如既往地搞好与新闻界的关系。

第三，组织可视形象受损的性质，重点加强这方面的公关活动。例如，企业在经历了一场环境危机后，可以选择时机（如世界环境日）举办如与环境保护宣传有关的文艺晚会等活动来重建企业的良好形象。公关人员所进行的活动可以多种多样，但其目标只有一个，那就是重建企业形象，为企业的生存和发展奠定良好的基础。

本章总结

公共关系危机对于现代组织来说是每时每刻都有可能爆发的，公共关系危机管理是现

第七章
公共关系危机管理

代组织管理领域的一个持续不断的研究课题。现代组织的公共关系人员必须了解公共关系危机产生的成因，树立公共关系危机意识，做好危机的预防预控工作，在危机爆发后，依据危机管理的原则、程序以及策略妥善处理各类公众关系，帮助组织尽快转危为安。但这一切不仅依赖于公关人员，依赖于组织内部各个成员，还需要有组织外部的各类相关公众在危机事件中的信任和支持。

思考题：

1. 企业组织存在哪些类型的危机事件？
2. 组织开展危机公关的意义何在？
3. 分析讨论社会组织进行危机预控的意义。
4. 如何进行模拟危机训练？
5. 危机处理小组的作用是什么？
6. 危机事件发生后，组织如何处理好与新闻媒体之间的关系？
7. 讨论危机发生后，受影响最大的是哪一类公众？如何消除不利影响？

实训项目：

	学时分配	完成方式	分组情况
项目一	0.5 学时	讨论—点评	4~6 人一组
项目二	0.5 学时	讨论—点评	4~6 人一组
项目三	1 学时	讨论—填写实训考核表	4~6 人一组
项目四	1 学时	讨论—填写实训考核表	4~10 人一组
项目五	1 学时	讨论—填写实训考核表	4~10 人一组

项目一： 有一家企业储存的化学原料发生爆炸，还没有来得及召开新闻发布会，电话和各种询问就不断涌来，其中有许多电话是记者打来的。假如你是企业的电话接听人员，你该怎样回答他们的问题？应注意哪些事项？

项目二： 一家经营食品的公司因为产品贬值而出现中毒事件引发了危机。该公司采取了许多办法和措施来挽救公司面临的危机，取得初步成效。这时，公司领导宣布，危机已经基本结束，要求抓紧时间组织生产，夺回经济损失。请问，公司领导的行为是否正确？善后工作要点有哪些？

项目三： 某医药零售企业是江苏省扬州地区著名的老字号药店（入选"中华老字号"，商务部已经公示）1912 年。近百年来，该企业人以药德经世，以仁德之心服务大众，以热情周到的特色服务呵护百姓生命健康，深得老百姓的信赖。为充分发挥老字号的品牌优势，发展和壮大现代服务业，1999 年 6 月 12 日，以百年老字号"某某某"为品牌，按照"八统一"的标准，以"德正药真"的理念，引入现代化经营机制，将其所属 21 家药店组建成扬州大德生医药连锁店，实施连锁经营。

2006年6月28日，经股权置换，该企业加入中国医药集团旗下零售板块，正式更名为"江苏某某某药房连锁有限公司"在引入国大顾客至上、团结合作，以及强调企业执行力和诚信经营的先进的企业文化后，通过严格的管理，精心的运作，以"质量"为生命，为顾客提供优良的服务和优质的药品，大大提升了企业品牌的美誉度。2002年11月，大德生成为全省首批一次性通过国家GSP（《药品经营企业质量管理标准》）认证现场检查验收的连锁药店，2008年1月27日又一次性通过国家GSP换证现场验收，被市民誉为放心药店，信得过药店。

目前，该医药零售企业门店总数达100家，其中直营店94家，加盟店6家，门店网络覆盖扬州、泰兴、靖江、镇江等地区。现有职工总数591人。各门店在各层各级都以客户第一为发展方向，坚持开展药学服务，拥有一支达200人的高素质、业务精湛的执业、从业药师队伍。该企业被《中国药店》杂志社评为2003年、2005年及2006年度中国药店百强企业；同时，还被评为"江苏省医保定点信得过单位"。2006年、2008年被江苏省宣传部等十部门评为"江苏省百城万店无假货示范店"。未来，企业要成就"打造中国药品零售第一品牌""树立家庭健康顾问第一形象"的宏伟愿景。

请根据该企业概况，分组讨论后制定出企业的危机压力表。

危机公关评价评分表

考评人		被考评人	
考评地点			
考评内容	绘制企业危机压力表		
考评标准	内容	分值/分	
	在讨论中态度认真，积极参与	20	
	压力表的可行性较强	30	
	对企业情况非常熟悉，对该行业发展基本态势能把握	20	
	知识面较广，思维角度多样化	20	
	实训报告符合要求	10	
合 计		100	

注：考评满分为100分，91分以上为优秀，81~90分为良好，71~80分为中，60~70分为及格。

项目四：某继电器公司把曾发生了严重产品质量问题并被权威媒体曝光的日子定为"厂耻日"，每年搞一次纪念活动，之后还不定期地开展危机管理预警方案的演习，以提高企业的危机意识和危机应对能力。近期，该公司决定开展一次大规模的危机演习，负责演习组织工作的公关部工作人员为此应该做哪些准备？请你制定一份方案并模拟实施。

第七章 公共关系危机管理

危机公关评价评分表

考评人		被考评人	
考评地点			
考评内容	危机管理方案的制定与演习		
考评标准	内容	分值/分	
	在模拟训练中态度认真,积极配合	20	
	模拟演习组织完善、效率高	30	
	对相关知识理解准确	20	
	实训中能灵活运用各种方法与技巧	20	
	实训报告符合要求	10	
合 计		100	

注:考评满分为100分,91分以上为优秀,81~90分为良好,71~80分为中,60~70分为及格。

项目五:某企业生产出一种新型的玻璃钢燃气灶,投放市场后受到消费者的欢迎,销售业绩不错。可是,由于多重因素的综合作用,出现了几起燃气灶表层的玻璃钢发生爆炸的情况,有一位家庭主妇还受了轻伤。为此,消费者到当地的消费者协会去投诉的同时,直接找到厂家,提出种种要求。如果得不到满意的答复和处理,他们还将向新闻界投诉。请你根据该企业面临的危机,为解决这一事件找到合适的办法与对策。

危机公关评价评分表

考评人		被考评人	
考评地点考评内容	危机管理的对策与技巧		
考评标准	内容	分值/分	
	在模拟训练中态度认真,积极配合	20	
	应对及时,能迅速制定危机对策,采取有效措施,控制事态发展	30	
	态度诚恳,以公众及社会利益为重	20	
	公众满意,信任度有所恢复	10	
	处理灵活,有主见、有创意	10	
	实训报告符合要求	1000	

注:考评满分为100分,91分以上为优秀,81~90分为良好,71~80分为中,60~70分为及格。

第八章
公共关系技术

知识目标
- 了解公共关系新闻策划的概念与原则
- 了解公共关系广告与商业广告的区别、公共关系广告的类型
- 了解公共关系演讲的优势
- 了解公共关系文书的概念、分类与特点
- 了解公共关系简报的概念、特点与内容

技能目标
- 掌握公共关系新闻策划的技巧,并能协助进行新闻策划
- 掌握公共关系广告运作的一般程序
- 掌握公共关系演讲的技巧与艺术
- 掌握常用的事务性与应酬性公共关系文书的写作
- 掌握公共关系简报的写作格式

 案例

春晚红包营销,带动华为品牌的"速跑时代"

刚过去的猴年除夕,有超过 1 亿人通过支付宝"咻一咻"抢到总值为 8 亿的春晚红包,超过 2 亿人收到了带着暖意的祝福。

华为手机通过与支付宝的合作,品牌总触达人数为 40592411 人,福卡触达人数为 25672869 人,红包触达人数为 19773369 人,迅速赢得了国人实实在在的铭记。过去的一年,华为手机迅速攀升为全球第三大手机品牌商,春晚红包不仅是华为一场浩大的回馈活动，还显示出华为对于红包文化背后，传递品牌"温情"的强烈认同。

一场春晚，让华为品牌"咻"进了10亿人的记忆中

猴年春晚，华为与支付宝合作的"咻一咻"的次数达到3 000亿次，结合以上的增长数据，华为在2016年春晚的品牌覆盖率可想而知。而且不同于传统的电视、户外广告，华为选择以现金红包的方式露出在消费者面前，更容易让消费者接受。

广告场景也同样重要，传统广告只在银屏上重复，互动感与欢乐感缺失。而在看春晚的过程中，"咻一咻"在欢乐的气氛中送出华为红包，更能引起互动者对华为品牌的深刻印象与喜欢。在超过10亿国人关注中，华为品牌的"有情感"得到了一次有效的传播。

华为"柳暗花明"的春节营销新篇章

众多商家都在为"山重水复"的营销方式头疼，花巨资做广告处处皆是，但广告让消费者赞不绝口并不容易。往常，重复性的强植入容易让消费者厌倦，华为手机在春节处处不拒绝的"红包"中做广告，不失创意，还有让人眼前一亮的新意。

所谓红包文化，重在参与。李开复最近在美国的访问中提示了这一文化的核心——"要知道每个红包里都包着钱啊"。在重关系、重经营的中国社交链中，互相派发红包是一项重要的新年祝福方式，红包数字并不是唯一重要参考值，发红包足以形成一种互相认同的欢乐气氛，华为手机把红包派发给所有人，已经赢得了一场"有声息"、又有"认同"的品牌植入。

并且，华为提前三周开始了春晚"咻一咻"的预热，华为消费者BG官方微博的红包连环画引发了众多网友的参与、互动，红包的记忆瞬间鲜活、富有人情味了。不止于此，央视春晚的吉祥猴遭到了数不清的吐槽，华为别出心裁的利用AR技术造出了一只更漂亮、可爱的"福气猴"。用华为拜年神器扫描新旧版人民币或华为LOGO，就能出现这只鲜活的"福气猴"，这个呆萌的形象迅速火爆网络。

做广告也做得有声有色，并且有消费者的"念念回响"，华为春节营销绝对是花钱也花得开心的营销案例。华为手机不仅用产品与用户交流，在春晚也策划与消费者互动，用户粘性也更进一步加强。

闪耀猴年之后，华为将迈进全速时代

华为消费者BG CEO余承东在2016年重申了华为未来与手机行业前两名的苹果、三星的竞争策略，即通过品牌塑造、渠道布局、精品系列等方式来完成对两大手机巨头追赶，甚至反超。猴年春晚"咻一咻"算是华为手机在新阶段中品牌塑造的一次重磅出击，在完成了突围国内、稳居全球第三的竞争秩序下，全速争锋全球市场将是华为手机突破的重要方向。

近年来，华为手机的精品系列不仅攻坚了高端市场，其作为精致手机的品牌印迹已经得到广泛认同，华为手机在一定程度上等同于"高端手机"。"精"不仅体现在产品上，春晚红包也是"精"的另一重体现，华为把包含着祝福、感恩的红包分享给所有人，也体现了华为对用户的"精心"呵护。

在整个2015年度，华为完成了超过200亿美金的销售额，并且交出了全年1.08亿的出货量数据，在全球多个地区完成了市场第一份额的卡位，依靠Mate与P系列的精品完成了整体品牌的竞争力。这些成绩之后，全速追赶全球手机领先者已经是华为唯一的目

标，春晚的这次漂亮营销过后，华为手机将更专注"速跑"，火力全开的专注精品，并且一路带给消费者更多优质的服务，传递更多温情。

华为公司凭借其创始人任正非的狼文化为核心的企业文化，以敏锐的商业嗅觉和快速的反应能力及有效的执行能力，在短期内完成在资本和产品市场的迅速扩张成为行业的领军企业，华为在其发展过程中多处彰显了其纯熟的公关技巧，值得业界借鉴和参考。

资料来源："春晚红包营销　带动华为'速跑时代'"，无极网2016年2月24日。

第一节 公共关系新闻宣传

新闻是公共关系活动中最重要的沟通工具，也是最为广泛的社会传播媒介。任何组织要想形成某种舆论，树立起在公众心目中的形象，都要经过新闻传播来实现。因此，新闻传播媒介在公共关系业务中具有非常重要的地位。

公共关系新闻宣传，是指组织公共关系部门撰写新闻稿或吸引新闻媒体记者撰写新闻稿，通过新闻媒体传播，以达到宣传组织信息的活动。利用新闻宣传的方式向公众提供信息，为组织创造良好的舆论氛围，是公共关系宣传常用的方式。

一、新闻的种类

新闻的种类很多，从不同的角度可以分出不同的类别，按写作特点分，大致可以分为以下几种：

1. 动态新闻。动态新闻是对已经发生，正在发生或将要发生的事件，迅速、简明的报道。这种新闻要善于抓住事件的新动态，发现事物的新闻价值。它重在揭示事物发展、变化的特征，反映社会生活中的新气象、新情况、新问题，是新闻报道中最常见的，占新闻篇幅最多的形式。

2. 经验性新闻。所谓经验性新闻，是对一个社会组织乃至于一个行业领域成功经验、先进典型的新闻报道。这类新闻往往偏重于交代情况、介绍做法、反映变化与效果，较多提供背景材料，因此篇幅比其他类型的新闻要长一些。

3. 综合性新闻。是指把发生在不同地区或部门的性质相似又各有特点的事件综合起来，从不同侧面阐述一个共同的主题思想，反映一个时期内带有全局性的情况、成就、趋势或问题的新闻报道。它总揽全局、报道面广、声势较大，给人以较为完整的印象。常见的综合新闻有两种类型，一种是横断面的综合，一种是纵深度的综合。

4. 评述性新闻。评述性新闻，是指一种且述且评、夹叙夹议的新闻报道体裁。它在"用事实说话"，报道具有普遍意义的新闻事实的基础上，结合形势和动向，对事实进行适当的分析、评述，揭示其本质意义，指明其发展趋势，以指导实际工作。

二、新闻宣传的特点及新闻价值

（一）新闻宣传的特点

1. 客观性。新闻宣传是从第三者的立场报道新闻，不带商业色彩，可给公众留下客观、公正的印象，容易得到公众的信任，比社会组织自我宣传的效果好。

2. 社会影响大。一方面，新闻传媒覆盖面广，新闻宣传的对象不只是社会组织的顾客，影响面较广；另一方面，新闻传媒对所传播的信息具有"授予地位"，社会上每天发生的事情非常多，能被新闻传媒报道出来的只是其中很少的一部分，一条信息经过新闻机构的重重筛选被报道出来，这本身就表明此信息是重要的、有典型意义。若能被多家新闻机构争相报道、连续报道，其社会影响更大。

3. 传播成本低。新闻素材可能是社会组织提供给新闻机构并经其证实后通过新闻传媒与公众见面的，也可能是新闻记者自己挖掘出来的，这种宣传一般不需付费，相当于免费广告。

4. 传播的主导性差。新闻传媒是独立与社会组织的机构，不受组织控制，组织提供的新闻素材、新闻稿件能否被采纳，安排在什么时间、位置等，主动权不在组织。当然，组织在新闻宣传中并不是完全被动的，可有意识地策划一些新闻事件，吸引新闻界的注意，争取新闻报道的机会。

（二）新闻价值

社会组织的新闻素材、新闻稿件能否被采用，主要取决于所提供的消息是否有新闻价值。新闻价值是一件事实所具有的足以构成新闻的特殊因素，新闻工作者通常把它作为选择事实进行报道的标准。是否构成新闻价值，主要从以下几个方面来判断：

1. 真实性。新闻报道决不能主观臆断、弄虚作假、欺骗公众，虚假的报道不仅有违新闻的宗旨，也有损于社会组织的形象和声誉。

2. 时效性。这是指新闻事件是新近发生的而且是社会大众所不知道的，包含着时间近、内容新两个含义。在可能的范围内，记者总是想方设法尽快把新闻传递给大众，因为新闻最强调的就是一个"新"字。

3. 重要性。新闻事件与当前社会生活和大众的切身利益有着密切关系，势必会引起人们关心，影响许多人，如政局的变动、政策的变化、战争进展以及重大经济信息、重大体育比赛等。重要性是相对的，有时一些司空见惯的小事也会因时间、地点、任务及其他因素变成具有重大新闻价值的事件，如深圳市市长的座驾为比亚迪的电动汽车。

4. 接近性。这是指新闻与大众在地理上或思想、利益上的接近。事情发生的地点越近，大众越关心，新闻价值就越大；事情与大众的切身利益与思想感情越是密切，大众越是重视，新闻价值就越大。

5. 奇特性。不寻常的事情就是新闻。给新闻下这样的定义显然是不全面的，但也不无道理。奇特性至少能增加新闻的可读性，能激起大众的兴趣。

真实性和时效性是新闻价值必备的因素，而重要性、接近性、奇特性是新闻价值的选择性因素。一个事件所具有的选择因素越多，其新闻价值就越高。

三、公共关系新闻稿的制造与传播

（一）公共关系新闻稿的制造

1. 创建新闻资料库。把所有能找到的资料分门别类整理，以便以后写作时有充足的素材，并随着社会组织变化而不断更正和补充。新闻资料库的内容包括社会组织历史、组织规模、组织结构、组织荣誉、组织文化、组合字理念、产品销售状态、产品（业务）介绍、组织（产品）特征、研发团队、组织规划、重点任务，以及相关图片、视频资料等。公共关系人员要具有记者的敏感性，不断寻找相关素材，同时要有刨根问底的记者的职业精神，加大加深对新闻资料的收集与分析，对企业内发生的故事、活动、事件、人物等带着媒体视角进行新闻价值的分析。

2. 寻找公共关系新闻稿件的创意。公共关系新闻稿件的撰写者应成为媒体和组织的"智囊"，而不是"发稿机器"。否则，再愚钝的大众也能看出字里行间的交易味道。公共关系新闻稿件的创意包含文章角度的选取、观点的确立和思路的安排等。公共关系新闻稿件的价值取决于创意，好的稿件往往能够以最恰当的方式突出组织希望传播的信息，同时还不会让媒体为难。

3. 注意新闻稿写作的遣词造句。撰写新闻稿时，总的原则要求是用词造句必须准确简练，点到即止，使文章产生言尽而意未尽的效果；必须用词大众化，尽量少用行话和技术性术语；而且还必须用词生动多变，尽量减少重复用词。

在具体用词方面，有如下几点值得注意：

（1）文章开头就点明主题。

（2）避免使用华丽高级的形容词，否则会有自我吹嘘之嫌疑。应尽量不用诸如"领导世界新潮流""世界上最好的"等词。

（3）避免使用笼统的词汇，而应该尽量用精确和具体的词汇。如不要使用"很经济的"、"高效益的"，而应该代之以"成本降低了多少，生产率提高了多少"等定量的说明。

（4）使用判断词，比如，"是"和"不是"。

（5）使用人称代词，如"我"、"我们"、"他们""你们"等。

（6）每一段落最好不要使用多于一个的专有名词。否则，容易使读者读起来有困难，失去读下去的兴趣。

（7）一般不要引用领导人所讲的话，引用的话要忠于原句。

（8）句子要短，段落要短，一句一个意思，每一新意思另起一句。

（二）公共关系新闻稿件的传播

社会组织公共关系新闻稿件的传播要提高发稿的命中率。面对众多媒体，公共关系人员要用一个猎手的心理素质去发现，去分析新闻媒体的每一个栏目有多少版面，什么特点，写作风格是什么。不同新闻需要要找到与之相适应的新闻版面，如行业版面、财经版面、消费指导版面、营销版面、人物专栏等，组织可根据自己的需要将相应版面合理组合应用。

第八章 公共关系技术

四、公共关系新闻策划

社会组织为了争取更多的新闻宣传机会，除了经常向新闻界人士提供有价值的新闻稿和组织自己撰写新闻稿件外，还要善于动脑，主动策划新闻。

（一）公共关系新闻策划的概念

公共关系新闻策划，亦称"制造新闻"或"策划新闻事件"，就是社会组织围绕某个公共关系目标而开展的，通过巧妙的策划与安排有意识地引起新闻媒介关注，并使新闻媒介把它作为一种新闻报道素材的宣传方式。

事实证明，在所有的广告宣传手段中，新闻宣传其实是投入产出率最高的一种。相对于广告策划来说，新闻策划不需要花费较高成本，甚至不需要支付费用，而且由于是新闻媒体的报道，所以客观性和可信性都较高。另外广告要求简洁单纯，这时的广告所承载的信息量较少，而新闻报道的信息容量却大得多，消费者通过它，可以了解企业的产品以及企业本身，甚至于企业的人和事，这样对企业的认识更具体和形象，记忆更为深刻。

公共关系新闻策划是社会组织争取新闻宣传机会的一种技巧。他的目的是在真实的、不损害公众利益的前提下，有计划、有组织地策划、举办具有新闻价值的事件或活动，吸引新闻界和公众的注意力，制造新闻热点，争取被报道的机会，使本组织成为新闻的主角，从而提高知名度，扩大社会影响。它是一种主动型的公共关系信息传播活动，需要公共关系人员具备"新闻头脑"，富有创造性和想象力。

（二）公共关系新闻策划的原则

社会组织的公共关系人员在策划新闻事件时，需要把握以下几点：

1. 策划的新闻必须是真实的。事实是新闻的基础，即事实是第一性的，新闻是第二性的。新闻报道所要反映的必须是客观事实，不是无中生有、随意虚构的。公共关系人员在策划新闻事件时要善于从事件本身挖掘出新闻价值点，吸引新闻界的报道。

策划新闻事件是"制造新闻"，它是以社会组织发生的真实事件为原材料加工整理而成，不是"编造新闻"。公共关系人员只有在尊重客观现实的基础上，充分利用自身的广博知识、丰富的想象力、对公众的了解与把握和实践经验，精心策划新闻事件，为组织创造声势，千万不能存有侥幸心理。

2. 策划的新闻要具有报道价值。突出活动的新闻价值，是社会组织策划新闻事件成功的关键。新闻媒介并不会随意地传播社会上的每一件事，它关注的焦点是最近发生的具有报道价值的人和事。只有那些具有报道价值的新闻，各新闻媒介才会主动前去了解、采访和报道，甚至进行连续跟踪报道。因此，组织策划新闻事件要赢得新闻界的热心参与，必须保证策划的事件具有新闻价值。比如浙江卫视的"中国好声音"、湖南卫视的"爸爸去哪儿"节目吸引了大量的媒体采访报道，这些是因为事件本身具有诸多可挖掘的新闻价值。

3. 新闻策划必须要有巧妙的构思而不落俗套。只有新闻事件本身鲜有发生，并创造吸引公众注意的超常规做法，才能使之比一般新闻更富有戏剧性，更能迎合新闻媒体以及公众的兴趣，激起公众对社会组织的关注。比如IBM公司曾经策划的"深蓝大战"，吸引了全球媒体的关注，一台电脑与一位国际象棋大师对弈，活动形式新颖，抓住了公众强烈的好奇心理——人脑与电脑孰优孰劣，未来的世界将由谁来掌控，机器人么？

4. 新闻策划必须巧妙选择时机。社会组织策划的新闻事件要产生良好新闻效果，要善于把握好新闻发布的时机，争取更大限度地提高和发挥新闻的价值。

（三）公共关系新闻策划的技巧

新闻策划是一种技巧性、艺术性很强的公共关系实务活动，需要充分发挥策划人员的创造性和智慧，有时更需要策划人员的偶然灵感和直觉，并无固定的模式。但这并不代表新闻策划无规律可循，事实上，通过系统分析公共关系案例，公共关系新闻策划具有一定的技巧和方法。

1. 与新闻界建立良好的合作关系。制造新闻能不能成功，其标志是能不能引起新闻界注意并加以报道，新闻媒体是最后的新闻"把关人"，因此要求组织与新闻界建立良好的关系。这种良好的关系将使社会组织的公共关系人员更好地了解新闻界的经营宗旨、经营风格、报道重点和工作方式，以便有的放矢地策划新闻；另一方面，社会组织要注意和新闻机构联合举办活动，在活动中增进与新闻媒介的关系，更好地把握新闻热点，迎合新闻媒体自身办事规则，从而增加被新闻媒介报道的机会。比如蒙牛集团首次在2004年赞助湖南卫视的第一届"超级女声"节目，随着双方的相互合作，在2005年再次冠名赞助第二届的"超级女声"时，蒙牛深度参与到超级女声的活动策划中，提出在自己的酸酸乳商品包装上印上"超级女声"的活动通告，随着2亿包酸酸乳的销售，第二届的"超级女声"达到了前所未有的社会影响力，而蒙牛无论是其产品销售额还是品牌价值也达到了前所未有的高度。

2. 有意识地把本组织与社会名流、明星或社会权威人士联系起来。社会名流、明星、权威人士往往是新闻媒介的宠儿，他们的一举一动都会成为媒介追逐的对象。因此，如果能把组织策划的新闻事件和名流、明星、权威人士联系起来，被报道的机会就会大增。长城饭店因里根总统名扬世界，天津的飞鸽自行车在被作为礼物送给美国总统老布什后名声大震。

3. 抓住社会热点问题制造新闻。每一时期都会有每一时期的热点问题，每一地区都会有每一地区的热点问题。社会组织的公共关系人员在分析社会热点新闻事件基础上，从中寻找与社会组织的商品和服务的关联信息，来制造新闻话题。比如，邦迪牌创可贴的一句经典广告句"没有什么创伤不能弥合"，便是结合当时韩朝和谈中"金正日和金大中碰杯"这一新闻热点而推出的。2008年的8月北京奥运赛场上，刘翔的意外退赛成了当天最热门的新闻，而耐克第二天出现在媒体上的"爱运动，即使它伤了你的心"，安抚和折服了许多中国人的心。

4. 事先制造一些悬念或热烈气氛。在媒介高度竞争，"眼球稀缺"的今天，要想成为新闻并不容易。因此很多组织在制造新闻时，会有意识地制造一些悬念以吸引公众和媒体的注意力，或者事先就制造一些热烈气氛，使本来可能不具备新闻价值的事件被赋予新闻性。如2011年河南某媒体接受郑州市第三人民医院的委托，在媒体上公开寻找被救助的白血病患儿小黄冠的父母，最终使得全国一百多家媒体机构持续性报道小黄冠事件，而这一新闻事件中的另一主角郑州市第三人民医院获得了前所未有的"眼球"。

第八章 公共关系技术

第二节 公共关系广告

公共关系新闻策划是扩大社会组织知名度，提高组织美誉度，塑造组织良好形象的有效方法。然而，对一个社会组织来说，这样的机会并不是很多，新闻媒介也不会把关注的目光长期锁定在一个或少数几个组织上。但组织形象的宣传却必须持续不断地进行。因此，付费的公共关系广告就成了组织的必然选择。

一、公共关系广告与商业广告的区别

广告常分为商业广告和公共关系广告。日常生活中最常见的是商业广告，它是一种宣传某种具体商品或服务来促进销售的广告。公共关系广告是一种设法增进公众对组织的全面了解，提高组织的知名度和美誉度，从而赢得公众信任和合作的广告。运用公共关系广告，可以起到塑造组织形象、强化品牌形象、宣传组织宗旨、引导公众观念等作用。公共关系广告与商业广告，无论在运思创意，艺术表现，还是在传播方式等方面，差异都不大，但两者还是具有差异的：

1. 广告目标不同。商业广告是有效传递商品信息，提高其消费热情，实现直接经济利益。公共关系广告的目标，则主要是向社会、公众介绍组织的相关情况，如组织规模、资源状况、运营情况以及发展前景等，争取社会公众对组织的关心、了解、赞许和合作。

2. 广告作用不同。商业广告的作用就是直接地、迅速地、及时地传播经济信息，而公共关系广告则体现着组织的经营管理理念，在组织的经营管理中处于全局性、战略性的地位，贯穿于经营管理的全过程，社会公众也通过这种广告认识组织。

3. 传播周期不同。商品具有时间性的特点，制约了商品广告的时效，因而商品广告的传播周期比较短。而公共关系广告旨在宣传、介绍组织本身，公众对组织的认识、接受需要经过一个相对漫长的时间。

二、公共关系广告的作用

1. 扩大社会影响。公共关系广告通过向社会大众及时公布社会组织的方针、政策、经营以及计划，吸引大众的关注，提高组织的知名度与美誉度，从而提升其在社会生活中的地位，以扩大其社会影响力。

2. 争取社会支持。公共关系广告通过社会组织对社会福利、国家发展和公众利益所做的贡献，赢得大众的广泛肯定、真诚理解与大力支持。

3. 提高公信力。公共关系广告对内能促进员工与组织之间的相互沟通、理解，强化组织、部门、员工之间的情感沟通，调动员工之间的积极性、协作精神，发挥各自工作的积极性、创造性和主动性，从而提高组织内外部的公信力。

4. 消除误会。公共关系广告能借助信息的疏通倡导，加强组织与内外部公众之间的信息沟通，化解组织与公众之间的某些误解与隔阂，增进双方之间的相互信任与友好合作关系，促成彼此的理解、谅解与信任。

三、公共关系广告的类型

公共关系广告因具体目标不同可分为不同类型：

1. 观念广告。观念广告是通过提倡或灌输某种观念和意见，试图引导或转变公众的看法，影响公众态度和行为的一种广告。观念广告可以是宣传组织的宗旨、信念、文化或者是某项政策，也可以是传播社会潮流的某个倾向或热点。如某企业组织拍摄的一个小男孩摇摇晃晃地像妈妈一样端着一盆水给妈妈洗脚的广告；河南电视台拍摄的"回家吃饭好"的公共关系广告，均属此类广告。

2. 信誉广告。信誉广告是社会组织通过公众对其优质产品、优质服务的良好信誉以及在国内外评优获奖情况进行宣传的广告。此类权威机构的认定、消费者的认可和客观评价，对公众来说有着较高的可信度。

3. 谢意广告。节日、纪念日之际，或社会组织举办某项活动圆满结束时，向公众或社会大众表示衷心的感谢。这种表达谢意之举，能更加增进与公众的感情交流，进一步维系与公众的关系，烘托友谊的氛围。

4. 祝贺广告。节日、纪念日之际，社会组织向公众贺喜，可以增加一份亲情，向公众表示与公众携手合作、献上爱心的心意。或对新开业或举行庆典的单位，以同行的身份刊登广告表示祝贺，一举两得，既抬高别人，又扩大自身的知名度。如2001年当奥组委主席萨马兰奇宣布中国北京成为2008年奥运会的主办城市时，海尔第一时间在随后的央视打出祝贺性广告。

5. 致歉广告。致歉广告是表示歉意的广告，常见的致歉广告有两种：

一是向公众赔礼道歉的致歉广告。刊登这类广告，往往是由于刊登者本身出现了差错，并殃及某些公众利益。这类广告的制作，并无多少技巧，关键在于是否有诚意。

二是向公众排除误解的致歉广告。这类广告是以致歉的形式，向公众更正事实，排除误解。如某洗衣机厂家，由于第三方物流企业运输不规范影响了产品质量，从而遭到了消费者的投诉。该企业十分重视，先后在媒体上刊播出了以下广告：由于我们没有及时发现运输环节上可能出现的问题，导致一些因此而受损害的产品送到顾客手中，对此，深表歉意！我们今后一定努力查勘，尽力避免此类事故再度发生。欢迎广大顾客对我公司的产品提出宝贵的意见。

6. 解释广告。在社会组织形象被歪曲、造成公众误解时，及时向公众解释事实真相，阐明组织自己的态度与立场，宣传其政策、仿真，澄清混淆视听的流言，以矫正被损害的形象，维护声誉。

7. 倡议广告。以社会组织名义率先发起一项对社会有重要意义和影响的活动，显示其社会责任感、伦理道德观、创新精神等，显示其良好的社会风范。

8. 公益广告。以公益性、慈善性、服务性为主题内容的广告。公益广告并没有介绍组织，只是在广告旁边用很小的字注明，某某企业赞助，但却可以赢得公众的好感。例如,"为了您和他人的健康,请不要吸烟"等。广告面对整个社会,引起整个社会的关注、共鸣、同情和响应。

9. 征询广告。这是社会组织通过征询公众意见和建议,提高组织知名度和记忆度以及熟识度的广告形式。例如征集企业商标、产品名称、广告主题词、建议等,吸引公众注意,激发公众兴趣,沟通公众感情,邀请公众参与,以使其与公众更亲近,使公众把征询视为自己的事情,增加公众对于社会组织的熟悉、记忆和被尊重感。

10. 响应广告。社会组织积极响应政府号召,热情投入具有社会意义和影响的活动,表达其关心、参与公众生活的意愿,并借此社会主题活动,表现与社会公众的关联性,表明其为社会担责任、尽义务、做贡献的意愿,扩大影响。

11. 实力广告。向公众展示组织在技术、资金、人才等方面实力的广告。比如某企业在央视广告主题词为"开创中国肉类品牌"。

12. 赞助广告。这是组织凭借自身实力,以一定的经济手段积极参与社会活动,从而推动社会公益事业发展的一种广告形式。赞助对象主要包括医疗卫生事业、教育、福利事业、体育比赛、文艺活动等。

四、公共关系广告文案的写作

(一) 公共关系广告文案的结构

公共关系广告文案的写作要求和一般性广告结构相同,一般由标题、正文、落款三部分构成。

1. 标题。标题是广告的题目,它的作用是提示广告内容,引起读者的注意。一个好的标题能够吸引读者、加深印象,起到画龙点睛的作用。常用的标题有直接、间接和综合三种形式。

直接标题一般开门见山,直截了当地把广告的内容、主题告诉读者,使读者一目了然。如:柯尼卡配樱花,锦上添花。

间接标题不直接点明广告主题,而采用耐人寻味的方法吸引读者的注意,为了启发读者的兴趣,标题大多采用各种修辞手法或哲理丰富、含义深刻的语言。如:通则不痛,痛则不通(中成药)。

综合标题综合了直接与间接标题两者的特点,既直接点明广告的主题,又配以形象、抒情、哲理的语句,虚实兼顾,表里兼顾,使标题别具一格,产生强烈的效果。如:放我的真心在你的手心—— 美加净护手霜。

2. 正文。正文是广告的主要内容,是对广告主题的延伸和说明。广告正文的写作,要求重点突出,结构紧凑,材料充实,表达清晰。广告正文分开头、主体、结尾三部分。

开头紧接广告标题,运用概括性、衔接性较强的语句对广告标题提出的事实或问题加以扼要说明或解释,并引出正文。如"三九胃泰"的广告,开头运用诗歌的形式简明概括了三九胃泰的成长过程、特点及作用:

风风雨雨十九年,组方全是中成药。

祖国医药新贡献,长期服用最安全。

主体是正文的最主要部分,用关键性的、有说服力的材料或数据对开头提出的事实问题加以论证和说明。它可以介绍组织的整体特征，也可以介绍某个方面的特点，还可以向公众诉求出某种情感。以北京四通集团公司的广告为例，它的主体是这样的：

性能优良的四通 MS 系列文字处理机畅销不衰，闻名遐迩，令您更加省时、省力、省钱，无微不至的服务更使您无论走到哪里都会感到四通的热忱和微笑。

优质、高性能的产品，完善、高效能的服务，您为什么不做一个正确而终生不悔的选择呢？

这个主体很有感情地把企业的特征、态度传达给广大公众。

结尾是对广告主体内容的延伸和补充，一般都很精练，好的结尾能深化主题思想，并给人以回味无穷的享受。还以四通的广告为例：

人类的第一种工具是石头。今天，四通开创了办公自动化的新天地。

3．落款。落款是在平面广告正文之后，对公众提供的进一步消息，一般包括广告组织的名称、通讯地址、联系方法等等。落款虽然不是广告的主要内容，但也是公众十分关心的内容，因此要准确、细致、不可出现半点差错。

（二）公共关系广告文案的写作要求

1．主题突出。公共关系广告所表现的中心思想，对广告内容起着指导作用，因此要确立主题必须要围绕一定的公关目的，以达到塑造组织良好形象的要求，此外还必须了解传播媒介的特点和公众的心理，以期达到一定的效果。

2．内容真实。公共关系广告的内容应突出真实性，要本着对公众负责的态度向社会提供真实可靠的信息，而不能夸大事实，以假充真。

3．构思新颖。公共关系广告传递信息不同于教科书，不能强迫读者去看，因此要使公众接触广告的频率提高，就必须在语言和形式上打破常规，力求新颖，以新奇活泼来吸引读者，达到最好的效果。

4．语言简洁。公共关系广告受经济和其他因素的制约，字数不宜过长，因此要用最简洁的语言概括广告全文，让读者在最短的时间内了解广告的内容。如：要健康，请喝"健力宝"！内容简洁明了。

5．富有形象。公共关系广告并非一般性介绍性文字，为了吸引读者的注意力，引起兴趣，广告的语言还必须具有形象性，富有艺术魅力。因此，在广告中经常使用各种修辞方法，如：车到山前必有路，有路必有丰田车（顶真）。

第三节

公共关系演讲

演讲是一种有准备的、较规范的语言传播方式，是演讲者就某一问题向一定范围的听众发表讲话。演讲是由演讲主体——演讲者，演讲客体——听众，演讲的沟通手段——语言，演讲环境——演讲场所的时空环境和人文环境这四大要素组成的传播方式。它通常是由演讲者利用一定的场合，向听众陈述某些事实、宣传某些观点和思想，或鼓动某种情绪和气氛。组织领导人和公共关系人员市场会由于工作的需要进行演讲，以向公众传递特定的公共关系信息。

一、公共关系演讲的优势

公共关系演讲是最具有公共关系效果的一种口语表达形式，一个好的演讲优势体现在：

1. 较强的劝服效果。演讲使演讲者与听众面对面直接接触，具有最直接和较强的劝服力。演讲者的目的是说服听众赞同自己的观点，在面对面的情况下，一旦发现听众出现怀疑、不赞同的表情，可以及时地以更多的事实、论据来推理、解释、说明，以及配合语音、语调、表情、动作的技巧来进行当面的劝服。

2. 有效的信息交流。演讲能为演讲者和听众提供现场双向交流的机会。通过现场的反应、交流，有利于达到有效地沟通。双向性和反馈兴越充分，信息的交流就越有效。

3. 直接宣传组织的观点。演讲总是带着既定的传播目的具有较鲜明的针对性，当众宣传演讲者个人或组织的观点，直接推销组织的形象，而不借助他人的口或其他媒介渠道。

4. 直接提供权威性资料。演讲者在演讲现场亲口说出来的信息总是被作为第一手的、最具权威性的资料。并常常被其他信息传播媒介视为权威性的资料来源。

5. 表现力较强。演讲是"讲"和"演"的结合。将使陈述事实、观点、论据；演即是逻辑的演绎推理，又是表情、动作的表演艺术。当观点、论据和事实性的陈述被逻辑地"演绎"和艺术地"表演"出来，就会具备较强的表现力。

6. 有助于提高声望。演讲能够提高演讲者个人和组织的声望。获得公众演讲的机会，并成功地利用这种机会，将有助于提高演讲者地位和知名度，有助于树立演讲者和其组织的形象。

当然，如果演讲不成功，以上优势就不可能出现，甚至会成为劣势。因为演讲者的话一说出口就无法收回，所以必须讲究演讲的技巧。

二、公共关系演讲的技巧

公共关系演讲首先是一种语言的表达，同时也为是一种艺术程度较高的传播手段。要成功地从事公共关系工作就有必要学习和训练演讲技巧。

（一）做好演讲的准备

成功的演讲是从准备开始的。首先，要明确演讲的主题和内容，搜集素材，准备好演说词或演讲提纲。然后，还要有针对性地了解听众的需求及背景，以帮助选择和确定最佳的演讲方式。最后，还有对演讲中可能出现的情况作出准备。

（二）选择优秀的演讲者

公共关系人员除了有时自己担任演讲者之外，也常常邀请其他专家来发表演讲，并提供服务。如何选择演讲者呢？一个优秀的演讲人必须具备下述条件：第一，足够的权威性，即演讲者对于演讲的主题和内容必须内行，或有足够的发言权；第二，具有较强的语言能力和技巧，即敢于当众说话，善于当众说话；第三，演讲时要有热情，以打动和感染听众；第四，演讲应充满理智与智慧，能更好地说服听众；第五，必须具备良好的仪表仪态，能留给听众良好的印象。

（三）运用演讲的艺术

通过运用各种演讲艺术，例如开场白的艺术、结尾的艺术、立论的艺术、鼓动的艺术、语言的艺术、形体语言的艺术、幽默的艺术等，使演讲具备两种力量：逻辑的力量——令人信服，艺术的力量——使人受到感染。

三、公共关系演讲稿的特点与写作

演讲是语言和动作配合起来表达的一种宣传艺术，是在特定场合发表的公开演讲。演讲稿正是据此而写的书面文稿。

（一）公共关系演讲稿的特点

公共关系演讲稿作为声形俱备的艺术，有它自己的特点：

1. 针对性。演讲稿是根据社会的客观需要和听众的要求来安排内容的。如著名爱国人士闻一多先生的《最后一次演讲》的内容针对性就非常强。他针对的社会现实就是爱国民主人士李公朴因积极参加爱国民主斗争，被国民党特务杀害，引起公愤；他针对的听众是昆明1 000多名青年学生，他们要求民主、和平、反对内战，对李公朴被杀害义愤填膺。正因为此，闻一多的演讲才引起了听众的共鸣，博得最热烈的掌声。

2. 传声性。演讲是将书面语言转化为有声的口头语言的过程，因此传声性是它的重要特点。演讲是用丰富多变的声音来表达复杂多变的感情，用不同的声调表达前后意思的连接、承转，借助声音的轻重和重复来强调重点。这就要求演讲稿的语言必须简短明了，句式必须富有变化，行文要自然流畅，这样在口头表达时才能抑扬顿挫，朗朗上口。如闻一多的《最后一次演讲》中，多为简短急促的句子，而且越讲到激动之处，句子越短，越有力。

3. 情感性。演讲本身是一种有声的感染艺术，它需要以情感人，以理服人。要做到这一点，演讲者必须把自己的情感蕴涵在演讲词中，然后用声音抒发出来，这样才能感染人、打动人。

4. 演示性。演讲是"演"和"讲"的统一体。既要向观众传输有声语言，又要把自己的态度、姿势展现给观众，因此具有极强的表演色彩。这就要求演讲者不仅要注重口头语言的表达，而且要运用肢体动作、面部表情等，以达到较好的效果。

（二）演讲稿的写作方法

演讲稿的结构和一般文章大致相同，有标题、开头、主体和结尾四部分。

1. 标题。标题应是演讲者和听众思想沟通的共鸣点，是听众选择是否听讲的关键。一个新颖而富有影响力的题目，不仅能在演讲前激发起听众的兴趣，而且在演讲后留给听众深刻的印象，甚至成为警句广为流传。因此，演讲者应选取一个有吸引力的标题。

2. 开头。演讲的开头也称"开场白"，"开始语"。是演讲的"第一印象"。从心理学的角度来看，一次活动开始时的二、三十分钟时人思想最集中，也就是最注意的时候，因此，开头在演讲中占有重要地位，演讲的开头因人而异，因题而异。下面介绍几种常用的开头方式：

（1）以幽默方式开头。演讲时以幽默的方式开头，往往妙趣横生。既语带双关，又不失犀利，让听众在轻松愉快的气氛中开始接受演讲内容。有位黑人先生面对他的白人听众的第一句话是："女士们，先生们，我来到这里，与其说是发表讲话，还不如说是给这一场合增添了一点'颜色'。"幽默是演讲者与听众之间沟通的最有效手段之一。它缩短了演讲者与听众的距离，同时又为演讲者本人争取到了更多的支持者。

（2）以设问或祈使的方式开头。这种开头往往设置一个悬念，以引起听众的思考，从而使听众变被动为主动。如中国演讲家马相佰在第七次国难演说中的开头是这样的："诸位，时间不早了，醒一醒！醒一醒！"这样的开头引人深思，发人深省，为演讲的成功打好了基础。

（3）以交代背景的方式开头。这种开头主要通过交代发表演讲的条件、历史条件以及各种联系，让听众更好地了解演讲的内容。

（4）以揭示主体的方式开头。这种开头，一开始就用简洁的语言把演讲的主体展示在听众面前。如，斯大林1924年1月26日在全苏维埃第二次代表大会上的演讲的开头："同志们，我们共产党人是具有特殊性格的人，我们是由特殊材料制成的。"

3. 主体。演讲稿的主体就是演讲的中心内容所在，一篇演讲稿是否内容充分，论证严密，主要看这部分写得怎样。主体总的要求是：

主题突出。运用多种论据，调动各种手法，证明中心论点，突出主题，层次清晰，多层次之间要靠逻辑关系联系起来，注意过渡自然，衔接紧密，浑然一体。

行文起伏。演讲不能平铺直叙，罗列数据，要采用各种技巧，使行文富有变化，波澜起伏。

材料生动。选择材料应具体生动，忌用空洞的说教。

结构简单。演讲的结构不能太复杂，因为演讲的内容是通过语言传达给观众的，太多、太复杂的结构会引起听众的反感，所以演讲稿不宜写得过长，适可而止。

4. 结尾。演讲的结束语应给听众以深刻的印象。结束语的写法一般有以下几种：

（1）总结式结尾。这种结尾就是把演讲的主要内容加以概括，使听众加深印象。

（2）呼吁式结语。这种结尾是用感情激昂、动人心弦的语言对观众进行呼吁，并指明具体的行动方向来结束演讲。如美国著名的政治家、鼓动家裴特瑞克·亨利在弗吉尼亚州议会上的演讲《自由的呼声》的结尾："先生们，一切缓和事态的企图都是徒劳的，有些先生们也许仍在一再鼓吹和平——但现在已经没有和平……我不知他人在这件事上有何高策，但是对我自己来说，不自由，毋宁死！"

（3）借用式结尾。这种结尾是借用名人的话或诗歌来结束演讲。它可以把演讲推向高潮，给演讲者的思想提供最强有力的证明。如郭沫若《科学的春天》演讲结尾："春天刚刚过去，清明即将到来。'日出江花红胜火，春来江水绿如蓝'，这是革命的春天；这是人民的春天；这是科学的春天。让我们张开双臂，热烈地拥抱这个春天吧。"

（4）对比式结语。这种结尾就是运用对比的方式来结束演讲，它可以使听众从对比中得到鉴别，更具有征服观众的力量。

第四节 公共关系文书概述

一、公共关系文书的概念及其特点

（一）公共关系文书的概念

要了解公共关系文书的概念，首先要了解什么叫文书，文书是一个外延很宽泛的概念，它包括公务文书和私人文书两大类。公务文书的简称就是公文，它是社会组织在管理过程中所形成的具有法定效力和规范体式的文书。私人文书又叫个人文书，是个人活动及其与他人往来中所产生的文书，如日记、书信、回忆录等。

公共关系文书是社会组织为了实现自己的公关目标和开展公关活动而制作的各种书面文字材料，它是文书在公共关系中的运用。一般来说，公共关系文书写作内容较多，但概括起来，主要分为两个方面，即事务性公关文书和礼仪应酬性公关文书。

事务性公关文书就是为了正常开展公关工作而编制的文书，如简报、通知、计划、函、声明等。

礼仪应酬性公关文书就是在日常工作中组织与组织，组织与个人之间为达到一定的公关目的而编制的文书，如请柬、祝词、答谢词等。

（二）公共关系文书的写作特点

1. 明确的实用性。公关文书与一般文书相同，其写作具有明确的实用性。是为了达到一定的公关目的，在公众中树立良好的组织形象而写作的，实用性很强。如写公关广告，就是为了宣传组织形象，让公众了解，认知组织，提高组织的知名度，为组织的发展提供良好的舆论环境。因此在书写公关文书时，一定要从实际出发，本着一定的目标而写作。

2. 内容的真实性。由于公关文书服务于一定的公关目的，所以其中涉及的事情、人物、情节、数字，一定要真实、准确，不能有假设虚构，否则就会影响组织声誉，给组织的发展带来不良的后果。

3. 较强的时效性。公关文书一般讲究时效，要求文书的写作在一定时间内完成，不允许拖拖拉拉，否则就会耽误工作的正常开展。如简报、新闻在这方面就有很高的时间要求，超过时间就毫无意义可谈。

4. 格式的规范性。公关文书与一般文书一样在写作上有一定的较固定的格式，即比较固定的结构层次、习惯用语、称谓、签署等，这样便于书写阅读。如请柬、信函、广告等等。

5. 作者与读者的特定性。公关文书的作者一般为集体或集体代表，在写作时一定要遵循组织的意图、目标。初稿写成后，还要经过集体讨论，大家提意见，然后修改，最后由负责人审阅通过。写作要求表现出一定的程序化，公关调查报告和公关计划就是这方面突出的代表。此外，公关文书的阅读对象也是特定的，如广告的阅读对象为社会公众，简报的阅读对象是组织领导和内部员工。

二、公共关系文书的语言要求

（一）用词准确

公关文书的真实性要求文书写作要力求用词准确，以达到预期的效果。如在介绍产品的广告中，其性能、规格、特点、专家评价、检测等一定要用准确而严密的语言表述出来，否则就有虚假不实之嫌。

（二）文字简洁

公关文书要求文字简短，简洁明了，如简报的自述要求千字以内，最多不超过2 000字；广告，新闻更明确要求文字精练，篇幅简短有力。此外，为了使语言简洁，在信函中还经常使用"此复"，"函告"等习惯用语。

（三）语言质朴

公关文书是应用文书，因此要求写作内容实事求是，语言平实质朴，做到易看、易读、易懂，但是语言平实质朴也不等于枯燥无味，有些文体，如请柬的语言就要求富有感情色彩，情真意切，大方有礼；公关广告则要求运用适当的修辞手法使语言具有感染力，以达到引人注目的效果。所以在运用语言时一定要灵活多变，不拘一格。

（四）表现得体

公关文书有一定的阅读对象，因此语言要注意得体。如请柬对语言的要求方面要作到文雅、庄重、有礼，还要表现出邀请者的诚意。总之，公关文书的语言一定要得体，这样才能发挥其实际作用。

三、事务性公共关系文书

事务性公关文书就是为了正常开展公关工作而编制的文书，如简报、通知、信函、公关计划等。

（一）简报

1. 简报的概念和分类。简报即简明情况报告，它是政府机关、企事业单位、人民团体等组织用来汇报、反映、沟通情况和交流经验的一种文体。由于它不属于正式公文，不公开出版，只在内部发行。日常工作中所见的通讯、动态、情况反映、信息通报、内部参考都属于简报的范围。由于其具有简短灵活的特点，因此它的使用范围很广，在公关文书中应用较多。

简报的形式多样，内容繁多，按内容分，有动态简报、情况简报、会议简报、典型经验简报；按编写方法分，有综合性简报、专题性简报；按刊出期限分，有定期与不定期简报。常用的简报有以下三种：

(1) 情况简报。情况简报也叫工作简报，一般有两种常见的形式，一是综合性情况简报，二是专题性简报。

(2) 动态简报。动态简报就是迅速及时地、简明扼要地反映新近发生的事情、情况的文体形式。这种简报内容新、反映快、动态性和时效性强。动态简报一般也有两种：工作动态简报和思想动态简报。

(3) 会议简报。会议简报主要是及时报道某种会议的概况，会上交流的情况、经验、探讨、研究等问题，反映会议形成的决议和基本精神。

2. 简报的特点。一般来说，简报有五个特点。

(1) 真实性。简报中所反映的材料必须真实、可靠，对事物的分析解释，必须坚持实事求是的科学态度，符合实际事件，材料、数据要仔细核实。

(2) 准确性。简报的准确性体现在内容、材料和语言等几个方面。内容要选择具有价值，值得重视的情况和问题，所运用的材料要经过调查研究，仔细核实，确保其真实性，语言的使用要准确、规范，避免用词不当，语义混淆。

(3) 及时性。简报要写得快、印得快、发得快，以便使有关人员根据情况及时地处理问题，制定政策。重要的情况要一日一报，甚至可以一日数报，以便更好地发挥简报的作用。

(4) 新鲜性。简报是报道新情况、新经验，并且内容要有较大的参考价格。

(5) 简明性。简报的篇幅通常比较短小，因此，内容力求简明，行文平实，不需做艺术描述和理论阐述，只将"是什么，怎么样"写明即可。

3. 简报的格式与结构。简报由报头、按语、标题、正文、报尾五个部分构成。

(1) 报头。报头设在始页上方，通常有四方面的内容：一是简报名称，用大号字写在报头正中部位：如"财经快讯"。二是期号，在简报名称下居中写明期号。三是主编单位，写在期号之下，间隔横线之上的左侧。四是印发日期，写在期号之下，间隔横线之上的右侧。

【例文1】

```
                    简    报
                    第 × 期
    公司公共关系部编                    ××年×月×日
─────────────────────────────────
一、公司举办歌曲比赛概况
     ……
二、优秀征文评比中荣获优秀奖名单
     ……
三、简讯六则
     ……


报：
送：
发：
```

（2）按语。按语是简报的编者针对简报的内容所写的说明性文字或评论性文字。一般写在标题之前。并在某些段文字的开头处写上"编者按"、"按语"、"按"等字样。

（3）标题。简报的标题十分重要，好的标题能简要、准确、生动地概括全文内容。一般来说，简报的标题可以采用正副标题的写法，正标题提示全文的思想、意义，副标题写出事件与范围，起到补充说明作用。

（4）正文。正文是简报的中心部分，通常由开头、主体两部分构成。

简报的开头有三种方式：一是叙述法，直接把要反映的事件的时间、地点、人物、原因、结果写出来，使读者一目了然；二是结论式，先写出事情的结果或因此而得出的结论，然后再作具体说明，或得出结论的理由；三是疑问式，即提出几个重要问题，引起读者的注意，然后再在主体部分做出具体回答。

主体是正文的中心部分，是简报最主要的部分。因此应写得详实、充分、有力。主体部分通常采用以下几种写法：一是按时间顺序写，这种写法比较适合报道一个完整的事件，称之为新闻式写法；二是按空间变换的顺序写，这种写法适合报道一个事情几个方面的情况；三是按逻辑方法分类、归纳；四是夹叙夹议法，即边叙述、边评述，这种方法适合反映某种带有倾向性问题的简报；五是对比法，即在对比中展开论述。

（5）报尾。简报的结尾有两种，一种是把主体叙述的情况，用一句话或一段话总结一下，结束全文。另一种是叙述完事实后，干净利落地结束全文。

报尾在简报末页的下方，注明主送单位名称或个人姓名、抄送单位、增发单位和印发数量等。

4. 简报的内容。在公共关系简报上可以反映如下内容：

（1）有关社会组织形象的材料，调查了解到的内部和外部公众的意见、评价和要求。

（2）社会组织内部工作，如生产情况和员工思想状况等方面的动态、经验和趋势。

（3）公共关系部门开展的一些公共关系活动。

（4）公共关系部门对各项工作的咨询意见和建议。

（5）公共关系有关会议。

有的公共关系简报可以集中报道组织的重大事件，如公司举办产品展览会，可以随着工作进展情况，从全公司动员、产品征集、制作过程、展览过程、展览效果等分阶段编报。有的公共关系简报可在某阶段内按照不同发展情况分别编制几次，如与外商谈判进展情况，可每天编一次简报，供领导和本组织员工掌握了解情况，以便在谈判间隙进一步商讨对策。又如样品展销会，可以把推销订货等情况汇总起来，编成简报，在客户和外商中散发，进一步扩大影响。

（二）信函

信函是社会组织之间联系工作的公用信件，它是企事业单位公关事物活动中不可缺少的重要传播工具。因为它是对外联系中的一种正式形式，所以其语言，意图均要慎重斟酌，才能发往对方，以免造成不良后果。

公关信函的主要作用是沟通组织与公众之间的感情，交换某些与双方有关问题的意见和建议，协调建立和发展组织对外公众之间的关系，树立本组织良好的形象，争取公众的理解、信赖、支持与合作。公关信函有别于一般书信，它是代表本组织谈话，带有一定的公关目的，不代表个人办私事。

1. 信函的分类。平常的公关活动中遇到较多的是公函与便函。公函是公文的一种，按公文体式制作，便函不按公文体式制作，而按一般信件写作，不拘格式。

公函就其内容与作用来看又可分为商洽函、询问函、答复函、委托函、告知函五类。

（1）商洽函。这是最为常用的一种公函，用于社会组织之间商量和接洽工作。这类公函多半是主动发出的，即要求对方给予协助。有的则是向对方提出共同办理某事的要求，也有的是向对方提出处理某一问题的意见。商洽函正文一般包括两个部分：一是商洽原由，即写名发函的原因；二是商洽事项，这部分是主体，应写清所商洽的具体事项，写清对对方的要求。

（2）询问函。询问函主要用于向对方询问问题，也可以简述某一事项并提出处理方法，然后征求对方意见，要求答复。询问函正文一般也由两部分组成：一是说明询问的目的或原由；二是询问事项的主要内容，这是询问函的主要部分。因此要写的既明确而又具体、简洁，让人一目了然，以便答复。

（3）答复函。答复函是用来答复对方询问函的问题。答复函正文一般由三部分构成：一是说明对方函已收到，并写清收文的日期；二是简要复述对方函件所询问的主要问题或所提要求；三是答复内容。这部分是答复函的主体。因此要写的明确具体，简明扼要，所答问题的内容要有条理性，针对性和顺序性。

（4）委托函。委托函用于委托有关组织代为办理某一事项。委托函正文一般由两部分组成：一是原因，这部分既要写清委托的目的，又要写清所委托代办或代办事项的基本情况；二是委托事项，这部分是主体，因此要写得清楚明了，尤其要写清托办或托查的要求。此外还可以加上"以上事项希大力协助办理（查清），并请尽快答复"做结束语。

（5）告知函。告知函一般是用在办理受托代办事项之后告知代办情况，或主动告知对方某种情况或某一事项，以引起对方注意。其正文包括两部分：一是告知发函原由；二是告知事项。

公关信函是社会组织于内外公众交流思想，互通信息，商洽联络的一种信件，因此要注意语言的文明，礼貌，庄重典雅，要充满真挚的感情，并遵循信函的格式，这样才能为树立良好的组织形象起到积极的作用。

2. 信函的特点。

（1）具有特定的对应性。信函以双向对应的形式出现，有来函必有复函，有问函就必有答函。

（2）具有鲜明的商讨性。即发函双方具有平行或不相隶属的公务商洽、询问答复、信息交流关系，不存在指挥与被指挥关系。

（3）具有简便性。即大体应按照公文格式行文，但要求并不严格，某些函可以不设文头、编号，不写标题，行文自由。

信函在写作上,要求明确具体,力求切实可行,切忌含糊不清,以免对方无法及时答复。复函内容要有针对性,同时严格遵守"一文一事"的原则,议论说理适度,语气谦和朴实。

【例文2】(商洽函)

中国科学院××研究所关于建立全面协作关系的函

××大学:

　　近年来,我所与你校双方在一些科学研究项目上互相支持,取得了一定的成绩,建立了良好的协作基础。为了巩固成果,建议我们双方今后能进一步在学术思想、科学研究、人员培训等方面建立全面的交流协作关系,特提出如下意见:

　　一、定期举行所、校之间学术讨论与学术交流。

　　二、根据所、校各自的科研发展方向和特点,对双方共同感兴趣的课题进行协作。

　　三、加强图书资料和情报的交流。

　　以上各项,如蒙同意,建议互派科研主管人员就有关内容进一步磋商,达成协议,以利工作。特此函达,务希研究见复。

中国科学院××研究所(盖章)
×年×月×日

【例文3】(委托函)

关于委托××行政财贸管理干部学院
举办成人高等教育专业证书班的函

××函[20××]8号

省教委成人教育办公室:

　　为提高我公司财务人员的管理水平和专业知识水平,我公司拟委托××行政财贸管理干部学院举办财经专业成人高等教育专业证书班,学制为半脱产一年半。从今年7月到明年6月招收学员40名。我们将配合学院严格按照国家教委和省教委的规定举行入学考试,安排教学工作,保证教学质量。

　　望予审批。

××公司
×年×月×日

（三）通知

通知是批转下级公文、转发上级和不相隶属机关的公文、发布规章、传达要求下级办理和有关单位周知或者共同执行的事项时所使用的文书，也可以用于召开会议，任免和聘用干部。通知的主要类型有会议通知、指示性通知、任免性通知、事务性通知和发布性通知。

指示性通知：用于上级对下级，其内容不适宜用"命令"发布，要清楚地写明通知事项。

批示性通知：即上级机关对某一事项做批示。

任免通知：要写明任免人员的具体任务。

会议通知：各单位召开会议，会前都要告知与会者会议名称、主题、内容、时间、地点、会期、报到地点、参加人员范围、携带材料和其他相关事宜。

通知结构：由标题、主送机关、正文和落款组成。标题可只写"通知"二字，但一般在"通知"前加上发文机关名称和事由。

【例文4】

> ××公司关于召开职工代表大会的通知
>
> 兹定于××年×月×日下午2：00点在公司的二楼会议室召开公司本年度职工代表大会，总结本年度的工作。
>
> 请接到通知的部门和职工代表在回执上签字。
>
> 营销部代表：
>
> 市场部代表：
>
> 生产部代表：
>
> 采购部代表：
>
> 技术部代表：
>
> 公关部代表：
>
> 工程部代表：
>
> 　　　　　　　　　　　　　　　　　　　　　　总经理办公室
>
> 　　　　　　　　　　　　　　　　　　　　　　××年×月×日

（四）公共关系工作计划

公共关系工作计划是公共关系工作的行动指南，它以树立组织的形象为目标，通过对组织现有条件状态的分析，设计、策划出组织最佳的公关活动方案，保证整个公关活动有层次、有步骤、顺利地进行。同时为组织的公关活动提供了有力的评价依据，因此它在整个公共关系领域中处于指导地位。

公共关系工作计划可以按不同划分标准来划分。按活动所用时间角度可以划分为长远工作计划和短期工作计划，按公关活动的区域可以划分为整体计划和个别计划，按公关活动的功能分类可以分为宣传计划、交际计划、服务计划、社会公益计划、咨询计划。

1. 公共关系工作计划的内容。一般来说，公关工作计划的内容由七部分构成。

（1）计划概要。计划概要是计划的主要目标和建立事项的简短摘要，要求高度概括，用词准确，使阅读者能够迅速抓住计划的要点。同时要把计划内容的目录附在计划概要后面。

（2）当前组织的公关状态以及存在问题分析。在调查研究的基础上，了解公众对组织的态度，找出组织在内外环境中存在的问题，为公关计划和措施方面提供主要依据。

（3）公共关系目标。公关目标是公关行为的主要依据和标准，它不仅能指导活动的方向，提供活动方法，而且是检验公关活动成败的标准。

（4）公关计划的行动方案。详细说明公关活动所涉及的内容、目标，以及为达到这一目标而采取的措施。

（5）制定活动经费预算。确定每项活动所需的经费预算，并为此建立起严格的规章制度，确保公关活动有雄厚的物质支持。

（6）效果评价手段。明确制定公关活动效果评估的方法和标准，如有能力可制定定性和定量的数量和质量指标。

（7）公关计划的实施控制。明确制定相应的控制程序，对计划本身或计划的实施进行必要的调整，确保公关目标的实现。

2. 公关工作计划的结构。与一般工作计划相同，公关工作计划的结构由三部分组成。

（1）标题。标题又叫计划名称，主要表明制定计划的单位，期限和种类。如《××公司20周年庆典活动计划》，标题中也可以不出现单位名称，只在正文结尾处注明即可。

（2）正文。正文是计划的主体，一般包括前言，内容，措施三部分。

前言。简要说明公关计划的原由、目的和意义，介绍组织目前的状况。

内容。明确写出公关活动的主要内容、项目，要做到在数量上，质量上，时间上的具体要求。

措施。详细说明完成活动的具体措施、行动步骤、时间分配、人力、物力、财力等安排。此外还要说明应注意的问题。

正文部分内容较多，因此要写得层次清晰，段落分明。在写作方法上可以采取叙述性，也可以采用条文式，表格式或者综合运用各种形式。

（3）结尾。结尾的内容一般包括执行计划应注意的事项或需要说明的问题，提出的要求等。

结尾之后是落款，注明制定计划的单位名称和日期，加盖公章。此外与计划相关的材料可在正文后面附文、附表说明。

（五）海报

海报是向公众报道文化娱乐和体育消息的一种招贴。海报的结构一般可分为标题、正文、署名和日期四部分。

1. 标题。标题的字要比正文的大，要醒目，可直接写"海报"二字，也可以具体写明内容，如晚会、音乐会、舞会、学术报告会、球讯、书法展览会等。

2. 正文。要简明扼要地介绍举办某项活动的意义、内容、时间、地点。影视、戏剧类海报还要标明票价。为增加吸引力，引起人们兴趣，在介绍内容时语言可以有一定的形象性和鼓动性，并可以配以有特色的图案或象征性的图画。正文是海报的主体部分，内容要具体、清楚、简要、实事求是，防止夸大其词、故弄玄虚。

3. 署名和日期。在该表的右下方写明举办此活动的单位和日期。如海报正文已写明具体时间的，落款也可不写时间。

【例文5】

海　报

我院首届足球赛决赛——公共管理系对阵电子系比赛精彩，望广大球迷前去助阵。

时间：××年×月×日下午2：00

地点：学院足球场

××学院学生会体育部
××年×月×日

四、礼仪应酬性公共关系文书

礼仪应酬性公关文书一般是指组织与外部公众洽谈、沟通、交往过程中，为达到一定的公关目的而编制的文书，如请柬、介绍信、祝词、答谢词等。

（一）请柬

请柬又叫柬贴或请贴，是人们在社会活动和相互交往中，如开业、奠基、庆祝等礼仪性活动前，以书面形式通知，邀请参加者的文体。

公关请柬就是社会组织与公众交往中，为了达到某种公关目的，用来告知特定公众的书面语体。其主要作用是密切和协调主客体之间的友谊关系，促进双方的理解与合作，帮助本组织扩大声誉和进一步发展。

1. 请柬的写作方法和格式。请柬的最大特点就是言简意赅却要表达出较浓的感情色彩和诚意，它的书写格式有以下几部分组成：

（1）标题。用较大的字体书写"请柬"二字，可写在第一行正中，也可放在首页的正中当作封面。

（2）正文。顶格上写明邀请的机构全称或个人的姓名，如果邀请的是个人的话，那么除了要写上他的姓名外，还要写上其头衔或职务；第二行空两格写正文，写明事由、时间和地点；换行顶格写上"敬请参加"，"恭请届时光临"等词。

（3）落款。正文下面靠右写明发贴的单位全称或个人的姓名、头衔，换行写发贴的年、月、日。一般为表示诚意和恭敬，落款的个人姓名由本人书写。

2. 请柬的语言要求。

（1）简洁明了。请柬的文字要简洁明了，三言两语说明问题，切忌重复罗嗦。如果需要被邀请人在活动中讲话，也可在请柬中写清讲话的内容，时间要求。

（2）礼貌典雅。从某种意义上讲，请柬和信函具有同样的作用，只是请柬的形式要求语言更凝练，更具感情色彩。因此请柬的语言要热情，真诚有礼，尤其需要写得庄重典雅，给人一种神圣感。

【例文1】

请　　柬

尊敬的××先生/女士/小姐：

中国2010年上海世界博览会，于2010年4月30日晚上8点在世博文化中心内举行开幕式文艺表演，诚邀您届时莅临指导。

2010上海世界博览组委会
2010年4月

【例文2】

请　　柬

诚邀您出席中国2010年上海世界博览会

暨开幕式文艺表演

开幕仪式

时间：2010年4月30日晚8点

地点：上海市世博文化中心

2010上海世界博览组委会
2010年4月

（二）介绍信

介绍信，是介绍单位派出人员前往有关部门商洽业务、联系工作、参观学习、出席会议等所用的一种证明身份或凭据式的书信。有书信式和印刷式两种。书信式，一般用本单位的公用笺书写，格式与一般书信相似。印刷式，又叫填表式介绍信。此外，还有一种专用介绍信。

介绍信的内容包括：对方部门或个人称谓；被介绍者的姓名、年龄、职务、政治面貌，若多人前往，应注明人数；需要联系的事宜；需要商洽联系的单位、发信日期；介绍信的有效期。

【例文3】

介 绍 信

兹介绍我公司××等×位同志前往您处联系元旦联欢事宜，请接洽。

　　此致

敬礼

××公司（盖章）

××年×月×日

（三）欢迎词、欢送词、答谢词、祝贺词

欢迎词、欢送词、答谢词都是迎送宾客和集会时应酬用的讲话稿。客人来了，由于主人出面表示欢迎，使用欢迎词；客人走了，表示欢送，用欢送词。名称、用途不一样，但写作方法大致是相同的。写作时要注意礼仪需要，称呼要用尊称；感情要真挚，必要的客套话后，要推心置腹，真诚相见；要巧妙地表达自己的立场，在措辞上要特别慎重；要注意客人的风俗习惯；篇幅要简短，语言要准确，语气要热情、友好、温和、礼貌。

欢迎词、欢送词和答谢词的结构，一般由标题、称呼和正文三部分组成。

1. 标题。标题的写法有两种：一种是只写欢迎词、欢送词、答谢词即可；另一种是在欢迎词、欢送词或答谢词前加上一定的修饰限定词语，这种修饰限定词语一般由致词的领导人的姓名、职务和活动的名称构成。

2. 称呼。在标题的下一行的顶格写致词的对象的称呼，称呼后加冒号。称呼要用尊称，一般在称呼前加上表示敬意、亲切的修饰语，如"尊敬的"、"亲爱的"等。在被称呼者的姓名后加上职务、职称等。欢迎词、欢送词、答谢词的称呼，既要分出主次，又要涵盖面全，包括所有致词对象。如"尊敬的各位领导、各位来宾、女士们、先生们、同志们"等。称呼对方单位名称或个人姓名时必须用全称，不得用简称。

3. 正文。正文包括开头、主体和结尾三部分。

开头部分写欢迎、欢送、答谢之类的话语。

主体部分。欢迎词主要简述举办活动的目的、宗旨和意义，简介活动安排的内容、规模、程序及预期达到的效果等，或陈述双方的交往友谊。欢送词则小结活动取得的成果及取得成绩的原因，感谢来宾对促成活动顺利展开所作的努力，表达依依惜别的感情。答谢词则主要称赞活动取得圆满成功，感谢东道主周密的安排及参加活动的感受和印象等。

结尾部分。再次表示欢迎、欢送和感谢，并写上祝愿、祝福及希望之类的话语。范例如下。

第八章 公共关系技术

【例文4】

欢 迎 词

尊敬的××专家代表团各位先生，尊敬的贵宾们、朋友们、同志们：

××公司与我们合资建厂已经两年，今天专派代表亲临我厂对生产技术、经营管理进行指导，我们表示热烈的欢迎。

两年来，让我们感到高兴的是，我们双方在合资建厂、生产、经营管理中的友好关系一直稳步向前发展。我们的友好关系能顺利发展，与我们双方严格遵守合同和协议、相互尊重和平等分不开的，是我们双方共同努力的结果。

我相信，通过××专家代表团亲临我厂进行指导，将进一步加深我们双方的相互了解和信任，更进一步增进我们双方友好合作关系的发展，使我厂更加兴旺发达。

最后，让我们以热烈的掌声，向专家代表团表示欢迎！

【例文5】

祝 贺 词

××公司：

首先，请允许我代表××公司全体员工，并以个人名义，向贵公司成立10周年表示热烈的祝贺！

贵公司技术力量雄厚，已建成年产×万米的××生产线，现在生产的50多个品种的产品行销全国，2010年被晋升为国家一级企业，成绩卓越，高速发展……贵公司建立10年来，取得了骄人的业绩与成就，为繁荣我国经济做出了贡献，可喜可贺！

最后，祝愿贵公司更加兴旺发达！

本章总结

现代组织在发展过程中，其核心竞争力的提升，应该在提供质优的产品或服务的基础上，把握好公共关系技术，利用公关技巧塑造组织形象。诸如公共关系新闻宣传、公共关系广告、公共关系演讲和公共关系文书等都是现代公共技术里常见的途径，掌握公共关系技术是开展公共关系活动的基础。对公共关系从业人员水平高低的评价，既要看其理论功底，更要看其是否能熟练地运用各种公共关系技术，有效地解决各种公共关系问题。

思考题：

1. 公共关系新闻策划的技巧有哪些？
2. 事件是否具有新闻价值，从哪几个方面来判断？
3. 公共关系广告文案的写作要求有哪些？
4. 公共关系广告与商业广告最大的区别是什么？

5. 你怎么评价"公关第一,广告第二"这句话的?
6. 和其他的演讲比较,公共关系演讲稿的特点是什么?
7. 写一篇好的欢迎词或欢送词,在语言方面的要求是什么?

实训项目:

	学时分配	完成方式	分组情况
项目一	1学时	分组讨论—点评	4人一组
项目二	0.25学时	讨论—点评	4人一组
项目三	1学时	模拟训练—填写实训考核表	每班分为8组
项目四	0.25学时	讨论—填写实训考核表	4人一组
项目五	1学时	模拟训练—填写实训考核表	每班分为6组

项目一:

据美国媒体报道18日报道,今年1月,美国福克斯电视公司开设了一个名叫《嫁给百万富翁乔伊》的节目,20名美国佳丽从几千名报名者中胜出,远赴法国"乔伊城堡"跟拥有5 000万美元财产的富翁"乔伊"进行直接约会,由乔伊选出最后的优胜者成为妻子。2月17日,来自美国新泽西州的女教师卓拉和来自加利福尼亚州的莎拉,经过激烈角逐,进入"决赛",当"乔伊"向卓拉表达自己的爱意后,"嫁给百万富翁"节目也到了其最富有戏剧性的结局。随着扮演乔伊的伊万·马里奥特坦率的真相告白——自己只是靠工资谋生的美国建筑工,法国城堡和里面的管家仆人都是节目组组来的,卓拉唇边灿烂的笑容消失了,她困惑的眨动眼睛,仿佛被一个不幸的消息震惊了。

在很多观众都以为没戏的时候,卓拉随后出现在舞厅之中,接受了马里奥特的邀请,也接受了马里奥特"巨大的谎言"的道歉。观众纷纷落下了眼泪,这个世界上有纯美的爱情!正当观众以为一切已经结束,这时,"乔伊城堡"的管家保罗先生,用一只银质碟子托盘给他们托来两杯香槟酒,同时还为他们托来一张100万美元的支票。很显然事先对此一无所知的马里奥特和卓拉完全惊呆了。保罗先生笑眯眯地说:"这是这个节目赠送给你们两个的礼物,我想所有精彩的故事都必须有一个魔术般的结局。"

问题:
1. 请你分析福克斯电视公司的这一节目为什么具有较高的新闻价值?
2. 新闻事件与社会组织"制造的新闻"有什么区别?

项目二:

迎接地球日——华航带您访问人间的最后净土:巴厘岛。普吉岛。4月22日是地球的生日,这天全球有识之士,都在唤醒大家保护地球的责任。

因为,这个将近50亿岁的的星球,被四五十亿的人层层伤害:臭氧层破洞、酸雨、热带雨林滥伐、海洋污染、全球温室效应……地球上的净土越来越稀有。

作为地球的一分子,华航邀您前往印尼的巴厘岛、泰国的普吉岛,这两个岛屿正是人间的最后净土,他们民风淳朴,沙滩没有污染,一切都很自然原始,犹如地球上的两粒珍珠，值得珍惜。

华航支持地球日，更希望当您游遍巴厘岛、普吉岛后，能有所醒悟，我们是否在追求文明的脚步上，不经意地把太多的破坏、污染留给了下一代。

讨论问题：这是一则什么类型的公共关系广告？

项目三：

某公司要组织一场关于"诚信"为主题的演讲比赛，公共关系部门担任组织工作，从演讲的准备、演讲的写作、主持人的安排、演讲活动的组织等方面模拟这次演讲活动。

第一步：教师介绍实训内容；

第二步：学生根据人数分为8组，每组拿出本组的演讲稿，在每一位同学都得到本组自行组织的课下模拟演讲之后，推出一位同学参加课堂演讲，每位同学演讲时间为3～5分钟；

第三步：做好演讲前的准备工作，包括场地的布置、演讲顺序的安排、评委的安排等；

第四步：按程序进行演讲比赛。

演讲比赛评分表

项目	评分内容	评分标准	实际评分
内容 40分	1. 主题鲜明、正确 2. 内容生动、具体 3. 层次清楚、明了 4. 结构完整、严谨	10分 10分 10分 10分	
语言 表达 30分	1. 语言流畅、准确生动、富有感染力 2. 语言口语化 3. 普通话标准、脱稿演讲、口齿清楚、表达流畅，富有激情 4. 语言的艺术型 5. 形体语言的运用得体 6. 临场经验和应变能力	5分 5分 5分 5分 5分 5分	
形象 风度 20分	1. 衣着整洁 2. 仪表大方、举止得体		
综合 印象 10分	由评委根据演讲者的临场表现做出综合素质的评价		
时间把握	1. 时间不足 2. 延时	-2分 -2分	
总分		100分	

注：考评满分为100分，91分以上为优秀，81～90分为良好，71～80分为中，60～70分为及格。

项目四：

华中科技大学校长李培根在2010届毕业典礼上的演讲

亲爱的2010届毕业生同学们：

你们好！

首先，为你们完成学业并即将踏上新的征途送上最美好的祝愿。

同学们，在华中科技大学的这几年里，你们一定有很多珍贵的记忆！

你们真幸运，国家的盛世如此集中相伴在你们大学的记忆中。2008年奥运留下的记忆，不仅是金牌数的第一，不仅是开幕式的华丽，更是中华文化的魅力和民族向心力的显示；六十年大庆留下的记忆，不仅是领袖的挥手，不仅是自主研制的先进武器，不仅是女兵的微笑，不仅是队伍的威武整齐，更是改革开放的历史和旗帜的威力；世博会留下的记忆，不仅是世博之夜水火相容的神奇，不仅是中国馆的宏伟，不仅是异国场馆的浪漫，更是中华的崛起，世界的惊异；你们一定记得某国总统的傲慢与无礼，你们也让他记忆了你们的不屑与蔑视；同学们，伴随着你们大学记忆的一定还有什锦八宝饭；还有一个G2的新词，它将永远成为世界新的记忆。

近几年，国家频发的灾难一定给你们留下深刻的记忆。汶川的颤抖，没能抖落中国人民的坚强与刚毅；玉树的摇动，没能撼动汉藏人民的齐心与合力。留给你们记忆的不仅是大悲的哭泣，更是大爱的洗礼；西南的干旱或许使你们一样感受渴与饥，留给你们记忆的，不仅是大地的喘息，更是自然需要和谐、发展需要科学的道理。

在华中大的这几年，你们会留下一生中特殊的记忆。你一定记得刚进大学的那几分稚气，父母亲人送你报到时的情景历历；你或许记得"考前突击而带着忐忑不安的心情走向考场时的悲壮"，你也会记得取得好成绩时的欣喜；你或许记得这所并无悠久历史的学校不断追求卓越的故事；你或许记得裘法祖院士所代表的同济传奇以及大师离去时同济校园中弥漫的悲痛与凝重气息；你或许记得人文素质讲堂的拥挤，也记得在社团中的奔放与随意；你一定记得骑车登上"绝望坡"的喘息与快意；你也许记得青年园中令你陶醉的发香和桂香，眼睛湖畔令你流连忘返的圣洁或妖娆；你或许"记得向喜欢的女孩表白被拒时内心的煎熬"，也一定记得那初吻时的如醉如痴。可是，你是否还记得强磁场和光电国家实验室的建立？是否记得创新研究院和启明学院的笋起？是否记得为你们领航的党旗？是否记得人文讲坛上精神矍铄的先生叔子？是否记得倾听你们诉说的在线的"张妈妈"？是否记得告诉你们捡起路上树枝的刘玉老师？是否记得应立新老师为你们修改过的简历，但愿它能成为你们进入职场的最初记忆。

同学们，华中大校园里，太多的人和事需要你们记忆。请相信我，日后你们或许会改变今天的某些记忆。瑜园的梧桐，年年飞絮成"雨"，今天或许让你觉得如淫雨霏霏，使你心情烦躁、郁闷。日后，你会觉得如果没有梧桐之"雨"，瑜园将缺少滋润，若没有梧桐的遮盖，华中大似乎缺少前辈的庇荫，更少了历史的沉积。你们一定还记得，学校的排名下降使你们生气，未来或许你会觉得"不为排名所累"更体现华中大的自信与定力。

我知道，你们还有一些特别的记忆。你们一定记住了"俯卧撑"、"躲猫猫"、"喝开水"，从热闹和愚蠢中，你们记忆了正义；你们记住了"打酱油"和"妈妈喊你回家吃饭",从麻木和好笑中,你们记忆了责任和良知;你们一定记住了姐的狂放,哥的犀利。未来有一天,或许当年的记忆会让你们问自己,曾经是姐的娱乐,还是哥的寂寞?

亲爱的同学们,你们在华中科技大学的几年给我留下了永恒的记忆。我记得你们为烈士寻亲千里,记得你们在公德长征路上的经历;我记得你们在各种社团的骄人成绩;我记得你们时而感到"无语"时而表现的焦虑,记得你们为中国的"常青藤"学校中无华中大一席而灰心丧气;我记得某些同学为"学位门"、为光谷同济医院的选址而愤激;我记得你们刚刚对我的呼喊:"根叔,你为我们做成了什么?"——是啊,我也得时时拷问自己的良心,到底为你们做了什么?还能为华中大学子做什么?

我记得,你们都是小青年。我记得"吉丫头",那么平凡,却格外美丽;我记得你们中间的胡政在国际权威期刊上发表多篇高水平论文,创造了本科生参与研究的奇迹;我记得"校歌男",记得"选修课王子",同样是可爱孩子。我记得沉迷于网络游戏甚至频临退学的学生与我聊天时目光中透出的茫然与无助,他们还是华中大的孩子,他们更成为我心中抹不去的记忆。我记得你们的自行车和热水瓶常常被偷,记得你们为抢占座位而付出的艰辛;记得你们在寒冷的冬天手脚冰凉,记得你们在炎热的夏季彻夜难眠;记得食堂常常让你们生气,我当然更记得自己说过的话:"我们绝不赚学生一分钱",记得你们对此言并不满意;但愿华中大尤其要有关于校园丑陋的记忆。只要我们共同记忆那些丑陋,总有一天,我们能将丑陋转化成美丽。

同学们,你们中的大多数人,即将背上你们的行李,甚至远离。请记住,最好不要再让你们的父母为你们送行。"面对岁月的侵蚀,你们的烦恼可能会越来越多,考虑的问题也可能会越来越现实,角色的转换可能会让你们感觉到有些措手不及。"也许你会选择"胶囊公寓",或者不得不蜗居,成为蚁族之一员。没关系,成功更容易光顾磨难和艰辛,正如只有经过泥泞的道路才会留下脚印。请记住,未来你们大概不再有批评上级的随意,同事之间大概也不会有如同学之间简单的关系;请记住,别太多地抱怨,成功永远不属于整天抱怨的人,抱怨也无济于事;请记住,别沉迷于世界的虚拟,还得回到社会的现实;请记住,"敢于竞争,善于转化",这是华中大的精神风貌,也许是你们未来成功的真谛;请记住,华中大,你的母校。"什么是母校?就是那个你一天骂他八遍却不许别人骂的地方"。多么朴实精辟!

亲爱的同学们,也许你们难以有那么多的记忆。如果问你们关于一个字的记忆,那一定是"被"。我知道,你们不喜欢"被就业"、"被坚强",那就挺直你们的脊梁,挺起你们的胸膛,自己去就业,坚强而勇敢地到社会中去闯荡。

亲爱的同学们,也许你们难以有那么多的记忆,也许你们很快就会忘记根叔的唠叨与琐细。尽管你们不喜欢"被",根叔还是想强加给你们一个"被":你们的未来"被华中大记忆"!

讨论题目:作为一名大学生,你认为这篇演讲稿的效果怎么样?

项目五:

某高校与企业之间就人才培养模式及方案进行研讨,在研讨会上校长首先要对与会者致欢迎词,研讨会即将结束,校领导要对专家的到来及提出宝贵意见表示感谢,需要致答谢词。请你帮助校领导分别拟一份欢迎词和答谢词。

第一步：教师介绍欢迎词、答谢词的使用场合以及写作格式；

第二步：例文分析；

第三步：每班根据人数分为6组，每组经课下准备筛选后推出1名同学，每位同学2~3分钟时间在课堂上角色模拟实训；

第四步：教师点评，写出实训报告。

公共关系文书评价评分表

考评人		被考评人	
考评地点	欢迎词、欢送词、答谢词的写作		
考评内容			
考评标准	内容	分值	
	格式规范	30分	
	感情真挚诚恳	20分	
	用词准确、语言精练	30分	
	仪表仪态大方、得体	20分	
	合　计	100分	

注：考评满分为100分，91分以上为优秀，81~90分为良好，71~80分为中，60~70分为及格。

第九章
公共关系的内外协调

知识目标
- 认识组织内外部公众对组织自身发展的重要性
- 了解组织内外部公共关系的特点和类型
- 掌握与内部公众、消费者公众等不同类型公众之间关系协调的方法与技巧

技能目标
- 掌握组织与内部员工公众、消费者公众、媒介公众之间关系协调的技巧

媒体评马云打假论：品质再好的假货也是假货

2016年6月14日，阿里巴巴创始人马云关于打假的一番言论受到国内外媒体广泛关注，"中国制造的假货质量比真货更好"、"毁掉真货的不是假货"等标题刷屏，引发极大争议。

由于马云的演讲是全英文的，翻译回中文会有字词上的差异，"中国制造的假货质量比真货更好"、"毁掉真货的不是假货"均属译者对其发言内容的归纳概括。原话是，新商业模式的出现让假货的界定变得模糊，在马云的定义里，新商业模式指的是中国为国际大牌代工的工厂，在平台上贩售自己的产品。他只说了这些产品质量不见得比正品差却有更具竞争力的价格，而只字未提它们的原罪：这些代工厂的产品，一种是本应销毁的大牌产品质检不合格的次品或用余料制作的山寨品即"原单"，而另一种是照着大牌产品1：1复制出来却不打标的"复刻"或"高端定制"。是的，对这些带着原产品血液的"原单"或"复刻"，也许不能准确定义其为假货，但其抄袭或剽窃了国际大牌的设计和创意，连

制作流程都是照搬的，却是板上钉钉地侵犯了原品牌的知识产权。

绕开这些山寨品对知识产权的侵犯，且名曰"新商业模式"，被意译为"假货比真货更好"也不算冤枉。考虑到阿里系常年为假货所苦，此一说法尤其让人感到遗憾。日本品牌無印良品MUJI，由于产品全部不打标，设计常被照抄，在日本发起的知识产权诉讼中，不乏因其他品牌产品高度相似而判MUJI胜诉的案例。而阿里平台治理部负责人随后恰好也以MUJI举例，指"無印良品MUJI"的商标仅在部分类目注册，其他商家用"无印良品"商标注册是合法的，却是作为"假货严格来讲是侵犯他人商标权"的正面例子。这不值得骄傲，法律有空子可钻是法律的问题，可是钻了法律空子并不能说明这样的做法有多正确。

阿里尤其是淘宝深受假货困扰，马云曾称成立了2 000多人的专职打假团队，也曾言假货不是平台造成的，根源在线下。的确，中国假货泛滥成为山寨大国，根源在于违法成本太低，但不能否认的是平台为假货提供了前所未有的广大、便捷且更易逃脱法律制裁的机会。平心而论，C2C平台都是第三方店铺，客观上会导致更多假货在平台上出现，打假也更困难。然而，这些不是纵容假货甚至为游走于法律边缘的变相假货开绿灯的借口。

须知假货于平台或中国都是不可忽视的负资产，中国制造当下可以达到一定的工艺水平，得以生产出高品质的产品，这本是一件好事，可如果将这样的技术工艺和高品质运用在山寨、造假或剽窃品牌产品设计的"复刻"、"定制"上，只能赚赚眼下的快钱，却输了未来。品质再好的假货也是假货，即使能生产出和大牌完全一样的产品，即使消费者知假购假，也不过是希望通过完全一样的产品来满足自己对于拥有真奢侈品的虚荣心而已，一旦失去了原品牌的依托，还能山寨谁，又有谁来买？中国随着人工等各种成本的上涨，必将逐渐告别世界工厂的定位，近年更迫切地强调转型、升级，强调从中国制造到中国智造。无论是着眼未来还是眼下的经济困局，均应抓紧时间潜心研究，将中国制造的好品质用在自己的品牌打造上，而不是将时间和精力浪费在生产山寨和逃脱法律制裁上。

资料来源："山寨无法强大，潜心品牌打造正当其时"，南方都市报2016年6月17日。

针对上述案例中阿里巴巴的创始人马云关于打假的评论，你如何看待该事件，你认为企业在此时应如何协调与相关公众之间的关系？

第一节

组织内部公共关系的目标和任务

社会组织内部公共关系的总体要求可以简单概括为"内求团结"。因此，无论是公关目标还是公关任务都应该围绕着"内求团结"这一总体要求加以确定和实施。

第九章 公共关系的内外协调

一、组织内部公共关系的目标

（一）确立积极进取的价值观念

确立积极进取的价值观念，就是要使员工的价值观念与组织的社会责任感统一起来，是组织追求的社会形象通过员工个体的从高思想境界体现出来，使员工在积极观念指导下的活动成为组织社会责任感的具体表现，使员工的日常行为与追求个人价值的自我实现过程紧密结合起来，使明确统一的价值观念成为广大员工具体活动的共同指南。日本松下公司的著名"松下精神"美名远播。它提倡的产业报国精神、光明正大精神、亲和一致精神、力争向上精神、理解谦让精神、顺应同化精神和感谢报恩精神，不仅给松下公司带来了巨大的成功，在一定意义上也成为日本企业的价值观的象征。

（二）创建特色鲜明的组织文化

组织文化是指组织员工共同遵循的人生指导原则，以及在这些原则指引下的组织运作方式和员工群体生活。组织文化一般包括三个层次：一是组织员工共同遵循的人生指导原则和在这些原则指引下的组织运行方式，这一层主要包括价值观念、道德规范、思想意识、工作态度和管理模式等等；二是指围绕着这些原则所进行的各种文化教育、信息沟通、技术培训等等；三是在这些共同原则和运行方式指导下的员工的群体生活，包括各种物质的和精神的生活。组织文化的创建必须符合有效性原则、独特性原则和先进性原则。

（三）增强全体员工的认同意识

组织的共同目标是维系组织生存发展的内在动力，而组织的共同信念则是全体员工日常行为的灵魂。没有共同目标的组织就像没有航向的船一样不可思议，而缺乏共同信念的员工更是一盘散沙，对组织不会有任何积极作用。

从个人看，认同意识的形成一般要经历服从到认同再到同化三个阶段。在服从阶段，员工表面上接受、服从根据组织目标和信念制定的规则、要求，但并不明确组织目标和信念的具体内涵；在认同阶段，员工从承担组织成员的义务出发，有了遵守组织规则、要求的自觉性和主动性，从而实际上接受了由这些规则、要求所体现的组织目标和信念，但仍然没真正理解其中的真实含义；到了同化阶段，员工才可能从内心深处协调并坚信组织目标和理念，从而在遵从这些规则要求方面变得更加主动自觉和心甘情愿。

（四）铸造同心协力的团队精神

在激烈的社会变革面前，在社会主义市场经济浪潮的冲击下，任何组织的生存发展都不可能一帆风顺，都难免会出现这样、那样的困难和问题，有时甚至还会陷入严重的挫折和逆境。这样，除了要求组织在价值观念、特色文化、认同意识方面强化内功外，必然要求在实际运行中、在具体工作中、特别是在遇到困难需要全体一致、同心协力的时候，具备和发扬团队精神。内部公共关系要铸造的团队精神包括三个方面：第一，在坚守本职岗位、明确职责前提下的相互配合精神。第二，在各展所长、公平竞争条件下的积极协作精神。第三，在荣辱与共、甘于奉献境界下的团结奋进精神。

二、组织内部公共关系的任务

根据上述目标,内部公共关系要承担、完成的任务很多,如果我们把内部公关工作看作是一个积极影响内部公众心理和行为的过程,那么,我们可以把内部公共关系的任务概括为以下四个方面:

(一) 增加内部公众的认知

公众对组织的认知是指公众对组织行为的知觉、印象、记忆、想象、判断、理解等。组织形象的树立,首先要靠组织自身的努力,同时也要靠公众对其的认知程度。

首先,要注意组织对内部公众的直觉印象,这种直觉印象包括两个方面,一是"第一印象",即组织行为给内部公众留下的最初印象;二是真实印象,即内部公众在与组织长期交往中留下的对组织的具体、全面、实在的印象。第一印象诚然会影响内部公众对组织反应方面的心理定势,如第一印象良好,内部公众便会形成对组织的积极反应定势,否则便会形成对组织的消极反应定势,甚至出现逆反心理定势。一旦形成消极反应定势尤其是逆反心理定势,便会增加内部公共关系的难度。

其次,应强化组织形象的个性化特色。对内部公众而言,组织形象的个性化特色不仅仅是一个印象深刻、记忆长久的一般问题,还是一个激发内在兴奋的特殊问题。如果说追求个性是人们的一种时尚要求,那么组织形象的个性化也可以成为内部公众满足"个性"需要的一种方式,成为激发他们努力塑造、精心维护组织形象的内在动力。

最后,不断增加组织对内部公众的透明度。组织透明度是指组织管理决策及其行为能被公众感知的清晰度。对内部公众而言,只有对组织的情况看得清,才能理解得准,才能因认知的全面而与组织保持良好的关系。

(二) 激励内部公众的动机

动机是引起、推动并维持人的活动以实现一定目标的内部动力。动机的实质是需要。公众动机是公众为了满足需要而产生的对组织的一种心理活动。在内部公共关系活动中,一般可以采用以下方法激励公众动机。

1. 民主管理激励。要求健全职工代表大会制度,建立对组织决策、组织领导的监督机制,保障普通员工的民主权利,强化决策的公开性和透明度等。

2. 奖惩激励。应注意的是,无论奖励还是惩罚,都要兼顾物质和精神两个方面,特别是在物质文明越来越发达的情况下,精神因素在奖惩中的作用也越来越明显,应引起重视。

3. 榜样激励。运用榜样激励时,要注意榜样的真实性、代表性和可学性,使榜样对各层次公众都有说服力和感召力。同样,在现代社会,由于多元化的冲击,榜样激励的方法用得不当,也会失去应有作用。

4. 领导行为激励。凡是领导公正、廉洁,作风民主、正派,并积极进取、不断开拓的,其在员工中的威信就高,影响也大,组织的风气正,员工的精神面貌也向上。领导的这种无可替代的独特示范作用其实是一种非常宝贵也非常现实的财富,作为领导要高度重视、发扬，而内部公共关系则可充分加以利用。

5. 情感激励。情感激励实际上是一种情感投资，通过平等交流，了解公众的愿望，通过无微不至的关心，激发他们的上进心，最后达到振奋精神、拉近心理距离的目的。在人们物质需求不断得到满足的情况下，情感激励的方法将会发挥越来越大的作用。

（三）转变内部公众的态度

态度是人们对某类事物所持的一种心理倾向。这种心理倾向包括认识、感情和意识。在影响和转变内部公众态度时，首先，要注意了解内部公众消极态度产生的原因，从而有的放矢地予以化解。若是属于认识偏差的，应通过摆事实、讲道理来解决，而属于意愿上的，则可以通过合理需要的满足来化解。其次，在具体转化的过程中，应采取求同存异的方法，不仅要尽可能多地寻找与组织的共同点，也要允许在不影响工作前提下的某些个别意见的暂时保留，使其在实践中或今后工作中逐渐改变自己的观点。内部公共关系通过各种媒介和途径对内部公众进行教育宣传活动，以强化他们的积极态度，改变他们的消极态度，从而使内部公众在意识、态度上与组织目标保持一致。

（四）指导内部公众的行为

内部公共关系的最终目的是把内部公众的行为引导到实现组织目标的方向上来，在这一过程中，通常可以借助一些约束方式来使内部公众避免不良行为，表现积极行为。这些方式一般有：

1. 思想约束。即以正确世界观指导内部公众日常行为，保证他们行为的目的、方向与社会要求一致，与组织目标和信念一致。在内部公共关系中，思想约束相对于领导和管理更能发挥持久的作用。

2. 纪律约束。即通过各种规章制度来保证内部公众行为的规范性和与组织目标的一致性。由于纪律约束的情况下对违背纪律的公众有给予处罚的可能，所以纪律约束具有一定的强制性，属于思想约束和其他约束的必要补充。

3. 道德约束。即通过道德信念的力量来约束内部公众的行为。组织对内部公众的道德约束主要体现在职业道德教育方面，要求内部公众爱岗敬业、忠于职守，服务态度、言行举止符合职业道德要求。内部公共关系特别重视对内部公众的道德约束。

4. 经济约束。围绕物质利益，从经济效益角度来要求内部公众。这种约束的含义有两层，一是按劳取酬，使收入与业绩挂钩；二是利益兼顾，也就是协调好个人与他人、个人与集体之间的利益关系。

5. 心理约束。即利用心理调节的方式对内部公众的行为进行约束、引导，特别是使内部公众产生内在愿望与外在要求一致情况下的自我约束。这种约束方式能最大限度地发挥内部公众的主动性和积极性。

6. 舆论约束。即依靠社会舆论（包括组织内部舆论）来约束内部公众的行为。由于社会舆论具有一定的客观性和公正性，因而对内部公众的约束、引导作用较为适用与持久。

第二节 员 工 关 系

员工是指一个组织的内部成员，是对组织发展产生直接影响的最重要的公众。员工关系是指组织内部人与人的关系，它是组织内部最重要的一种关系。企业的内部公共关系是为了使企业内部团结一致，增强凝聚力，为树立企业的形象打基础。从根本上说，公共关系是"内求团结，外求发展"的管理艺术，只有内求团结，才能外求发展。

一、员工关系的基本内容

根据内部公共关系的目标和任务，结合上述有关的理论研究和实践探索，我们可以把员工关系的基本内容概括如下：

（一）认真把握员工公众的特点

员工公众可分为管理人员公众、技术人员公众和操作人员公众三类。

管理人员公众一般为组织内部业务部门、职能部门的主管，由于他们处于承上启下、上传下达的中间环节，因而他们的特点是：对组织的方方面面情况最了解，对组织的运行状况最熟悉，对组织上下的影响也最大，对组织和自己的期望值也较现实、理智，组织的任何工作离开他们支持，几乎都不可能开展。

技术人员公众是分布在组织内各个环节的业务骨干，他们的特点是：承担了组织业务工作或专业工作中的关键任务，构成了组织的竞争优势，肩负着组织不断进取、创新的重任，形成组织可持续发展的坚强后盾。技术人员公众与组织的关系恶化，或仅仅是他们的积极性、创造性没有充分调动，都会使组织陷入停滞徘徊，乃至一潭死水。

操作人员公众处于组织业务活动、日常工作的第一线，构成了员工公众多数。他们的特点是：作为组织产品或服务的直接创造者，直接影响着组织的综合效益；一般直接面对外部公众，其素质、行为、表现直接影响到组织的形象和声誉。由于操作人员公众人数众多，情况复杂，因而是员工关系中投入时间和精力最多的地方。

（二）尽力协调各种关系

组织内部一些复杂而性质不同的关系是协调员工关系必须面对、无法躲避的，这些关系协调好了，对做好员工的公关工作极有意义。

1. 人际关系。人际交往的最主要特征是情感基础，情感基础的差别决定着人际关系的差别。内部公共关系通过激发员工结合性情感、克服分离性情感来促使组织内部人际关系的亲善和睦，从而有利于组织形象的塑造和建立。

2. 权力关系。组织管理、运行必须由掌握一定权力的人来指挥和监督才变得可能，因此，权力及由此而产生的权力关系必然包含在组织活动中，如何协调权力关系必然成为内部公共关系要面对的重要任务。一般而言，参与性管理体制下权力关系比较理想。在这种体制下，上级能虚心听取下属意见，工作作风民主，决策比较科学，下属也能参与经营决策，关心组织声誉，具有较高的劳动积极性。专制式的管理体系正好相反，上级武断独行，下级消极应付，上下级之间没有信息互动。公共关系必须为构造参与式管理体制、建立良性的权力关系而努力。

3. 信息关系。随着社会的开放、发展，组织内外都存在着日益频繁的信息交换关系。组织内部的信息关系主要有知识性信息交流关系、思想性信息交流关系和生活性信息交流关系三种。第一种为新学科、新技术、新工艺、新知识的学习和普及传授活动；第二种是组织开展的思想教育以及组织内部上下左右之间的意见沟通、思想沟通；第三种是组织公众之间在风俗习惯、生活方式等方面的互相感染。

4. 竞争关系。组织内部的竞争既有推动组织发展、使组织保持旺盛生命力的一面，也难免会给内部公众相互之间的关系带来一些消极影响。组织内部公共关系应该帮助组织建立科学、合理的竞争机制，引导内部公众开展公正、公平的正常竞争，同时通过团结合作精神的倡导，来克服竞争可能带来的消极影响。

5. 利益关系。组织内部各类公众之间的关系是一种平等互助的交往关系其实质也是一种利益分配和利益实现的关系。组织的纵向利益关系是指国家、集体与个人之间的利益格局关系。组织是三者利益关系的中介，它既要直接与国家利益发生联系，又要合理分配组织内部员工个人利益。组织横向的利益关系则是组织内部各层次受益公众之间的关系。这种利益分配必须坚持效率优先、兼顾公平的原则。

（三）妥善协调具体存在的问题

这是我们要面对的员工关系的核心内容。

1. 协调好组织与员工的关系。主要是通过正式组织的途径调动员工的积极性，以利于完成组织的任务，实现组织的经济目标和其他目标。

2. 协调好组织与员工中的非正式组织的关系。主要是通过调动员工的心理因素、非正式组织的因素，使之引向对组织有利的轨道上来，最大限度地营造和谐的内部环境。

3. 协调好组织与员工家属的关系。这里主要是将公共关系延伸，通过帮助解决员工家属的困难来化解员工的后顾之忧，从而进一步调动员工积极性。

二、员工关系的协调方法

（一）建立畅通的信息渠道

由于组织的内外环境处于千变万化之中，这必然会对内部员工的思想、情绪、心理产生影响，并使所面临的问题更加复杂化。同时组织为了适应这些变化，也必须把有关的信息、要求等传播给员工，因此，建立正常、有效的信息沟通渠道是必要的。

建立畅通的信息渠道的目的在于做到"上情下达"和"下情上达"。所谓"上情下达"是指组织领导决策层通过情况简报、信息发布、内部刊物、广播、布告栏等形式把组织内部的重要信息，如生产经营状况、领导升迁罢免、经验交流、市场供求、新技术、新工艺、违纪协调、立功受奖等情况及时告知广大员工并把他们的建议、意见等随时告知组织决策者和领导层。

畅通的信息沟通除了上述这些方式，还可借助座谈、走访、交谈、电话等形式进行。而所有这些沟通方式中，内部刊物的影响较大，效果也比较明显。内部刊物作为公共关系的书面媒介，编排灵活、内容丰富、形式正规、便于保存，显得权威、客观，也促进领导、员工动手投稿，对丰富组织文化、提高员工的素质很有帮助。

（二）满足员工的合理需要

根据马斯洛的需要层次理论，员工的各种需要，无论是低级需要还是高级需要，都是公共关系要关注并尽力解决的。

1. 在物质需要方面，应尽力满足员工对工资、福利及其他物质待遇的要求。第一，帮助组织建立效率优先、兼顾公平的分配机制，并努力营造勤劳致富、公平获益的氛围。第二，引导员工正确协调个人利益与整体利益的关系。在同一组织内，个人利益与整体利益总是存在两面性。一方面具有一致性，属于一种休戚相关、水涨船高的关系，应教育员工只有加快组织的整体发展，提高组织整体效益，个人利益才会增长；另一方面又具有矛盾性，存在着相互制约、此消彼涨的特点，要引导员工克服"竭泽而渔"的心理，降低不适当的期望值，以保证组织可持续发展，从而获得自己的长期利益和根本利益。第三，切实解决员工在物质生活方面存在的实际困难。内部公共关系通过一切可能的方式、途径提供帮助，解决员工的后顾之忧，能很好地培养员工对组织的情感依赖和归属感。

2. 在精神需要方面，应全力创造有助于员工实现精神需要的环境和条件。第一，营造和谐、宽松的人事环境。一个组织的人事环境是否和谐、宽松，主要看绝大多数员工是否能形成和获得信任感、温暖感和舒适感。第二，鼓励员工参与组织的管理。这里首先要做到在用人方面的各尽所长、各得其所。这样做的意义不仅能满足员工的自我实现需要，也使组织获得了宝贵的决策参考资料，大大提高组织决策的科学化、民主化水平，因而许多成功的企业都十分重视，像日本的丰田公司更形成了"玻璃屋"式的管理模式。第三，提高员工的综合素质。通过教育、培训，不断提高员工科学文化和技术、管理素质，这不仅有利于增强员工对新的生产方式、新的社会要求的适应能力，更会不断增强组织的生存力和竞争力。第四，开展丰富多彩的文体娱乐活动。在力所能及的条件下，将员工组织起来，参加体育竞赛、文艺演出、郊游联谊以及读书看报、交际舞会等有益身心的活动，既可使员工获得精神满足，亦可拉近彼此的距离，增进感情，从广义上则丰富了组织文化的内容。

（三）协调好与团体公众的关系

组织内部除了员工公众，还存在团体公众。由于团体公众与员工的关系十分紧密，因此协调好与他们的关系，尤其是尽可能发挥他们对员工公众的积极影响，对促进与员工关系的进一步改善，很有帮助。

协调好与团体公众的关系。团体公众分为正式团体和非正式团体。正式团体指车间、班组、科室、工会等，又叫"正式组织"；非正式团体如文娱沙龙、兴趣小组、业余爱好协会、群众结社和其他民间群体等,又称为"非正式组织"。这两类团体都有相同或相近的行为规范,区别是前者的规范具有成文性和明晰性的特点,后者往往不成文,有时甚至借助于一般的道德约束。正式团体直接为实现组织利益而努力,与公关人员的工作目标一致,协调员工关系其实也在协助他们的工作,因此应该争取他们的理解、支持,特别是争取他们的实际活动与员工关系目标真正吻合。由于"非正式团体"主要以满足情感、心理需求为目的,它的存在和活动对维系组织内部人际关系具有很大影响,而对组织形象的树立却不一定有利。公关人员主要应发挥它的积极一面,通过加入进去、因势利导、或与其领袖建立私交等方法,尽力把它引导到对组织有利的轨道上来。

三、股东关系的协调

股东关系是20世纪60年代以来公共关系领域里出现的一个不断发展的新的方面。与员工关系一样,股东关系既是制约组织经营活动的重要因素,也是实施内部公共关系工作的重要对象,因而已受到越来越广泛的重视。股东关系是企业与投资者之间种种关系的总和,因而一般又称为"投资者关系"。作为公共关系工作对象的股东公众狭义上指企业股票的持有者,而广义上包括持股票的法人、证券公司、股票经纪人、股票交易商、股评人员、银行机构、投资公司等。

(一)股东关系的意义

目前,无论是国外还是我国国内,股份制经济发展都非常迅速。在国外,许多发达国家人们已习惯于把1/3的收入用于购买股票、证券,这使得股票持有者的人数急剧扩大。在我国,随着改革开放的不断深入和企业经营机制的转换,许多工商企业组织机构为了扩大生产规模及能力,解决资金短缺问题,在"公平、自愿、互利"的基础上建立了各种形式的横向经济联合体,这些经济联合体采取了社会集资的方式,把资金、技术和设备等生产要素折合成相应的股份,允许国家股、集体股和个人股等多种成分并存。在这种大发展的背景下,做好股东关系工作必然对组织发展产生重要而深远的影响。

首先,有利于稳定和扩大组织的资金来源。任何组织的财力都是有限的,而要在激烈的市场竞争中立于不败之地的最有效办法之一便是如何做大做强,这就需要雄厚的资金做后盾,所以组织一般都十分重视建立广泛稳定的资金来源渠道。组织应着眼于创造有利的投资环境和投资气氛,使潜在的投资者增大对组织的了解和信任,提高社会各界对组织的关心程度和支持程度,吸引更多的投资者。

其次,有利于通过股东渠道采集组织需要的重要信息。组织所面临的股东无论是法人还是个人,都来自社会的方方面面。他们中有对组织的股票上市、发行产生重要影响的专业人员和专门公司,也有分布在各行各业人数众多的广大股民。他们本身都拥有丰富的信息资源,而通过他们又能获得更多的信息量。公关人员借助与他们的良好关系,或直接请他们出谋划策,或为组织提供重要信息。

再次,有利于树立、宣传组织的良好形象。组织良好形象的塑造和树立一个长期的过程,是通过与多种多样的直接、间接的社会群体或组织、尤其是内外公众的广泛而长期接触逐步形成的。股东作为内部公众与利益公众的结合体,既比较熟悉组织内部的情况,更因与组织利益生死攸关,因而,可能比其他公众更重视组织的一举一动、一言一行,组织的公关活动对他们的影响尤其明显,他们对组织形象的宣传、树立也特别关注。所以,协调好与股东的关系,对组织形象的树立非常重要。

(二)股东关系的目标

按照现代股份制度的要求,一个持有企业股票的投资者,事实上也就是企业的所有者。他具有对企业财产的支配权和经营权,并享有取得股息的受益权。

从组织的角度看,可以把股东关系的公关目标分成三个层次:一般目标是增进组织与股东之间的相互了解,争取股东对组织的好感;基本目标是争取股东对组织经营、决策的支持,并参与组织的管理活动;最终目标是维持已有股东,吸引更多新股东,尤其是借助股东的力量,使组织获得更大、更快的发展。组织在协调股东关系时,可以根据不同情况,确定并努力实现相应的公关目标,以便使股东关系的协调既切合实际,更活的实效。

(三)股东关系的协调

根据股东公众的特点,围绕股东关系的目标,我们可以采取以下方法来协调股东关系:

1. 与股东保持全方位的信息畅通。首先,将组织运行发展的宏观状况和有关的具体情况及时或定时向股东通报;其次,及时收集股东对组织提供情况的反馈信息,并把协调意见及时再反馈给股东;再者,定期或不定期地询问股东的意见、建议,并请他们收集有关外部公众、社会各界对组织的意见、建议。这里可以采用的途径有信函、电话、问卷、访问、座谈等。

2. 健全相关的制度,与股东保持经常沟通。提高组织决策的规范性和组织行为的科学性,是取得股东信任的有效办法。建立、健全一系列的规章制度,是组织与股东关系的协调有章可循,是协调股东关系的一个重要内容。

3. 开展有特色、有针对性的专题公关活动。把股东公众作为特定的对象,开展有针对性的公关活动,有利于增加组织对股东的亲切感和吸引力,也能更顺利地实现公关活动的特定目的。

第一,利用股票发行的时机开展宣传活动。要使股票能顺利发行与上市流通,组织首先要对代理发行机构展开宣传活动,主动请对方上门指导,使双方彼此了解和相互信任。一旦确定了股票代理发行机构,就应把重点转到可能购买本公司股票的社会公众上,通过精心策划和宣传指导,使那些拥有闲散资金并打算用于投资的机构和个人,在了解和信任的基础上踊跃认购企业的股票。

第二,利用组织庆典或节假日专门邀请股东参加组织的成就展或座谈等活动。组织的庆典或重要节假日是组织上下同庆共贺的时候,同时又往往是组织借以回顾过去、展望未来的时候。这样充满喜庆的日子是改善组织与股东关系的良好契机,在这样的时候邀请他们观看成就展,共庆组织取得的进步,诚恳听取他们的意见,使他们真切感受与组织的密切关系,从而激起支持、关心组织发展的主人翁精神。

（四）开展多种多样的交际活动

1. 一般的社交活动。即借助人际关系协调的原理来直接与具体的乃至个别的股东打交道。如美国电话电报公司拥有 300 万股东，每年以公司名义向他们每人寄一份年度报告，使每个股东都感受到自己是公司的一员。

2. 股东联谊活动。即展开组织与股东之间、股东与股东之间的联谊活动，如舞会、郊游、游览、免费试用公司新产品等活动。这些活动既可以安排在平时，也可以安排在股东大会期间，目的不仅在增加股东与组织之间的情感联系，也可增加他们之间的感情基础，促使他们成为关系和睦、感情深厚的组织大家庭的共同成员。

第三节 组织外部公共关系的特点和类型

一、外部公共关系的特点

与内部公共关系相比，外部公共关系具有以下特点：

（一）平等性

无论是内部公关，还是外部公关，都要求公关人员平等地对待公众。在外部公关活动中，组织与外部公众、外部公众之间并不存在统属关系，相互之间自然也没有因统属关系产生的种种制约，组织与外部公众之间、外部公众之间地位都完全平等。因而，公关工作中的平等相待，在外部公关活动中就不仅仅是公关工作本身的要求了，而且是组织与外部公众地位完全平等的必然要求。

（二）多样性

外部公关活动的情况十分复杂。一方面，随着公关主体活动的进行，在不同的环节、不同的阶段、不同的方面，公关主体都会与外部公众发生这样那样的相互关系、相互影响；另一方面，公关主体面对的这些外部公众群体又分散在社会各个领域、各个行业。这样，相对于内部公众，外部公众不仅存在类型上的多样性，在与公关主体之间的关系上也存在着多样性。

（三）松散性

在组织与外部公众的交往中，外部公众一般都只是由于某种需要希望得到满足才与组织发生联系，尤其是这种联系在外部公众看来具有选择性和偶然性，组织不应该也不可能对他们进行任何形式的约束。所以，在外部公关活动中，公关主体与外部公众的关系呈现出明显的松散性。

（四）动态性

随着科技的高速发展，社会的各个方面几乎都处在前所未有的剧烈变迁之中，外部公共关系所面对的环境条件受外部科技、社会、人为等因素变化的冲击更大、更猛烈，加上外部公众本身的复杂性，使他们与公关主体之间存在着越来越多的变数。这些变数使得他们与公关主体之间的关系处在经常性的波动之中，使外部公共关系出现动态性的特点。

（五）难控性

与内部公关相比较，外部公关还具有难控性的特点。外部公众的所作所为与内部公众相比，更可能不以组织的意志为转移。这样，组织很难控制与他们的关系，进而加大了外部公关工作的控制难度。

组织外部公关的五个特点相互联系、密不可分。外部公关的这些特点告诉我们，在组织与外部公众的关系协调方面，没有任何捷径可走，只有以良好的产品、优质的服务来满足公众的各种需要，只有通过长期不懈的真诚努力积极争取公众的理解和支持，才能创造出公关主体生存、发展所必需的适宜环境和条件。

二、外部公共关系的类型和目标

按照外部公共关系对象来划分，外部公共关系可分为消费者关系、供销者关系、金融界关系、竞争对手关系、社区关系、政府关系、媒介关系和名流关系，下面我们大体分为三大类作简单介绍。

（一）组织与利益公众的关系

这一大类的对象都是与公关主体发生利益关系的公众群体。组织与这类公众的关系协调应以正确协调利益关系为关键点。

1. 消费者关系。消费者对不同的组织有不同的含义。一般而言，他们是指产品的购买者、使用者、某些服务项目的购买者、享用者。消费者关系是指各类产品的消费者与公共主体之间的关系，有时又称为"顾客关系"。这是企业组织面对的利益公众中最重要的公众关系。

消费者关系的公关目标包括以下三个方面：

第一，维系并密切与消费者的关系。这里首先要求巩固与已有的消费者的关系，其次是积极吸引新的消费者。无论是已有的消费者还是新的消费者，企业组织都只有通过真正满足他们物质需要、精神需要的方式，才能获得他们的好感。

第二，保护消费者权益。自1962年3月15日美国总统肯尼迪发表《关于保护消费者利益的总统特别咨文》后，有关消费者权益的观念已为国际社会广泛接受。消费者权利主要包括安全、知晓、陈述和选择四个方面。公关人员一方面从企业的角度积极保护消费者权利；另一方面引导消费者认识、理解和运用自己的这些权利。

第三，促进企业的经营目标实现。公关的职能之一便是增进组织的效益，无论公关人员如何努力，目的都是为了使消费者真正接受组织的产品和服务，从而最终实现企业组织的经营目标。

2. 供销商关系。供销商是供应商和经销商的合称，供应商为企业组织提供原料、能源、设备、劳务等，而经销商则为企业推销产品、服务等。供销商与公关主体的关系存在着两面性。一方面双方相互牵制、互为依托，另一方面有利益攸关、紧密联系，因而难免会产生矛盾或误会。如果从广阔的市场背景看，良好的供销商关系对双方均有利，就公关主体而言，其意义重大。

据此，供销商关系的公关目标是：

第一，建立起相互信任。由于组织与供销商属于业务伙伴，双方的关系如何都直接影响到各自的生存发展，因此必须建立起真诚的相互信任。从公关主体的角度及时满足对方的条件，力所能及解决他们的困难，以换取他们在供、销两方面的渠道畅通，质量优良。

第二，协调好利益关系。在市场经济下双方都是为实现自身利益走到一起来的，但如果都顾自己，不顾对方，就很难交往下去。因此，如何在保证各自正当利益的前提下做到互利互惠，公关主体应主动做出相应努力。

第三，采集多方面信息。企业为持续发展，一般对两类信息十分重视，一是来自消费者的，一是与生产经营直接相关的，而供销商恰恰能为企业提供这些信息。公关主体要主动利用这些现成渠道，收集各方面信息，沟通各方面关系，使企业拥有顺风耳、千里眼。

3. 金融界关系。通过一定形式或途径向企业注入资金的专业银行、外汇银行、证券市场、保险公司、商业性投资公司等都可称为企业组织的金融界公众，企业与他们的关系称为金融界关系。企业经营过程中必须依靠金融机构做资金后盾和相关运作的中间渠道。

鉴于金融界关系的重要性，公关主体应确定如下的公关目标：

第一，建立良好的资信信誉。金融机构用贷款的发放、债券和股票的发行、利息的调整、股票升贬值来控制资金的投放数量和投向。在这种情况下，只有那些资信程度高、偿还能力强、经营状况好且效益高的企业才能比较容易引入资金。公关主体不仅要努力达到这些投资条件，也要宣传并维护自己在偿还信贷方面的良好声誉。

第二，接受金融机构的监督。金融机构对自己投入资金的企业必须有充分的了解，并借助种种方式给予监督，才会放心地投放资金，并乐于继续投放资金。公关主体应充分尊重金融机构的愿望，主动向他们提供企业情况，接受他们的合理监督。

4. 竞争对手关系。凡与公关主体在原料、市场、技术、设备、信息等方面存在密切利益关系的其他企业组织一般都可算为竞争对手公众。与竞争对手的关系协调的水准如何体现了现代企业的风范。因此，必须尽力协调好，以减少负面影响。

所以，协调这类公众关系的公关目标是：

第一，建立基本的互信关系。通过真诚的公关活动，使双方都逐渐消除对对方的戒备，转向利用正当合法的手段展开公平、公正的竞争。

第二，发展可能的协作关系。这包括两方面，其一是在制定同行业道德、规则方面可以共同向有关部门提供建议；其二是在生产、经营活动中，在共享信息资源和共同开拓新市场方面进行探索，直至进行合作经营方面的可行性研究等。

（二）组织与非利益公众的关系

这一大类的公众群体与组织之间存在着种种非利益性关系，组织在协调与他们之间的关系时，主要以推销理念为关键点。

1. 社区关系。一般组织都是在一定的社区里生存、发展的，因而也必然会与社区内社会群体、机构或其他组织产生种种联系，他们与组织的关系就是公关意义上的社区关系。

社区关系的公关目标是：

第一，尽量少给社区添麻烦。对组织活动过程可能给社区带来的不便或消极影响，应积极消化和消除，妥善协调好由此而导致的社区公众的种种误会和与组织的纠纷。

第二，积极争取社区公众的理解和支持。组织的生存、发展需要外部公众的支持，实际上应首先争取社区公众的支持，因为这种支持相对于其他公众的支持显得更直接、更现实。

第三，主动为社区繁荣、发展做出贡献。社区的发展、繁荣要靠社区内全体公民的努力，尤其需要直接从中受益的社会组织的努力，公关主体通正为社区办好事等方式也为组织自身的环境优化创造了条件。

2. 政府关系。政府公众一般指掌握公共权力的一切机构、单位或个人。包括行政、司法及其他执掌公共事务管理权的组织及其成员。组织与他们之间的关系称为政府关系。政府公众的特殊性体现在两方面。一方面它是公关主体的管理、协调机构，另一方面它本身也是社会组织。

政府关系的公关目标是：

第一，做一个合法、合格的社会"公民"。从政府的角度，良好的社会组织必须首先守法、守纪；其次积极履行社会义务，对社会贡献明显，大政府排忧解难。因而这应该成为公关主体协调政府关系时注意的首要方面。

第二，主动接受政府监督、指导。尊重政府地位，有效发挥政府作用，就能赢得政府的好感。因此，必须与政府保持畅通的信息沟通，主动向政府提供必须的资料、情况，便于政府更好地进行决策和实施监管。

第三，积极争取政府的理解、支持。由于政府的理解、支持对组织发展意义重大，因此，公关人员应该把这方面的工作放在协调政府关系的重要位置上。这其实也是良好的政府关系的最终目标。

3. 媒介关系。媒介关系也称作新闻界关系，即组织与新闻传播机构（包括报社、杂志社、广播电台和电视台等）以及新闻界人士（记者、编辑等）的关系。媒介公众是公关工作对象中最敏感、最重要的一部分。这种关系体现在两个方面：一方面，新闻媒介是组织与公众实现广泛、有效沟通的渠道，具有工具性；另一方面，新闻媒介及其工作人员本身是组织必须特别重视的公众，具有对象性。媒介与公众的合一，决定了媒介关系是一种传播性质最强、公关操作意义最大的关系。

媒介关系的公关目标是：

第一，尊重、理解媒介的工作。媒介的性质和任务决定了它必须不断收集、发布信息，作为公关主体必须予以尊重，并尽力为他们的工作提供便利条件。

第二，正确应对不利舆论，媒介与组织目标并不完全一致，因此出现不利于组织的舆论，组织对此要正确应对，虚心接受批评，积极接受监督，这是协调媒介关系中最具公关色彩的方面。

第三，充分借助媒介树立、宣传组织形象。公关的根本任务是通过媒介在公众中树立良好形象。因此通过媒介不断宣传组织，扩大知名度、美誉度。另一方面也通过媒介收集组织所需的信息，这些是组织协调媒介关系的最根本目的。

4. 名流关系。所谓名流，是指那些在社会的各界各层、各行各业具有广泛影响和良好声誉的著名人士，如政界、工商界的首脑人物，科学、教育、学术界的权威人士，文化、艺术、影视、歌坛和体育方面的明星，新闻出版界的舆论领袖等。这些人数量有限，能量却很大，组织与他们的关系称为名流关系，协调与名流的关系是公关工作的崭新而又特殊的课题。因而协调好名流关系，具有事半功倍的效果。

名流关系的公关目标为：

第一，以真诚的努力争取名流理解、支持。协调好名流关系的重要前提是做好组织自己的事。在此基础上积极争取名流的支持，搞好与名流的关系。

第二，利用名流的优势为组织的发展服务。名流的优势主要体现在特长、网络两个方面，与名流搞好关系的目的在于借助这些优势为组织服务。这是协调名流关系的核心内容。

第三，正确借用"名人效应"。"名人效应"有两个方面作用，利用得好，对组织和名流均有利；利用不当，便会陷入庸俗化，对双方都有害。

（三）组织与国际公众的关系

国际公众是指组织在国际性活动中应对的不同国度和不同文化背景的公关对象，包括对象国的政府、媒介、消费者等。从广义上是指前面讨论中涉及的一切公众群体，既包括利益性公众，也包括非利益性公众。随着我国对外开放步伐的加快，尤其是加入世界贸易组织，我国经济与世界一体化的进程将迅速展开。我国各类组织必须适应在世界范围内与不同的公众对象进行沟通、交往。因此，协调好组织与国际公众的关系具有深远意义。

国际公众关系的公关目标为：

第一，尊重并适应不同文化的差异。在与国际公众交往时，首先应正确面对种种差异，并且充分尊重和努力适应，这是协调国际公众关系的基本目标。

第二，学会与不同公众群体打交道。在面对利益性公众时，仍以协调好利益关系为根本出发点，而与非利益公众交往中，应把组织理念行销视为主要内容。

第三，为发展我国与对象国、地区之间的友谊做出贡献。我国与对象国、地区的关系从宏观上会影响公关主体的生存、发展。一般来说双方关系友好、和睦，政策就比较宽松、优越。因此通过建立良好的国际公众关系，积极发展我国与他们的友好合作，也直接促进了社会组织的发展。

第四节
组织外部公众协调的艺术

一、利益性公众关系的协调艺术

如前所述，利益性公众是指与公关主体之间存在利益关系的各类公众群体。围绕着利益这个敏感问题，组织在开展公关活动时，必须以正确协调与他们的利益关系、积极满足他们的合理需要、消除他们的有关疑虑为总的工作目标。

（一）消费者关系的协调艺术

1. 积极消除影响消费者关系的因素。对消费者而言，首先关心的是能否获得有质量保证的产品、服务，其次是以什么样的方式向他们提供，再次是他们要付出多少和付出什么。这也恰恰是影响组织与他们关系的最直接的三大因素。提供质量优异的产品、服务是搞好与消费者关系的物质基础。以产品质量为例，并不仅仅指产品的性能如何，是否方便耐用等，随着人们生活水平的提高，还要求满足在设计与包装方面的求新、求美、求异的需要。公关主体在向他们提供优质产品时，尽可能采取他们满意的方式，注意态度热情、语言礼貌，注意环境优雅、方法温和等等，必然会大大改善与他们的关系。

2. 主动为消费者排忧解难。由于消费者对产品的期望值与产品本身不尽完美之间的反差，消费者在选择、使用产品过程中，必然会遇到这样那样的问题。公关主体为了扩大产品销量，除了尽可能改进产品质量，还必须积极、主动地为消费者排忧解难。公关主体为消费者排忧解难包括两个方面：一是售前教育。即在销售产品之前普及相关的产品知识，引导消费者如何选择产品，如何使用、维护产品等。二是售后服务。即在产品出售后帮助消费者送货上门、安装调试、日常维修等。著名的IBM公司就是以"最佳服务的象征"进入130多个国家市场的。

3. 巧妙化解与消费者之间的纠纷。由于公关主体不可能完美无缺地向消费者提供所需的一切，因而消费者与组织之间难免会发生种种误会，以至磨擦和纠纷。公关主体必须开辟多种渠道，以高超的艺术予以化解，其中正确协调投诉是重要途径。应积极与投诉者联系，了解真相，采取对策。投诉正确的，及时解释并补偿服务，同时加以改进；投诉错误的，也要积极争取传媒合作，向消费者和大众解释因果，从而使之成为宣传、扩大良好信誉的机会。

总之，对消费者的投诉无论是否正确在理，公关主体都应耐心听取，冷静。认真、及时地协调，而不能计较投诉者的言辞、态度，应把协调投诉看作是与消费者建立密切关系的契机，使消费者从这种特殊交流、沟通中获得各种满足，从而与组织关系融洽起来。

4. 正确引导消费者，提高消费者的素质。从公关主体角度要以"消费者为中心"，满足其各种需求，而从消费者的角度则必须具备"上帝"意识，才能对公关主体的做法作出积极的回应。因此，公关主体从真正为消费者着想的目的出发，还必须承担起引导消费、提高消费者素质的责任。如：日立公司就在日本国内设立了七个日立家庭中心，专门指导日立的消费者如何利用闲暇时间、如何设计和美化生活。日本经营化妆品的资生堂利用这种方式组建的"花椿会"消费者俱乐部拥有500多万会员，形成了稳定的消费者系列。

5. 树立优良形象，与消费者建立长期合作关系。要建立与消费者的长期合作关系，还必须与消费者保持经常的信息沟通和感情交流。这主要可以通过开放组织、邀请联谊、举行座谈、专门征询等一系列方式。另外，还可以借助节假日让利、酬宾形式，这样使公关主体不仅在消费者心目中保持经常性的印象，而且产生美好亲切的感觉。

（二）供销商关系的协调艺术

1. 利用信息沟通，增进相互理解。首先要与供销商保持信息的畅通。应建立、健全双方的信息交流制度，以收集对方对公关主体政策、制度等方面的意见、建议，并向对方提供有关的资料，帮助其了解公关主体的需要和希望；通过对方了解社会环境和资料市场的变化，以及同行业有关组织的生产、经营方面的信息，尤其是消费者的有关信息；主动听取他们对产品、服务改进方面的信息等等。

2. 借助业务往来，建立紧密合作。在与供应商保持业务来往关系中，组织的采购人员起着非常重要的作用。因此，不仅要训练他们的技术知识、语言能力、谈判技巧等，更要培养他们的公关意识，与供应商建立起互信、诚实的稳定关系。在与经销商的业务往来中，要向他们提供优质产品和服务，以构建双方长期合作的物质基础。要为他们提供必要的技术、销售、管理、信息和广告等方面的服务，通过这些服务，使经销商能够顺利经销公关主体的产品和服务项目。

3. 通过平等协商，化解各种分歧。在与供应商、经销商的交往中，由于利益驱动，难免会发生种种误会、摩擦。化解的方法有两种：一种是事先为预防这些矛盾的出现制定各种规则；二是临时协商、随时解决。正确的做法应该是把两者结合起来。要本着互利互惠的原则，认真签订有关具体的供销合同或协议，并确定明确的争议协调条款，促使双方严格履行，为最大限度防止分歧产生扫清道路。在临时出现新情况、新分歧时，要本着互谅互让的精神，平等协商协调。

4. 开展合作活动，促进情感关系。具有深厚情感的双方关系才可能长久，公关主体可以有意识地开展一些合作性活动，增进情感交流，如展开经济联谊活动，开放组织，让对方参观，共同举办展览会、展销会、专家评估会等，在媒介上主动为对方作宣传等。

（三）金融界关系的协调艺术

1. 实事求是，帮助金融界了解真实情况。针对金融机构对组织情况、资信程度、还贷能力的关心，公关主体必须提供真实情况，以建立基本的信任度。这包括三个方面：第一，组织目前的状况、实力、规模、运作、产品市场前景等等；第二，组织的资信程度，尤其是还贷能力；第三，组织利用贷款的情况，尤其是为了提高偿还能力所作的种种努力。这方面的情况必须及时、准确、全面，才能使金融机构放心地投放资金，并继续投放资金。

2. 积极主动，配合金融界实施有效监督。公关主体必须积极主动地予以配合，组织的产、供、销、运、存等系统不仅要让金融机构熟悉，而且要主动征求他们对资金使用的建议、要求；还要就组织的整体发展、市场开拓等情况主动征求他们的意见、建议。

3. 真心诚意，争取金融界给予必要支持。建立良好的金融界关系，目的在争取金融机构的支持、理解。这包括两方面：一是资金投放，二是信息提供。尤其是在信息方面，由于金融机构面对众多各类组织，处在市场网络的敏感地带，所了解、掌握的信息十分丰富，如果为公关主体所用，必然会产生巨大效益。所以，这也是公关人员运用高超艺术实现的一项基本任务。

（四）竞争对手关系的协调艺术

1. 以积极的竞争方式，避免两败俱伤。在有限的资源、产品市场上展开殊死竞争，对谁都没有好处。因此，作为公关主体应该首先不计一时得失，而采取高明的对策，那便是用"你好我比你更好"的方式展开积极的竞争，避免借价格战等形式两败俱伤。要做到"人无我有、人有我优、人优我转"。只有站在较高的层次上用发展的方式协调竞争对手关系，才能避免对双方都不利的局面。

2. 以光明正大的态度，争取相互信任。市场经济是法制经济，相互竞争应该是有序竞争。要以合乎市场经济准则、价值规律要求的方式与对手展开明明白白的竞争。然而现实生活中为了压倒对手，有的往往不惜代价、不择手段，以至与竞争对手关系越来越恶劣。应避免在广告宣传、产品宣传或其他途径上贬低、打击对方，或乘人之危、落井下石。

3. 以相濡以沫的精神，求得共同发展。衡量工作艺术高低的关键在于能不能化异为同、化敌为友、化消极为积极。因此，一个组织的公关艺术、组织风范如何，关键也在于怎样把与竞争对手关系中的不利因素化为积极因素。要主动给予对方友好的帮助，如美国梅瑞百货公司在给顾客介绍自己的商品时，也主动介绍竞争对手的商品，对方也很快给予了相应回报。由于双方都是同行，每一方掌握的信息资源对双方均可能有用，当自身不可能充分利用时，可以主动向对方提供，以寻求对方的积极回报，要努力探索双方合作的途径。

二、非利益公众关系的协调艺术

非利益公众与组织之间不存在利益关系，他们在与公关主体的交往中，关心的都是公关主体是一个什么样的组织，这样的组织对自己有什么影响。公关主体在协调与这些公众群体的关系时，主要考虑的是以什么样的形象出现。

（一）社区关系的协调艺术

1. 严以律己，承担必要的责任。公关主体必须从观念上、行动上定位为"社区的一员"。要做到入乡随俗，尊重社区的风俗习惯，有时为与社区打成一片，还要有意识地使自己的产品、服务、员工本地化、社区化。如美国的麦克唐纳快餐店，一般都用当地人做主管，有时还允许员工保留所在地发型等。要遵纪守法，遵守社区的一切法律、规章，遵守社区道德规则，服从社区的公共管理，按照社区的处事方式运作和对外交际，成为"社区好公民"。要消除由于自身行为可能给社区带来的麻烦或其他不便，如环境污染、噪音污染等，并做好说服、解释工作，对造成的伤害、损失等，必须及时给予补偿。

2. 门户开放，增进相互的了解。要让社区公众与公关主体保持良好关系，必须让他们知道组织是干什么的，要让他们知道组织的状况、规模、运行、生产、经营等情况，除了确属应该保密的以外，其余的应尽量让社区公众知晓，特别是一些极容易引起误会的组织，如化工厂、燃料厂、医院、兵营等。让公众知晓的方式有：开放参观、组织座谈、媒介宣传等。

3. 惠及邻里，寻求共同的发展。公关主体实实在在把社区作为组织生存发展的基础，加以苦心经营、精心维护，并为它的繁荣昌盛做出应有的贡献。开放组织的福利设施，如在可能情况下，优先增加社区的投资项目，以直接推动社区的社会经济发展。积极支持社区公益事业。如文体活动、福利事业、环保工作等，为社区发展和繁荣尽力。

（二）政府关系的协调艺术

1. 了解政府法规，寻求一致利益。政府是特殊公众，只要政府施加对组织的影响，其效果就非一般公众所能比。公关主体要寻求的利益一致，实际上是寻求组织利益与公众利益、社会利益、国家利益的一致。要寻求一致，必须了解政府关系的主导方面如政策、法规，了解政府部门的职能、作用，从而进一步了解它们所维护的利益具有什么样的内容。还要按照政府政策法规精神不断调整自己的组织目标，从而保证利益上的一致性或协调性。

2. 支持政府行为，严格守法担责。要协调好政府关系，必须在政府面前树立"好公民"的形象。要遵纪守法，严格按政府政策、法规的要求活动，依法经营，依法纳税。要积极承担作为"公民"必须承担的社会责任，支持政府开办的公益事业，主动举办或参加一些公益、福利事业。

3. 争取政府支持，立足长远发展。这是政府关系协调成效的最终考验，衡量一个在协调与政府关系方面的公关艺术水平、效果的最终尺度。首先要维护上级权威，尊重领导意见。其次，邀请政府部门及其主管参加组织的有关活动，如庆典、节日、表彰大会、成果展览等，邀请政府人员前来，以加深他们的印象，提高组织在政府公众心目中的地位。最后，努力争取政府的扶持、帮助。一是信息方面的支持，积极向组织提供有关宏观、微观信息，以帮助组织科学决策；二是争取政府在政策、税收、投入等方面的支持，以促进组织加速发展。

（三）媒介关系的协调艺术

1. 增加相互了解，促进彼此合作。从公关主体的角度，借助媒介树立、传组织的形象，沟通与公众的联系；从媒介的角度，收集各种素材，完成向社会大众传播各种信息的任务，因而双方完全可以建立起亲密的合作关系。然而，这种合作关系必须以双方相互熟悉、了解为前提，只有相当熟悉对方情况时，才能使这种合作产生良好效果。公关主体要积极了解媒介业务，熟悉记者和编辑的工作过程。例如，研究各种传媒在报导方针、报导内容、报导方法、编辑风格、版面安排、专栏特点、发稿日期、发行地区和数量、读者构成、广告方针和费用等方面的特征等。

2. 协调目标差异，应对不同舆论。媒介和公关主体的传播目标并不一定总是相同和吻合，尽管双方都应该向社会大众传播积极准确的信息，但公关主体着眼于树立组织的良好形象，媒介为了在公众中的影响，有时难免追求轰动效应，在这种情况下，双方就会出现种种误会甚至纠纷。当出现不利于组织的媒介舆论时，应采取正确对策。首先，从观念和心理上接受舆论监督，不能认为这是媒介无事生非；其次，认真调查不利舆论出现的原因，如果组织确实存在问题，舆论批评正确，应及时接受并纠正错误，把组织所做的相关纠正补救工作的情况通报媒介；如舆论批评失实，也要在高度重视的情况下，真诚与媒介沟通、解释、说明。总之要以真诚使舆论的注意力转移到组织的态度上来，而不是与媒介针锋相对，甚至对簿公堂。

3. 坚持职业道德，切忌不正之风。由于媒介的宣传直接与组织的声誉相关，因而极容易使双方都因急功近利而陷入庸俗，从而助长不正之风。所以，从公关的角度，一定要格守职业道德，这里的要求可以简单概括为"四要四不要"。"四要"是：一要以礼相待；二要以诚相待；三要平等相待；四要及时反应。"四不要"是：一不要一厢情愿；二不要以利相交；三不要交换要挟；四不要仓促上阵。

4. 加强情感交流，着眼长期关系。由于媒介对组织公关的重要性、公关主体应着眼长远，通过种种努力，密切双方的情感关系，从而长期合作。媒介的任务就是传播信息，公关主体不仅应充分尊重媒介的这一特点，而且可以通过主动提供信息的方式，来取得媒介的好感。要与媒介的领导和记者、编辑保持良好的个人关系，借助良好的个人关系来促进公共关系。要经常性邀请媒介参加组织的各种活动，使组织与媒介保持十分频繁的联系。

（四）名流关系的协调艺术

1. 满足名流需要，创造用武之地。在公关主体与名流的交往中，由于关系往往不对等，尤其应注意相互需要的满足，而不能仅仅从组织自身的角度，单纯地从名流那里索取帮助。

名流与社会组织的交往，主要还是为了进一步实现自我价值。公关主体要针对名流的不同特点，尽可能为他们创造施展才华的环境，创造一些便于他们发挥作用、特长的有利条件。名流的内在愿望、本质需要能够得到满足，与公关主体的交往也就会更加自觉自愿。

2. 借助名流优势，促进组织发展。如何以娴熟的公关艺术借助名流公众的优势促进组织的发展，这是公关主体协调与名流关系的根本目的。其一，借助名流公众的知识和特长，使组织决策和行为更加科学、合理，同时也直接提高组织领导的综合素质。其二，借助名流的声誉，以求"借冕播誉"，同时也积极争取名流的崇拜者支持。如一家广东企业，聘请了一百多位文艺界的名人作为企业的顾问或名誉职工，积极支持和参与文艺活动，在文艺界和社会大众中都赢得了很好的声誉。

3. 坚持道德原则，保持纯洁关系。尊重名流的职业、个性，不要提过分要求或不合理条件，先要想想自己能为名流提供什么，再请求他们的帮助，才能使他们心情舒畅地乐于为组织尽心尽力。不要迁就某些名流的过分要求，避免庸俗化，更应避免行贿索贿、权钱交易等违法行为。涉及的礼品应着重于情感价值，需付的报酬也要在正当范围内，这样对双方都有利，自然也可促使双方的长期交往。

三、国际公众关系的协调艺术

发展良好的国际公众关系是为了争取国际公众和国际舆论的了解、理解和支持，为公关主体的国际活动创造良好的国际声誉和国际环境。由于国际公众既有利益性公众，也包括非利益性公众，所以国际公众关系的协调是一门要求非常高的综合性工作艺术。

1. 加强信息沟通，促进相互了解。公关主体必须搜集对象国、地区的有关信息，了解那里的法律、政策、宗教、道德、风俗、习惯，熟悉公众对象的心理特点、行为方式等，同时也要掌握有关国际法规、条约、规定或我国与对象国、地区之间的双边协议，从而使组织在运作时，从大的方面不违反国际惯例和我国与对象国、地区的法规，能用共同规则协调事务，从小处着眼能入乡随俗、入门问禁，尤其能生根、开花和结果。还要积极利用各种媒介、途径传播组织的有关信息，也包括我国文化等，以便于公众对象熟悉了解。

2. 承担组织责任，塑造良好形象。公关主体应着眼于组织在对象国、地区的生根开花，并获得积极发展。要向对象公众提供优质的产品，并以一系列的售后服务保证产品的顺利使用，这是搞好与对象公众关系的物质保证。要遵纪守法，尊重风俗、习惯、宗教、感情等，遵守各种礼要求，使自己尽快融入当地社会、社区。还要积领参加公益事业，以力所能及的方式为当地社会、社区的建设发挥作用。

3. 增进感情交流，密切各种关系。要经常性开展交流活动，利用开放组织。举行座谈、问卷调查等方式相互沟通，增加了解、信任。努力与各界领袖建立良好的私人关系，借助他们的影响，使组织能广为接受，并获得真诚支持。或利用当地的节日，或组织的庆典，开展各类庆祝活动，营造节日气氛，增添感情色彩。

本章总结

任何组织的发展都离不开内外部关系公众的认可和支持，所以组织发展的目标是"内求团结，外求发展"。组织在运作过程中要结合自身情况，依照内部公众特征，有侧重的投其所好，稳固和内部公众的关系。同时，组织的发展也要考虑外部环境的影响，针对不同类型的外部公众，"因众制宜"做好外部公众关系的协调。

思考题:

1. 为什么说内部公关关系是外部公共关系的基础?
2. 内部公共关系的目标是什么?
3. 组织内部公关的任务是什么?
4. 奖金多、福利好的组织员工的凝聚力就强。这一观点是否正确?
5. 非正式团体有什么特点?组织如何处理好与非正式团体的关系?
6. 处理股东关系的目标是什么?怎么处理好和股东的关系?
7. 外部公共关系大致有哪些类型?组织与各个类型的公共关系目标是什么?
8. 为什么说顾客关系的好坏关系到组织的命运?组织如何处理好与顾客的关系?
9. 为什么说新闻媒介在外部公共关系中具有双重性质和作用?

实训项目:

	学时分配	完成方式	分组情况
项目一	0.5 学时	讨论—点评	4~6人一组
项目二	0.5 学时	讨论—点评	4~6人一组
项目三	0.5 学时	讨论—点评	4~6人一组
项目四	0.5 学时	讨论—点评	4~6人一组
项目五	0.5 学时	讨论—点评	4~6人一组
项目六	1 学时	讨论、场景模拟、点评、填写实训考核表	4~10人一组

项目一: 富士康科技集团创立于1974年,是专业从事电脑、通讯、消费电子、数位内容、汽车零组件、通路等6C产业的高新科技企业。2012年跃居《财富》全球500强第43位。自2010年1月23日至2012年6月,富士康发生20多起跳楼事件,引起社会各界乃至全球的关注。之后富士康陆续传出血汗工厂等负面新闻,社会争议不断。

问题:如果你是富士康相关部门负责人,你怎么处理和员工的关系?

项目二: 美国十大电子公司之一的惠普公司(有职工8万人)向全体职工提供医疗保险和优厚的退休金,公司按照事先做好的登记卡,每逢职工生日就派人赠送生日礼物,职工搬家时,公司不仅提供方便,还给一笔补助。平时,每周提供三次免费午餐。每逢圣诞节,向每个职工赠送一份礼物,价值相当于职工的一个月的工资。为了使职工命运与企业紧紧连在一起,公司向职工推销股票,职工也踊跃入股,为了加强职工的责任感,公司规定,凡是工作满10年每人赠送10股股票,职工成为股东后,势必更关心公司的命运,激励职工的士气,当然不局限在物质上、金钱上,惠普公司更关心员工的发展,一是注重在内部选拔人才,逐级提升,给他们压担子。二是选派大量工程师赴高校进修、深造,学习期间工资照发,鼓励青工参加各种培训,公司为他们支付学费路费,通过这些举措,形成了良好的内部关系,从而使惠普公司成为世界上最佳企业之一,年销售63亿美元,净利润6.6亿美元。

问题:你如何看待惠普公司的做法?

项目三:一般来看,大学本科以上学历的毕业生,在企业服务的1~3年期间,因为已经积累了一定的工作经验,但又尚未发挥出明显的绩效,一时提不上去,往往有很强的流失倾向。针对这一倾向,某企业挑选企业内表现优秀的大专、本科生,隔年开办了数期工程硕士培训班,不脱产学习,学制为3~4年。培训班的基础课由高校派教授在业余时间授课,毕业课题从企业急需解决的技术难题中选择,由高校教授和企业高工共同指导,毕业后,企业承认其硕士学历。

问题:假如你是该企业的管理者,请你说说单位这种培训体系的效益和作用是什么?

项目四:假如沃尔玛超市打算在郑州市北大学城开一家新店。

问题:如果你是相关负责人你认为沃尔玛超市应该搞好哪些公众关系?分别应该怎么做?

项目五:

2015年1月23日,国家工商总局发布了2014年下半年网络交易商品定向监测结果。报告显示,淘宝网正品率最低,仅为37.25%,不足4成。随后,淘宝官方微博转发名为《一个80后淘宝网运营小二心声》的文章,文中点名指出国家工商总局网络监管司刘红亮司长"吹黑哨"。

作为回应,工商总局披露了一份"白皮书"指责阿里问题重重,阿里则决定向国家工商总局正式投诉刘红亮司长程序失当、情绪执法。最终,工商总局局长张茅亲自会见马云,双方和解,马云表示会加大投入打假。

对于这一事件,舆论的态度截然不同。不少人认为,阿里巴巴在这一事件过程中表现出来的傲慢态度应该被批评,也有不少人针对阿里巴巴平台上假货泛滥的现象展开了讨论。

要求:请你谈谈对这件事的看法。

项目六:

王敏到易初莲花超市购物,买完东西在收银台付账时,王敏前面一位顾客还在付账,收银员把王敏放在收银台上的所买的一双鞋子上的磁盘去掉,王敏以为收银员误以为是前面顾客的,忙提醒收银员那是自己的。没想到收银员绷着脸生硬的说:"知道是你的,不去掉磁盘怎么刷条形码,真是的……"王敏觉得自己好意提醒却招来不友好的回应,她决定到服务台填写投诉单投诉这位收银员。

要求:请模拟事情发生的场景,假如你是易初莲花超市服务台的工作人员,王敏索要投诉单时你应如何做?假如你是相应部门的负责人,看到投诉单后应如何处理这件事?

公共关系文书评价评分表

考评人			被考评人	
考评地点				
考评内容	组织内外公众关系协调			
考评标准	内容		分值/分	
	在模拟训练中态度认真,积极配合		30	
	角色扮演到位,采取措施有效		30	
	处理冲突方法灵活,不失真诚		20	
	冲突得到解决,内外部公众利益均得以维护		10	
	实训报告符合要求		10	
合 计			100	

注:考评满分为100分,91分以上为优秀,81~90分为良好,71~80分为中,60~70分为及格。

第十章
新经济与公共关系创新

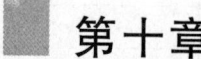

知识目标

☐ 了解新经济环境下公共关系创新的发展趋势

☐ 了解客户关系管理的内涵和功能、绿色公关的内涵和目标、营销公关的任务和网络公关的优势

☐ 掌握客户关系管理的操作流程、绿色公关策略的实施步骤、营销公关的基本策略和网络公关的技巧

技能目标

☐ 掌握新经济条件下各种公关创新活动的基本实施流程和操作技巧

 **案例导入**

黄女士决定买一辆车,最初,她定下的目标是一辆 A 车,因为她听朋友说这个牌子的车质量较好。

在跑了大半个北京城、看了很多售车点并进行反复的比较,她走进了她家附近一个新开的 B 汽车特约销售点。接待她是一个姓段的客户服务员。一声亲切的"你好",接着是规范地请坐、递茶,让黄女士感觉相当热情。仔细听完黄女士的想法和要求后,小段陪她参观并仔细地介绍了不同型号 B 轿车的性能,还上车进行示范,请黄女士体验。对于黄女士提出的各种各样的问题,小段都耐心、形象、深入浅出地给予回答,并根据黄女士的情况与她商讨最佳购车方案。

黄女士特别注意到,在去停车场的看车、试车的路上,天上正下着雨,小段熟练地撑起雨伞为黄女士挡雨,却把自己淋在雨里。在这一看车、试车的过程中,黄女士不仅加深了对 B 轿车的了解,还知道了其服务理念及单层次直接销售的好处,她很快就改变了想法,决定买一辆这款车。

约定提车的那一天，正好是中秋节。黄女士按时前来，但她又提出了新的问题：她自己从来没有开车上过路，况且又是新车，不知如何是好。小段想了想，说："我给您开回去。"由于是中秋节，又已经接近下班时间，大家都赶着回家，路上特别堵。短短的一段路上，竟走了近两个小时，到黄女士家时已经是晚上六点半了。在车上，黄女士问："这也是你们销售服务中规定的吗？"小段说："我们的销售服务没有规定必须这么做，但是我们的宗旨是要客户满意。"黄女士在聊天当中得知小段还要赶往颐和园的女朋友家吃饭，所以到家后塞给他一点钱，让他赶紧打车走。小段怎么也不肯收，嘴里说着"没事，没事"，告别黄女士就走了。

一段时间后，黄女士发现汽车的油耗远大于小段的介绍，每百公里超过了15升。她又找到了小段询问原因，小段再一次仔细讲解了驾驶要领，并告诉她节油的"窍门"，还亲自坐在黄女士旁边，耐心的指导她如何操作。一圈兜下了，油量表指示，百公里油耗才11升。

这样，黄女士和其他车主一样，与小段成了熟悉的朋友。她经常会接到小段打来询问车辆的状况和提供咨询的电话。黄女士逢人便说：B款车好，销售服务更好！

资料来源："汽车销售成功案例"，豆丁网2011年7月19日。

公共关系自20世纪初问世以来就与时俱进，不断发展创新。随着21世纪信息时代的到来，网络即时的发展使得全球经济一体化的趋势日趋明显。宏观环境的变化，使得公共关系理论和实践也不断发生变化，一些新的理论也就应运而生，如客户关系管理、绿色公关、网络公关等理论。关注并加强对这些理论的研究探讨，对于解决新的经济问题，推动社会发展具有重大意义。

第一节 客户关系

随着社会经济的发展，产品日益丰富，市场格局的不断变化，市场竞争也在不断加剧，这就推动了经营观念的变革。企业必须对市场变化作出迅速反应，市场的变化源于客户行为的变化，所以，企业必须把注意力集中于客户的需求，客户被作为一种宝贵的资源纳入到企业的经营发展之中。因为只有长期忠诚的顾客才是企业创造利润的源泉，因而企业关注的焦点应从内部运作转移到客户关系上来。一般客户的发展阶段是：潜在客户→新客户→满意客户→留住的客户→老客户。统计表明，开发一个新客户的成本是留住一个老客户所花费成本的5倍，于此同时，20%的重要客户可能带来80%的收益，所以留住老客户比开发新客户更为经济有效。做羽绒童装产品的杭州中塞贸易公司的创始人沈强的经营理念"与其争取8个妈妈同时购买自己的产品，不如让一个妈妈一次购买8件产品"，这是对上述统计数据的有力诠释。

企业要学会逐步判断分析最有价值的客户，通过提高服务水平，留住客户，实现如前所述维护顾客的忠诚。这一切都离不开持续有效的与客户交流，维护和客户的关系。这种伴随着建立在"客户准则"之上的公共关系理念应运而生的客户关系管理，不仅为企业提供了一个收集、分析和利用客户信息的系统，更为企业提供了一种全新的商务运作模式，开拓更为广阔的市场空间，提高客户的满意度，实现企业和客户的双赢。

一、客户关系管理的内涵

最早发展客户关系管理的国家是美国，在 1980 年初便有所谓的"接触管理"（Contact Management），即专门收集客户与公司联系的所有信息；1985 年，巴巴拉·本德·杰克逊提出了"关系营销"的概念，使人们对市场营销理论的研究又迈上了一个新的台阶；到 1990 年则演变成包括电话服务中心支持资料分析的客户关怀（Customer care）。1999 年，Gartner Group Inc 公司提出了"客户关系管理"概念（Customer Relationship Management，CRM），所谓的客户关系管理就是为企业提供全方位的管理视角，赋予企业更完善的客户交流能力，最大化客户的收益率。

之后，越来越多的学者深入到本领域研究，对于客户关系管理的定义也众所纷纭。诸如：Hurwitz Group 认为：CRM 的焦点是自动化并改善与销售、市场营销、客户服务和支持等领域的客户关系有关的商业流程。而 IBM 则认为：客户关系管理包括企业识别、挑选、获取、发展和保持客户的整个商业过程。IBM 把客户关系管理分为三类：关系管理、流程管理和接入管理。

尽管不同的学者对客户关系管理的定义有不同的界定，但基本上都是在围绕其核心思想，从不同视角作的不同解析。从以上不同定义中可以看出客户关系管理的内涵就是：客户是企业的一项重要资产，客户关怀是 CRM 的中心，客户关怀的目的是与所选客户建立长期和有效的业务关系，在与客户的每一个"接触点"上都更加接近客户、了解客户，最大限度地增加利润和利润占有率。

二、客户关系管理的功能

客户关系管理的功能可以归纳为三个方面：市场营销中的客户关系管理、销售过程中的客户关系管理和客户服务过程中的客户关系管理，以下简称为市场营销功能、销售功能和客户服务功能。

（一）市场营销功能

客户关系管理系统在市场营销过程中，可有效帮助市场人员分析现有的目标客户群体，如主要客户群体集中在哪个行业、哪个职业、哪个年龄层次、哪个地域等等，从而帮助市场人员进行精确的市场投放。客户关系管理也能有效分析每一次市场活动的投入产出比，根据与市场活动相关联的回款记录及举行市场活动的报销单据做计算，就可以统计出所有市场活动的效果报表。

(二) 销售功能

销售是客户关系管理系统中的主要组成部分，主要包括潜在客户、客户、联系人、业务机会、订单、回款单、报表统计图等模块。业务员通过记录沟通内容、建立日程安排、查询预约提醒、快速浏览客户数据，有效缩短了工作时间，而大额业务提醒、销售漏斗分析、业绩指标统计、业务阶段划分等功能又可以有效帮助管理人员提高整个公司的成单率、缩短销售周期，从而实现最大效益的业务增长。

(三) 客户服务功能

客户服务主要是用于快速及时地获得问题客户的信息及客户历史问题记录等，这样可以有针对性并且高效地为客户解决问题，提高客户满意度，提升企业形象。主要功能包括客户反馈、解决方案、满意度调查等功能。应用客户反馈中的自动升级功能，可让管理者第一时间得到超期未解决的客户请求，解决方案功能使全公司所有员工都可以立刻提交给客户最为满意的答案，而满意度调查功能又可以使最高层的管理者随时获知本公司客户服务的真实水平。有些客户关系管理软件还会集成呼叫中心系统，这样可以缩短客户服务人员的响应时间，对提高客户服务水平也起到了很好的作用。

现在市面上很多的客户关系管理软件都会有很多其他功能，比如办公管理、行政管理、进销存等等，但是这些系统只是为使用者更加方便而产生的，其实与真正的客户关系管理没有任何的关系。

三、客户关系管理的前期工作

客户关系管理的实现需要组织内外环境的支持，为了保证客户关系管理的实现，组织要从以下几个方面做好先期工作。

(一) 组织高层领导的支持

这个高层领导一般是销售副总、营销副总或总经理，他是项目的支持者，主要作用体现在三个方面：首先，他为 CRM 设定明确的目标；其次，他是一个推动者，向 CRM 项目提供为达到设定目标所需的时间、财力和其他资源；最后，他确保企业上下认识到这样一个工程对企业的重要性。在项目出现问题时，他激励员工解决这个问题而不是打退堂鼓。

(二) 组织良好的团队

CRM 的实施队伍应该在四个方面有较强的能力：首先是业务流程重组的能力；其次是对系统进行客户化和集成化的能力，特别对那些打算支持移动用户的企业更是如此；再次是对 IT 部门的要求，如网络大小的合理设计、对用户桌面工具的提供和支持、数据同步化策略等；最后，实施小组具有改变管理方式的技能，并提供桌面帮助。这两点对于帮助用户适应和接受新的业务流程是很重要的。

（三）诱导用户参与

很多情况下，企业并不是没有认识到人的重要性，而是对如何做不甚明了。我们可以尝试如下几个简单易行的方法：方法之一是，请企业的未来的 CRM 用户参观实实在在的客户关系管理系统，了解这个系统到底能为 CRM 用户带来什么。方法之二是，在 CRM 项目的各个阶段（需求调查、解决方案的选择、目标流程的设计等等），都争取最终用户的参与，使得这个项目成为用户负责的项目。方法之三是，在实施的过程中，千方百计地从用户的角度出发，为用户创造方便。

（四）要专注于流程

成功的项目小组应该把注意力放在流程上，而不是过分关注于技术。技术只是促进因素，本身不是解决方案。因此，好的项目小组开展工作后的第一件事就是花费时间去研究现有的营销、销售和服务策略，并找出改进方法。

（五）科学规划

在客户关系管理规划中，要循序渐进地推进，俗话说欲速则不达。通过流程分析，可以识别业务流程重组的一些可以着手的领域，但要确定实施优先级，每次只解决几个最重要的问题，而不是毕其功于一役。CRM 的效率和有效性的获得有一个过程，它们依次是：终端用户效率的提高、终端用户有效性的提高、团队有效性的提高、企业有效性的提高、企业间有效性的提高。

四、客户关系管理的作业流程

客户关系管理工作在推进过程中，一般有如下作业流程：

（一）确立业务计划

企业在考虑部署"客户关系管理（CRM）"方案之前，首先确定利用这一新系统实现的具体的生意目标，例如提高客户满意度、缩短产品销售周期以及增加合同的成交率等。即企业应了解这一系统的价值。

（二）建立 CRM 员工队伍

为成功地实现 CRM 方案，管理者还须对企业业务进行统筹考虑，并建立一支有效的员工队伍。每一准备使用这一销售系统方案的部门均需选出一名代表加入该员工队伍。

（三）评估销售、服务过程

在评估一个 CRM 方案的可行性之前，使用者需多花费一些时间，详细规划和分析自身具体业务流程。为此，需广泛地征求员工意见，了解他们对销售、服务过程的理解和需求；确保企业高层管理人员的参与，以确立最佳方案。

(四) 明确实际需求

充分了解企业的业务运作情况后,接下来需从销售和服务人员的角度出发,确定其所需功能,并令最终使用者寻找出对其有益的及其所希望使用的功能。就产品的销售而言,企业中存在着两大用户群:销售管理人员和销售人员。其中,销售管理人员感兴趣于市场预测、销售渠道管理以及销售报告的提交;而销售人员则希望迅速生成精确的销售额和销售建议、产品目录以及客户资料等。

(五) 选择供应商

确保所选择的供应商对企业所要解决的问题有充分的理解。了解其方案可以提供的功能及应如何使用其 CRM 方案。确保该供应商所提交的每一软、硬设施都具有详尽的文字说明。

(六) 开发与部署

CRM 方案的设计,需要企业与供应商两个方面的共同努力。为使这一方案得以迅速实现,企业应先部署那些当前最为需要的功能,然后再分阶段不断向其中添加新功能。其中,应优先考虑使用这一系统的员工的需求,并针对某一用户群对这一系统进行测试。另外,企业还应针对其 CRM 方案确立相应的培训计划。

(七) 客户关系管理系统的可持续发展

客户关系管理系统基础设施一定要提供业绩衡量标准。该系统必须有效地获取适当的数据,并为接触的每个个体提供途径。为证系统带来期望效益,在将其推广到所有用户之前一定要加以测试。如果没有达到预期效果,可以对其修正,直到满意为止。同时,负责客户关系管理系统的人员要做好监控和反馈工作,和客户有效沟通,最终实现客户关系管理这项负责的工程得以长久运作,并能取得实效。

五、建立客户关系管理体系应注意的问题

客户关系管理作为一种新的经营模式,目前我国企业对其认识的狭隘性影响了它的有效建立,认识误区主要有以下几个方面:

第一,客户关系管理能取代一切。

这种观点认为,企业只要关注客户关系管理就行了,无需在研发、生产等其他环节花费力气,将客户关系管理体系全能化。其实,客户关系管理体系的精神是企业供应链以客户关系为核心和出发点,并非其他环节不重要。

第二,客户关系管理知识销售部门的事。

从以上分析看,只靠销售部门难以建立企业的客户关系管理体系的。客户关系管理实质上是一种整合营销,它要求企业各部门的支持和配合。

第三,将客户关系管理等同于"客户第一"、"服务第一"。

客户关系管理是企业新的经营理念和运营模式,它不同于"客户第一"和"服务第

一"：后者是"点"式经营，专注于销售的某个具体环节；前者是"线"式经营，专注于企业供应链的整个过程。企业引入客户关系管理将改造原有的流程：一切以客户需求为出发点，客户关系管理将拉动整个企业运营模式和流程的变革，规划、研发、生产和财务等所有部门必须变革原有的运作思维和模式——一切围绕客户作决策。

第二节 绿色公关

随着全球经济的发展，人们的物质生活得以大大丰富，于此同时，人类社会正面临着一系列日益严重的环境问题，诸如酸雨、温室效应、生物的多样性减少、土地荒漠化、化学污染、极地臭氧层空洞……世界环境问题已经严重地威胁到人类的生存。1972年6月5日《联合国人类环境会议》将每年的6月5日定为"世界环境日"。"世界环境日"的作用在于唤起全世界人民都来注意保护人类赖以生存的环境，自觉采取行动参与环境保护，同时要求各国政府和联合国系统为推进保护进程做出贡献。伴随建设生态文明的呼声越来越高，寻求全球经济的可持续发展是整个社会要解决的问题。建设生态文明，就是要克服工业文明的弊端，通过尊重自然、爱护自然达到人与自然和谐相处，从而为构建环境友好型社会创造有利条件。随着生态文明理念的逐步深化与公众环保意识的不断增强，企业的社会责任被摆在了一个极其显赫的位置上，成为衡量企业优劣及是否有竞争力的一个重要标尺。

生态文明的提出，无疑给社会带来了全新的使命。而绿色公关便是在环境问题日益严峻及环境保护意识逐渐增强的背景下产生的一种新型的公共关系模式，又因与环境密不可分，故在倡导人与自然可持续发展及生态文明的背景下，被赋予了强烈的时代特征与使命感。

一、绿色公关的定义

绿色公关是指企业以生态与经济可持续发展观念影响公关，选择具有"绿色"特征的媒体开展传播活动，以绿色为特色塑造企业形象，赢得公众的信任与支持，给企业带来更多便利和竞争优势的一系列公关活动。复旦大学教授郭惠民认为，所谓绿色公关又称环境公关或环境传播，指的是社会组织为避免环境问题出现失误，由此损害自己在公众中的形象，而针对有关公众的传播沟通和协调工作。

随着公众环保意识的觉醒，社会上出现了一系列环保组织，并受到社会各界人士的支持。面对如此形势，不少社会责任感很强的组织意识到，环境和发展是相互制约、互为前提的，社会组织应积极主动承担起保护环境的社会责任，以积极的态度参与环保事业，才能做到与时俱进，是组织立于不败之地。西方发达国家在环保意识和行为方面比较积极，据美国一项调查显示，超过50%的民众在购物时要考虑产品的包装是否环保。所以，很多企业的研发人员和公关人员，除了在开发绿色产品上下工夫，还注重对自身环保意识的宣传，来迎合工作的环保心理。如可口可乐公司已在全世界推行可以循环使用的易拉罐；法国雷诺公司用特种材料制造出绿色汽车，起报废后的材料均可再利用。2010年在我国上海成功举办的世博会上，全球各地的参展国家和企业也都从环保角度出发，研发制造出绿色参展产品，这些绿色公关行为都为全球经济的可持续发展起了助推作用。

二、绿色公关的目标

社会组织的公关行为初衷都是为了树立其自身的良好形象，所以社会组织要实施绿色公关行为，除了考虑不同类型公众的需求外，更要关注社会的长远发展。尤其是经济性组织不仅为社会提供物质财富，而且还必须履行所承担的各种社会责任。在对公众负责和有利于环境保护的前提下，谋求企业的经济利益，从而保证企业的社会性和经济性的统一，在公众心目中树立绿色组织形象，这是绿色公关根本性的目标。

三、绿色公关的策略与实施

公共关系本身就是"内求发展，外求团结"的一门学科，为了保证组织通过开展绿色公关活动成功塑造自身绿色组织的形象，组织绿色公关方案的实施要从组织内外两方面开展相应的工作。

（一）组织内部绿色公关

在组织内部公共关系部门承担着诸如监测企业的绿色环境，搜集有关本企业的绿色信息，向决策者提出自己的绿色建议，协调与有关部门的绿色关系，使企业组织形象更符合公众的绿色需求等任务。因此，企业内部绿色公关多侧重于以下途径：

1. 树立全员绿色观念。企业内部公共关系的一项重要工作就是实行全员公关，在开展绿色公关活动中，全员公关意识应有绿色意识内容，即树立全员绿色观念。组织要使全体员工认识到，绿色需要是一条组织与公众利益联系的重要纽带，重视这条纽带，可能使企业获得重大发展机会，否则，也可能使企业遭受灭顶之灾。企业可通过加强对员工的绿色宣传和教育，制订绿色制度，培育企业绿色文化等手段达到树立全员绿色观念的目的。只有使全体员工与企业的绿色目标认同，才能使他们能支持企业的工作，保证企业绿色目标的实现。

2. 协助决策者制订绿色目标。创建绿色企业是社会组织发展的一大趋势，作为决策参谋部的企业公共关系机构，其搜集信息、监测环境，咨询建议的诸项功能性工作的内容中，就必须高度注意环境的绿色动态，如政府政策有关绿色的走向，市场绿色需求，公众绿色呼声，环保的法律、法规等，均将其纳入自己的视野，以充分的依据促使并协助决策者制订好绿色目标。与此同时，绿色营销目标的确立，同样也需要企业公关人员的引导，以保证目标的正确性与合理性。

3. 塑造绿色组织文化。在公众心目中树立绿色组织形象，这是绿色公关的根本性目标。如果一个企业的营销活动能以"绿色"为基调，从战略高度审视自身行为，从有利于经济、人类和环境的可持续发展的角度建立公关策略思路，则该企业将被公众所认可，被环境所接纳，这将是企业寻求发展的无形资产和至尊法宝。

另外，组织要全力营造绿色经营环境，在企业经营场所的清洁卫生、环境布局、空间构图、装潢修饰、光线氛围等方面，均融入环境保护、节能降耗等绿色因素，提高品牌知名度。积极实施 ISO14000 和环境标志认证，通过争取获得绿色标志，提升企业竞争实力。

再者，组织要积极开展各种绿色主题的公共活动。这是树立企业及产品绿色形象的重要传播途径。绿色公关能帮助企业更直接、更广泛地将绿色信息传递到广告无法达到的细分市场，给企业带来竞争优势。20 世纪 80 年代，麦当劳因每天都在制造垃圾——废弃的包装物，逐渐成为环保人士攻击的对象。在环保危机的威胁下，90 年代初麦当劳推出了"种植一棵树"的绿色公关宣传活动，并着手抓好三方面工作：一是减少包装；二是减少使用损坏环境的材料；三是使用较易处置、能物化成肥料的材料。这样使环境污染物减少了 60%，在社会公众面前成功地塑造了"绿色麦当劳"的新形象，为麦当劳在激烈的市场竞争中赢得消费者的厚爱，创造了良好的社会氛围和经营环境。

（二）组织外部绿色公关

社会组织开展公关活动的媒介就是传播，组织在开展绿色公关活动时要获得外部公众的认可，合适的传播尤为重要，尤其对于经济性组织来说，通过绿色营销已经成为拓展市场的重要途径。社会组织的外部绿色公关可以从以下方面着手。

1. 做好企业的绿色宣传。宣传绿色理念。通过传媒向社会或目标公众传递企业的绿色理念以及企业"绿色"方面的业绩，增强公众对企业的信赖感。宣传绿色形象。现代媒体是构成"信息化"时代的主要载体，企业要获取信息靠媒体，而公众要了解企业更要靠媒体。绿色形象宣传是通过媒体传递绿色企业和产品信息，从而引起消费者对产品的需求及购买行为。

2. 巧妙运用大众传媒。大众传播媒介具有公开、快速、科学色彩浓、娱乐价值高、社会权威性大、容易形成轰动效应的特点，能够使公众无可置疑地相信它所刊载、刊播的内容。因此大众传媒宣传总是企业公关宣传的首选媒介，如利用电视、报纸、广播、因特网、宣传手册等进行宣传。在各种媒体中重视对企业绿色经营理念和绿色消费概念的宣传，传播绿色语言、绿色生活风格和绿色心情等绿色信息，烘托强烈的绿色文化。

3. 积极参加各种绿色环保活动。参与、组织各种与绿色和环保有关的事务与活动，如绿色赞助活动、慈善活动等，扩大企业绿色形象的影响。在策划绿色公关活动时，根据公众的兴趣和娱乐心里，策划出符合其心理需求、无明显商业色彩、强调绿色观念的活动。其次要选择恰当时机。公众闲暇时间、重大社会纪念日、新产品或新服务项目推出之际、重要人物处于企业之际、企业组织荣获重大荣誉之际等，往往是企业发展过程中的关键阶段，利用这些时机开展成功的公关活动容易引起公众的注意，形成公共关系的轰动效应，从而获得良好的公共关系效果。最后，活动要形成系列。定期举办以"绿色"为中心、具有内在联系、开展时间稍长的公共关系活动，以形成公关活动的规模效应，产生良好的宣传效果。20 世纪初，壳牌（中国）有限公司以环保为主题，开展全方位的公司形象公关，其举措包括"壳牌美境行动"、在北京密云县认养"壳牌林"、赞助出版全国第一本《儿童环保行为规范》、支持中国探险学会等。其中"壳牌美境行动"是这些活动中的重头戏，其活动实施以来社会各方面的好评如潮，也大大提升了公司的形象和公众的认同度。开展绿色公关,树立公司绿色环保形象,不但对提高壳牌的经营绩效具有重大作用,还能使公司博得社会公众的好感和信任,增强公司的竞争力。壳牌公司的绿色形象亦有利于增强它的凝聚力,激发员工的荣誉感和奋进精神,使形象力转化为生产力,从而提高公司的经营质量和经营效益。壳牌公司的绿色招牌还能赢得求职者的青睐。

4. 建立与政府部门的信任关系。政府对企业具有权威性和影响力。政府在态度上对某企业肯定和赞赏与否,理所当然地带动社会舆论,成为其他公众对企业的态度和行为的导向,从而影响和决定着企业的整个公共关系环境。同时,政府在行为上通过经济、法律、行政等手段对某企业的干预和扶持,又会直接使该企业的发展面临挑战和机遇。因此,良好的政府关系有利于赢得政府的信任和特别关照。要加强与政府部门的绿色信息交流,积极主动地向政府有关部门如环保部门、法律部门等通报情况,及时沟通,主动参与环保活动,大力支持环保事业的发展,扩大企业在政府中的信誉和影响。

5. 与社区保持良好有效的关系。企业应千方百计避免或最大限度地减少与社区的冲突,在企业和社区双方都接受的基础上,尽量寻求保护地方利益的途径。随着企业规模的日益增大,过去低估的环境影响正在受到重视。企业活动的潜在环境影响是多种多样的。企业发展对当地资源产生了压力,比如水和食物的消耗。同时,某些企业再生产中所产生的污染,如废气废水污水、固体废弃物、噪音等,对当地居民宁静的生活方式和社会结构产生了干扰。因此,企业的公关部门应敦促决策者增加排污设施,加强排污的力度,与社区保持良好关系。

第三节 营销公关理论

市场竞争的日趋激烈,企业和广告商对媒体的不断开发,形成了现代社会产品信息的爆炸。自从20世纪80年代以来,国际公共关系实践的趋势之一是公共关系越发贴近企业营销,公共关系与企业营销两大功能整合运作,形成"营销公关"新概念。同时,很多企业也认真分析市场,对商品信息进行准确定位,设计一系列旨在深入教育消费者公众的公共关系宣传活动,以使商品信息更明确,增强消费者公众对产品的认知,这些营销实践又进一步推动了营销公关理论的发展。

一、营销公关的内涵

美国西北大学麦迪尔新闻学院的副教授托马斯·哈里斯(Thomas L. Harris)撰写、出版了第一部营销公关的专著《The Marketer's Guide To Public Relations》(港台地区直接译为《行销(营销)公关》),闻名于学界与业界。书中把宣传产品、赞助活动、举办特别活动、参与公共服务、编制宣传印刷品、举办记者招待会,邀请媒体参观采访、支持往来厂商及其业务等,都被列入"营销公关"的范围。营销公关是一种以营销为主导的公共关系，其作用是专门支持营销计划的目标。

营销公关的内涵是，组织越来越重视把以提高企业形象和信誉为主要内容的公共关系促销活动，作为现代企业市场营销活动的重点手段来予以采用。企业形象作为一种极为宝贵的营销资源，已成为营销策略的重要组成部分。营销公关的最终目的是增加企业的知名度和美誉度，从而使企业和产品的形象深入人心，获得家喻户晓、人人皆知的效果。

二、营销公关的任务

随着公共关系日益成为企业、尤其是市场营销不可分割的组成部分，营销公共关系也迅速成为企业公共关系的一个重要方面。营销公关的目的在于促进广大公众之间的相互了解，并激发他们的消费热情和购买欲望，这正是成功的关键。

营销公关为众多的市场营销人员和公关人员开拓了一个广阔的领域，在这个领域中，英明的计划、智慧的主张以及吸引公众注意力的能力，都可以得到淋漓尽致的发挥，形成一种既独特而又强大的竞争力。一般来说，营销公关有助于完成以下任务：

（一）参与新产品的开发

通过审慎的营销公关，可以在一种产品、一个企业或一种观念上制造某种神秘感。例如，"傻女娃娃"玩具就是在精心制订的公关计划实施以后而风靡市场的，尽管广告和其他推销活动尚未开始进行，这种玩具就取得了令人惊奇的成功。

（二）协助老产品的重新定位

通过市场调研发现老产品的新用途和新市场，对老产品进行重新定位。万宝路香烟本是一种长期销路不好的女士用烟，后来企业对其再定位，营造了一个精心构思的"万宝路世界"，终于以英俊粗扩的西部牛仔形象占领了世界卷烟市场。

（三）建立对某类产品的兴趣

国内外企业赞助文化、娱乐和体育活动，给公众留下深刻印象。如日本卡西欧公司赞助播映电视连续剧"铁臂阿童木"，同时又在报纸和电视中反复推销公司和产品形象，它有效地将广告宣传和公关技巧、艺术享受巧妙地结合起来，引起人们对卡西欧产品的兴趣，进而产生购买行为。

（四）矫正出现问题的产品

产品出现问题，一定要找出原因，从消极不利的情况中，注意发掘出蕴含着的有利因素并不失时机地进行令人信服的宣传，反而会化祸为福达到积极的效果。1988年美国某航空公司的一架飞机发生事故，除一位空姐遇难外，其余人都平安无事。为此，波音公司借机大肆宣传，事故是由于飞机超龄飞行，大大超过安全系数所致，如此残旧的飞机都能使乘客无一伤亡，正好证明了波音飞机的质量是非常可靠的。结果，公司的形象不仅没有受到丝毫损害，反而订货猛增。

（五）分析调研市场需求

市场的需求才是生产该产品的目的，营销公关关系的目的也是取决市场消费者的需求，那么如何去更好的了解消费者的需求，就是我下面所说的市场分析调研，比如瑞典的宜家，日本的平和堂，沃尔玛等大型超市哪个不是经过了长达数年的数据分析完成的经典，如果没有这些数据分析，那么营销专家跟传销者的一些想法有什么本质的区别呢，其实品牌营销是公共关系的核心，因为品牌的根是来源于消费者。

三、营销公关的基本策略

营销公共关系的战略目标中，最重要的是增加认知度、提供广泛而准确的信息、培养对企业有利的利害关系者、培养对企业有利的消费倾向倡导者，最终对消费者购买商品提供有利氛围。一般来说，营销公共关系的基本战略有如下几种：

（一）在产品广告实施前构造市场氛围

在信息时代的今天，企业家们都知道新产品的新闻发布会能够有效提供新产品信息的机会，并且深知对于新产品的新闻应在新产品广告发布之前进行才有效果，因为从媒体的立场角度，广告一旦被消费者所接触，则该产品信息就不会成新闻了。

（二）利用广告制造新闻

著名的广告代理公司 BBDO 的总裁杜森伯里曾主张过，如果通过营销公共关系战术得到自然类型的宣传机会，那么你就会得到自身所不具有的巨大宣传预算，即广告使非广告性的内容更具有价值。而且杜森伯里每次对其广告主提议新的广告候选人时，都会对公共关系管理者提出忠告：摸索并运用比实际的媒体费用带来更大市场效果的战术。杜森伯里为广告主百事可乐（Pepsi Cola）以杰克逊、麦当娜等名人模特作电视广告宣传，创造了数百万美元的投资宣传效果。

（三）为顾客提供新的超值服务计划

在没有创新型的新产品或价格下降等惊人新闻时，营销公共关系战术可以在事前及事后的营销计划中为顾客提供新的超值服务计划来实现。因此，如果营销公共关系战术能够开发并提供以前没有的顾客超值服务计划，实施营销公共关系可以得到让顾客满意和增加销售的"双赢"效果。例如，一家商务酒店，他们所追求的服务就是规范、个性、超值，甚至是令客人备受感动的服务，以满意多层次、多方面、多变更的服务恳求。这家酒店在服务中，利用微机建立起客人用餐档案，具体记载了客人身份、性别、年纪、用餐的口味特色、生日等等，建立了常客登记表，记载客人用餐需求特色，据此制订出优惠打折的办法。当客人生日时，酒店及时与客人联系，送往祝福，并告知客人为其筹备的礼品和酒店新添的菜点等信息，使客人在品尝美味的同时，还体验到了超值的感受。这种超值服务的付出，不仅给酒店带来了良好的经济效益和社会效益，而且还为酒店巩固客源扩大市场奠定了基础。

（四）构筑顾客认知产品的有效平台

组织为了让公众对自身产品有更全面的认知，在推出新产品或改进产品功能时，应利用营销公关技巧，尽量构筑能迎合顾客认知兴趣的平台，让顾客积极参与，增强对产品的了解。诸如可以通过试用活动，让顾客免费试用后写出试用感受及建议；或者利用现场活动的轰动效应，对围观的消费者通过有奖竞猜或者针对和产品性能相关知识的普及让人们更深入了解产品，并建立对产品的好感。如果有条件，企业还可以策划系列性活动，不断强化公众对产品的认知。如广州亨氏集团，作为婴幼儿产品的跨国生产企业，为了更好地服务婴幼儿消费群体，公司组织妈妈座谈会，一个月召开一次，让妈妈们对孩子使用亨氏产品的状况进行反馈，同时，还让妈妈们对亨氏产品的价格、包装、配方等方面提出意见和建议，不断改进产品，这使得中国妈妈对亨氏产品的忠诚度越来越高。

（五）诱导意见领袖的态度

组织不把公共关系目标的意图暴露出来，而是通过诱导和控制消费倾向倡导者或有影响力人士的意见，来实现企业产品被广大公众所接受乃至喜爱的营销公共关系战略目标。随着网络技术的发展，组织在销售产品的过程中不管是采取线上还是线下销售，都要考虑到"圈子"的影响，尤其是"圈子"里领袖人物的态度和偏好。这里的"圈子"包括社会生活中的一些非正式的社团组织，更多的是随着网络的普及，网络社区的出现，诸如微博、BBS、论坛等平台，人们在消费时候更的听取别人的建议。企业可以多关注和自己产品相关的社区团体，了解意见领袖的偏好动态，利用公关技巧采取积极有效的方式进行引导，促进企业营销活动顺利进行。例如，克莱斯勒公司为了引入它的 LH 汽车——无畏（Dodge Intrepid）、统一（Chrysler Concorde）和鹰眼（Eagle Vision），向 6 000 名可能的意见领袖提供新车，让他们免费使用一个周末。随后的市场调查发现，有 32 000 多人驾驶或乘坐了这种汽车，而其口头赞誉则流传更广。

（六）借用公益团体的社会影响力

企业借用了公益团体的认知率高和说服力强的特点，通过长期同公益团体协力合作，得到公众舆论的赞同，从而获得利益关系者的好感，最终达到增加销售额和利润的目的。例如，当麦当劳把其食品的塑料包装改换成一次性的环保纸包装时，公司总裁里斯说："因为消费者对塑料包装感觉不好，所以我们决定更换为环保纸包装"。由于总裁里斯是在与研究固体垃圾问题的公益团体、自然保护基金组织的代表们一起时发表的这一声明，因而使得该声明更受观注，并且该声明被刊登在全国性大报的主要版面，还通过全国及各方的各种新闻媒体流传开来。由于与主导大众舆论的公益团体巧妙结合，麦当劳产品得到了环保组织的广泛支持，而且还在消费者心里树立起了"环境保护产业先导者"的社会形象。

第四节

网 络 公 关

随着网络科技的发展，人们对网络的利用率和依赖程度都在不断提升，他们收集信息和发布信息也越来越多的借助网络完成，所以，组织开展公关活动面临的环境也变得更加多元化。有效的利用网络传播组织信息，协调组织和公众之间的关系，从而提升组织形象，已成为众多组织开展公关活动的手段，网络公关也就应运而生。

一、网络公关的定义

所谓的网络公关（PR on line）又叫线上公关或 e 公关，它利用互联网科技作为信息传播的手段来开展公关活动，营造企业形象，提升组织的知名度和美誉度。网络公关给传统公关带来的一种创新形式，为现代公共关系提供了新的思维方式、策划思路和传播媒介。

二、网络公关的时代背景

网络公关的兴起缘于因特网和电子商务的发展、网络传播方式较之传统传播方式的创新，以及公关业发展的需要。

世界营销大师科特勒说，"过去，企业提高竞争力靠的是高科技、高质量，而现在则要强调高服务和高关系。"信息化的高速发展使产品的科技含量日益趋同，生产管理的规范化和程序化则导致同类产品在质量上难分高下。"高服务、高关系"主要指的是公共关系，是社会组织建设和公关的主要方向，企业的竞争已由有形资产的竞争转变为品牌、形象、商誉等无形资产的竞争。此外，一直处于营销优势地位的广告的影响力正在下滑，据统计"世界上约有近80%的人口对广告开始失去信任甚至产生反感，只有大约不到20%的人口还对广告存在着不同程度的信任。"而与此同时，公关业却受到更多的垂青，各企业、机构甚至政府都开始开展公关，因此，公关业的发展势在必行。

但是传统公关的发展需要新的平台，互联网具有个性化、互动性、信息共享化和资源无限性等传播优势，集个人传播（如QQ、电子邮件）、组织传播（如BBS）和大众传播于一体，具备强大的整合性，并且网络媒体的运作目前正在逐渐规范、成熟，已拥有相当大的媒体影响力，互联网正在成为各界人士获取信息的主要通道。近些年全球网民人数实现45%以上的高增长，截止到2013年全球网民人数将达到22亿，亚洲网民将占全球网民总数的43%，据中国互联网络信息中心（CNNIC）统计，目前中国网民数量已超6亿，手机网民增长成主要拉动力，中国网民将占全球网民总数的17%，未来5年中国网民人数有望保持近11%的增长速度，位居全球第一网民大国。调查显示，从学历结构上，高中和大学及以上学历人群中互联网普及率已达到较高水平，网民向低学历人群扩散的趋势继续发展;从年龄上看30岁以上各年龄段人群占比均有不同程度的提升,总占比为46.0%,互联网的普及逐渐从青年向中老年扩散。

由此可看除,网络媒体在公共关系传播中的影响力不断增强,如何有效地利用网络媒体的传播力,塑造组织尤其是企业良好的形象,促进企业产品、服务的销售,以及有效预防网络公关危机,成为组织必须面对的一个重要话题,也是网络公关兴起的重要原因之一。

三、网络公关的优势

伴随网络技术的日趋成熟,组织的公关手段多元化形式也越来越明显,网络公关有其自身的天然优势。

(一)打破了时空局限

互联网把企业的公关活动带到了一个虚拟的平台上,在这个平台上,企业的公关行为不再受时间或地域的局限。传统的报纸或杂志需要每天或每月才发行一次,因此企业的新闻发布也要遵循媒体的发行规律,而通过互联网企业可以全天24小时随时公布企业新闻。传统的媒体会受到媒体发行区域的局限,而Internet的媒体不会,全世界连接到Internet的用户都可能通过访问该网络媒体得到企业的信息。

(二)实现了即时互动

通过互联网技术,使得企业与客户、媒体与受众之间的即时互动成为可能。企业可通过网上公关活动的开展,与受众进行实时的互动交流,向受众传递企业的信息,收集用户对企业的评价与反馈,而这一切不再需要繁杂的市场程序和众多的人力资源,通过互联网的运用即可轻松实现。

(三)丰富了公关形式

互联网为企业公关提供了多种多样的公关渠道与形式,企业可根据自身的情况和需要,选择适当的形式。同时,由于互联网的运用,带来了即时性、娱乐性、个性化和互动性等特点,这些特点的适当运用都将大大增强企业公关的效果。

(四)促进了公众参与

网络公关更加人性化,受众的目的性更强。依赖传统的媒体,总是会造成过于单向的传播信息,受众处于被动接受信息的地位,而网络的平台,向受众提供了主动选择和接受信息的机会,从某种程度上说,网络更是大众的媒体,而不是"媒体机构"的媒体,在这里,受众与信息传播者有着同样的地位,因此,受众对于企业公关信息的选择与公关活动的参与具有更强的主动性和目的性。

四、网络公关的形式探索

网络公关作为目前正在发展的事物,结合目前的发展状况来看,网络公关的形式主要要以下几种：

（一）网上（网络）新闻发布会

主要平台：网络门户或网络媒体。一般有以下几种类型：

第一种：综合性门户网站。比如搜狐、新浪、网易、TOM等。这类媒体网站的特征是知名度高、网站各类信息比较全面、访问量大，覆盖面广。缺点是专业性不够突出，适合目标客群比较广泛的企业和产品，如手机、电脑、汽车、数码产品、快速消费品、保险等。

第二种：行业性门户网站或媒体。比如太平洋电脑网、中国仪器网、中国美容网等，这些媒体或门户网站锁定某一行业，具备较强的专业性，在同行业中具有较大的影响力，访问人群比较集中，适合专业性要求比较高的企业或产品，如仪器仪表、医疗器械等。

第三种：新闻媒体的网络版。比如新华网、人民网、中青网、南方网、CCTV.com等，这些网站依托传统媒体的资源优势，也吸引了一定的访问人群，具有权威性高、受众群比较稳定等特点，但这部分媒体的受众访问情况有待考证。

第四种：网络出版物，比如数码杂志、电子书籍、网络音、视频节目等，这类出版物带有明显的网络特征，娱乐性、互动性比较强、传播快速、受众面宽，也是比较好的网络媒体。

网上新闻发布会通过网上互动交流、新闻发布、音、视频演示、专题报道等多手段的立体组合，适合于新产品上市、企业形象推广、招商引资、网上会议、人才招聘等。这种集合了多种宣传手段的活动形式，能够使企业与公众之间达成更深层次的交流与互动，使每一个参与公众都能得到更全面的关于企业或产品的信息。

（二）BBS论坛或社区公关

主要平台：门户网站专业BBS论坛及专业社区网站等。以下列举几种典型的情况：

第一，门户网站或行业门户的专业BBS论坛，如新浪、搜狐、TOM、QQ等综合门户网站均开设有不同专业角度的论坛。这些论坛一般具有较集中的人气。一些区域综合门户开设的论坛，也具有比较好的人气，比如上海热线社区、齐鲁热线社区等。行业门户社区如IT行业的天极社区、医药行业的三九健康网社区等。

第二，专业社区网站如西陆社区、天涯社区、榕树下、西祠胡同等，这些网站专业从事社区服务，受众群相对稳定，专业性比较强。

第三，网络媒体开设的论坛。如人民网的强国社区、千龙网的千龙社区、大洋论坛等。

这些论坛有些颇具特色，具有较高的知名度，如强国社区、中青在线的中青论坛等。潜在受众群体会因为共同的爱好而聚集在各大门户网站的相应板块，会经常对大家感兴趣的的话题和网友进行相互的讨论和分享。论坛社区进行大规模的信息传播能大幅度的提升组织在网络上的品牌知名度。

(三) 网上公关活动

与线下的公关活动相对应,网上的公关活动主要是指企业在网络上开展或组织的企业公关活动。

主要平台:重要媒体网站、门户网站、SNS 社区等。

重要媒体或门户网站由于担当着重要的网络信息传播途径,人气比较集中,相对而言,在其平台上组织的各种活动比较容易引起网友的参与和互动。因此,大多企业会选择这些网站开展公关活动或者为线下的活动作宣传。另一方面,网络媒体也通过这种途径,丰富其平台的内容提供,吸引更多的网络受众。

主题访谈。在电视或者广播节目里的访谈节目,也可以在网上进行,比如针对网友普遍关心的某企业的大事件对该企业的管理层进行访谈,或者就某一时段的社会热点,对相关人士的访问等等。网上访谈的形式为政府或公益事业应用比较多,比如新华网组织的"两会"网上特别访谈,媒体邀请"两会"代表通过网络访谈与网民即时交流,传递更多的"两会"信息,也有很多公益组织,借助网络访谈向网友宣传某项工作或就某公益事业发出呼吁等等。访谈的形式较沙龙更为正式一些,可与新闻发布会结合进行,一般应用于企业对外界披露某个事情,或者发布企业的重要新闻等。

网上媒体组织的主题活动的参与或赞助。与线下媒体相似,一些主流的网上媒体也会在某个时段,推出一些吸引网民参与或关注的主题活动,也可能是就某些社会热点问题,在网络上组织相关活动,请广大网民积极参与。企业可选择性的参与或者赞助这些活动,借助这些活动增进网民对企业的了解,展示企业热心社会公益事业的形象,或推广企业品牌。

根据"六度理论"而产生的 SNS 社区,通过"熟人的熟人"进行网络社交拓展,成为口碑传播的绝佳地带。SNS 社区主题活动,根据各 SNS 社区的资源,注册用户的爱好结合产品及服务的特点开展对应公关活动,结合六度关系理论树立企业品牌。在 SNS 社区内,朋友圈内关系往往真实度很高,非常可靠,互相之间不存在所谓网络的"假面具",因此,比较容易实现实名制;SNS 基于人传人联系网络,一传多,多传多,利用网络这一低廉而快速的平台,信息传播的速度会非常快,这又使得口碑营销的成本进一步降低。选择 SNS 社区传播,可以迅速提高企业品牌,并且通过意见领袖,可以号召圈内朋友宣传并关注社会组织。

本章总结

新经济条件的出现与变化,新的学科理论的诞生,对公共关系都产生了较大的影响。客户关系管理对公共关系在协助客户管理部门提出了新的任务,新的角色定位;生态文明的重视,让公共关系找到了一个与公众沟通、塑造组织形象的新的平台;营销公关概念的提出,以全新的视角重新定义了公共关系在市场营销中的作用与价值;网络的出现,使得组织可以利用互联网的高科技表达手段塑造管理自己的组织形象,为现代公共关系提供了新得思维方式、策划思路和传播媒介。

思考题：

1. 营销公关的任务是什么？
2. 组织开展营销公关常见的形式有哪些？
3. 绿色公关活动的目标是什么？
4. 实施绿色公关的措施有哪些？
5. 你如何看待客户关系管理的功能？
6. 客户关系管理的流程是什么？
7. 实施客户关系管理过程中应注意哪些问题？
8. 网络公关产生的时代背景？
9. 网络公关的特征有哪些？
10. 当前组织开展网络公关的方式有哪些？

实训项目：

	学时分配	完成方式	分组情况
项目一	0.5学时	讨论—点评	4~6人一组
项目二	0.5学时	讨论—点评	4~6人一组
项目三	0.5学时	讨论—点评	4~6人一组
项目四	1学时	讨论—点评—填写实训考核表	4~10人一组
项目五	0.5学时	讨论—点评	4~6人一组
项目六	1学时	讨论、活动模拟、填写实训考核表	4~10人一组

项目一： 有效识别不同价值的客户，也就是如何从属性和消费行为特征去识别客户。一般人都会认为出租车司机拉客是靠运气。运气好就能拉几个高价值的长途客人，运气不好的话拉的都是低价值客人。在招手即停的几秒钟内，普通的出租车司机很难判断出客人的价值。但是善于观察和分析的司机却不这么认为。假如你是一名出租车司机，你在一家医院门口碰到两位客人，一人拿着药，另一人拿着脸盆，两人同时要车，你会选择哪一个客人？理由是什么？

项目二： 国外的一项客户关系管理案例调查研究表明，一个企业总销售额的80%来自于占企业顾客总数20%的忠诚顾客。因此，企业拥有的忠诚顾客对企业的发展是十分关键的。但是，企业获得忠诚顾客并非是一朝一夕的事。假如你是某品牌汽车经销商，请给出方案说明如何提升重要客户的忠诚度。

项目三： 为保护广州南沙地区的生态平衡，广汽丰田汽车有限公司自2006年开始发起植树活动，每年联合南沙区政府在南沙区举办植树活动。2011年4月，在南沙区黄山鲁公园与南沙区政府举办植树活动，共种植了400颗树苗。投入资金40万。2012年3月，在南沙区黄山鲁公园与南沙区政府举办植树活动，共种植了 250 颗树苗。投入资金 45 万。请你从一个普通消费者的角度评价广汽丰田的饮水思源植树活动。

项目四：地球 1 小时（英语：Earth Hour）是一个全球性节能活动，提倡于每年三月的最后一个星期六当地时间晚上 20：30，家庭及商界用户关上不必要的电灯及耗电产品一小时。该活动最初由环保团体世界自然基金会澳洲及悉尼晨锋报合作发起，并于澳洲悉尼当地时间 2007 年 3 月 31 日，晚上 8：30 至 9：30 期间举行了第一次活动，希望借此活动推动电源管理，减少能源消耗，唤起人们以实际行动应对全球变暖的意识。2008 年，该活动被推广到世界各地，全球 40 多个城市，近 380 个城镇接力执行该活动。假如你是一家地产行业，参与"地球 1 小时"的绿色公关活动，请设计相应环节安排。

组织绿色公关活动方案评分表

考评人		被考评人	
考评地点			
考评内容	组织开展绿色公关活动方案设计		
考评标准	内容	分值/分	
	在讨论中态度认真，积极参与	20	
	活动方案切实可行	25	
	活动方案设计具有创新性	25	
	活动方案的预期效果能增强公众对组织形象的认知	20	
	实训报告符合要求	10	
	合　计	100	

注：考评满分为 100 分，91 分以上为优秀，81~90 分为良好，71~80 分为中，60~70 分为及格。

项目五：假如你是淘宝网的一名店主，主营女士护肤品和化妆品，在你们网站上出现了顾客的差评，说用过你店某品牌的护肤品后有过敏现象。针对此事，你应采取什么措施在网站上作出回应？

项目六：假如你是一家肉制品企业的负责人，在某食品论坛网站看到消费者对你们企业的负面评价，说你们产品里添加有对人体不利的添加剂，针对此事，如何在网络论坛平台上开展公关活动？

组织网络公关评分表

考评人		被考评人	
考评地点			
考评内容	组织网络公关		

续表

考评标准	内容	分值/分
考评标准	公关活动方案选择的有效性	20
	选择合适的网络平台、目标公众分析准确	20
	在模拟训练中态度认真，角色扮演到位	30
	与公众矛盾得以解决，各方利益得以维护	20
	实训报告符合要求	10
	合　计	100

注：考评满分为100分，91分以上为优秀，81~90分为良好，71~80分为中，60~70分为及格。